本书的出版得到四川师范大学文学院的支持

汉语
新词新语
年编

2021—2022

仝小琳 张 颖 主编

四川大学出版社
SICHUAN UNIVERSITY PRESS

图书在版编目（CIP）数据

汉语新词新语年编 . 2021—2022 / 仝小琳，张颖主编 . -- 成都：四川大学出版社，2025. 1. --（语言与应用文库）. -- ISBN 978-7-5690-7632-5

Ⅰ. H136

中国国家版本馆 CIP 数据核字第 202543MZ09 号

书　　名：汉语新词新语年编（2021—2022）
　　　　　Hanyu Xinci Xinyu Nianbian（2021—2022）
主　　编：仝小琳　张　颖
丛 书 名：语言与应用文库

丛书策划：张宏辉　黄蕴婷
选题策划：刘一畅
责任编辑：刘一畅
责任校对：庄　溢
装帧设计：墨创文化
责任印制：李金兰

出版发行：四川大学出版社有限责任公司
　　　　　地址：成都市一环路南一段 24 号（610065）
　　　　　电话：（028）85408311（发行部）、85400276（总编室）
　　　　　电子邮箱：scupress@vip.163.com
　　　　　网址：https://press.scu.edu.cn
印前制作：四川胜翔数码印务设计有限公司
印刷装订：四川省平轩印务有限公司

成品尺寸：170 mm×240 mm
印　　张：15.5
字　　数：283 千字

版　　次：2025 年 3 月 第 1 版
印　　次：2025 年 3 月 第 1 次印刷
定　　价：78.00 元

本社图书如有印装质量问题，请联系发行部调换

◆ 版权所有 ◆ 侵权必究 ◆

扫码获取数字资源

四川大学出版社
微信公众号

凡　例

一、本次《汉语新词新语年编》共收录 2021—2022 年间出现的汉语新词新语和表现突出的旧词 500 余条。

二、条目按汉语拼音字母顺序排列，读音相同者以字的笔画为序。

三、对出现新义的旧词语，只收新生义项，不涉及其旧有义项。

四、每一新词语条目，编写顺序是：新词语、汉语拼音（以音节为单位标注）、释义、例证、按语。

五、每个词目下的例证皆注明出处，线上媒体报道注明"媒体名称＋发布时间"。

六、例证之后，即编者的按语。按语的内容或是对该词语的词性、结构、用法、色彩的分析说明，或是介绍该词语产生的社会历史背景。按语有长有短，视具体情况而定。

前　言

随着时代的推进与社会的不断发展，语言亦不断变化，不断有新的词汇产生并流传。为及时准确记录这些新的词汇，留下语词反映的社会和时代印记，四川师范大学文学院一直在努力。在1995年始，宋子然教授就带领研究生每两年编纂一本《汉语新词新语年编》。时隔9年，文学院再次成立专门的编写小组，我们在传统靠人工语感检索新词的基础上，引进了大规模语料库机器检索新词语的方法。这既是对《汉语新词新语年编》编写传统的创新性继承，也是对新词语选词方法的优化重组。

2023年5月中旬至6月初，编写小组在仝小琳、张颖两位主编的带领下，明确了《汉语新词新语年编（2021—2022）》（简称《年编》）的选词标准，并确定了整体编纂流程。为确保所选词汇的权威性，我们选择了主流报刊与权威媒体作为主要的语料来源，不涉及微信、微博等个人媒体内容。同时，我们开展了四轮详尽的编写工作，其中结合了机器筛词技术和人工筛选。

2023年6月中旬，编写小组对《中国语言生活状况报告（2022）》中纳入的2021年新词新语进行了筛选，得出219条新词新语，依据既定的编写规范进行整理与编写。

6月至7月，2022级研究生张铧升对2021—2022年两年间新闻语料进行了大规模的网络采集，共收集语料两亿五千万余字，并收集2021年前的若干新闻语料。编写小组以2021年前的新闻语料及中文信息处理词库为参照，对收集的语料进行新词挖掘，以频度和流通度为阈值，自动提取出了候选的新词新语。

7月中旬，编写小组同时开展了如下两项工作：一是对6月中旬整理的219条新词新语进行互检与修订，二是人工筛选机器提供的候选新词新语。

8月，编写小组对候选的新词新语进行再次人工筛选，按照确定的新词新语标准，筛选出5000个词语。为确保新词新语的真实性，我们利用搜索引擎如百度等进行了深入核查，查验每个新词新语首次出现的时间，最终结合流行性、非低俗性等标准，筛选出 2021—2022 年间新词新语 500 余个。

8 月中旬，编写小组按照编写要求，对确定的 2021—2022 年新词新语进行编写。

9 月初，编写小组在原有的新词新语基础上，又参考《中国语言生活状况报告（2023）》进一步扩充了词条容量，新增了 123 个新词新语。经过小组成员之间的互相校验与修订，至 9 月末，编写小组对初稿进行了全面校对，特别是词条释义与按语。

10 月中旬，为确保新词新语内容的准确性与权威性，编写小组又对校对后的稿件进行了进一步的仔细审查。11 月至 12 月，两位主编对全书进行了细致筛查与审订，删除部分不符合条件的词条，并就释义和按语给出完善意见，由赵梦娇、张婷、秦啸雨三位同学再次修改并互检，全稿于 2024 年 1 月中下旬审订完成。

需要特别说明的是，本《年编》收录的部分词语实际上并非出现于 2021—2022 年，但因其在 2021—2022 年度的语料库中出现的频次迅速增加，在搜索引擎中检索结果较多，表现突出，故视为新词新语收录。

本《年编》旨在为广大读者提供一个准确、权威的 2021—2022 年新词新语参考，希望大家在阅读中能感受到时代的变迁与语言的魅力。

本《年编》也可以作为对教育部官方新词新语采集、编撰和整理工作的一种补充，帮助大家更好地理解新词新语的发展变化。

本《年编》的出版得到四川师范大学文学院的支持和赞助，在此表示诚挚感谢！

目　录

【A】 ... 001
安静辞职 ... 001
安薪在线 ... 001
奥运范 ... 001
奥运天团 ... 002

【B】 ... 002
芭比Q ... 002
百城千圈 ... 003
百年百艺 ... 003
百十万千 ... 003
蚌埠住了 ... 004
宝藏女孩 ... 004
宝妈工厂 ... 005
爆款 ... 005
北斗组网 ... 006
北交所 ... 006
北溪事件 ... 006
备改审 ... 007
本地化网课 ... 007
本源司南 ... 007
币圈茅台 ... 008
币圈央妈 ... 008
闭环接送 ... 009
便民生活圈 ... 009

冰广式 ………………………………………… 009
冰新一代 ………………………………………… 010
冰雪热潮 ………………………………………… 010
补偿式出游 ……………………………………… 010
不买年 …………………………………………… 011

【C】…………………………………………………… 011
财爸 ……………………………………………… 011
彩礼贷 …………………………………………… 011
柴犬币 …………………………………………… 012
蝉翼钢 …………………………………………… 012
长安链 …………………………………………… 013
长江三峡 1 ……………………………………… 013
长七 A …………………………………………… 013
钞能力 …………………………………………… 013
超前点评 ………………………………………… 014
巢湖一号 ………………………………………… 014
炒鞋盒 …………………………………………… 014
炒熊 ……………………………………………… 015
沉默性缺氧 ……………………………………… 015
城限本 …………………………………………… 016
城心养老 ………………………………………… 016
宠物盲盒 ………………………………………… 016
出片 ……………………………………………… 017
春节包 …………………………………………… 017
春雨润苗 ………………………………………… 017
葱桶 ……………………………………………… 018
脆蜜 ……………………………………………… 018
村推 ……………………………………………… 019
村巷法官 ………………………………………… 019

【D】…………………………………………………… 020
打工人 …………………………………………… 020

大白	020
大国建造	021
大力号	021
大湾区青年	021
大雪花	022
带货慢火车	022
袋鼠摇	023
单边代理	023
党史＋	023
倒奶	024
第二剧场	024
点题整治	025
电缆巴士	025
电子榨菜	025
跌妈不认	026
东数	026
东数西算	026
冬奥热	027
冬奥外交	027
冬奥一代	028
独家本	028
断卡行动	028
断亲	029
钝角	029

【E】 030
    俄乌冲突 030
    儿童友好城市 030

【F】 031
    发疯文学 031
    番茄工作法 031
    反广场舞神器 032

反内卷	032
反套路	032
反向背调	033
反向抹零	033
饭圈集资	034
方言梗	034
访企拓岗	035
非居改保	035
非遗＋直播	035
废话文学	036
封号风波	036
弗洛伊德们	037
扶摇号	037
佛系青年	037
福燕	038
付费刷课	038
负碳	039
复兴少年宫	039
复兴文库	040
富裕带	040

【G】 040

钢铁韭菜	040
岗课赛证	041
高空抛物罪	041
高品会	042
工业糖精	042
共同富裕示范区	042
共享菜园	043
共享法庭	043
共享火箭	044
共享奶奶	044
共享屏幕	044

孤勇者	045
古村落金融贷	045
鼓楼议事	046
瓜农天下	046
官方带娃	046
冠军龙服	047
光储直柔	047
鬼火少年	048
国家反诈中心	048
国庆三部曲	048
国信 1 号	049
果冻屏	049

【H】 050

海基一号	050
海克斯科技	050
海巡 08	051
含青量	051
喝播	051
何以中国	052
核食	052
盒装本	052
红轨	053
后备厢集市	053
护脸	054
护苗 2021	054
沪苏同城化	054
花样经济	055
华智冰	055
滑向 2022	055
欢黎黎	056
火锅料理师	056
火星相机	057

【J】··········057

饥饿之石··········057
鸡娃··········057
基层闲人··········058
极端通勤··········058
集采断供··········059
计次票··········059
技术性牟利··········059
寄拍模特··········060
家风条款··········060
家庭教育令··········061
价格刺客··········061
架梯子··········061
枣钢··········062
减负不减质··········062
减污降碳··········062
简历门诊··········063
简易续约··········063
建造天团··········063
剑网2021··········064
降碳··········064
交房云登记··········064
教共体··········065
教资热··········065
揭榜挂帅··········065
金墩墩··········066
金容融··········066
金砖贡献··········066
精网微格··········067
精致露营··········067
鲸落体··········068
警格＋网格··········068

净网 2021	068
竞价挂网	069
九天之火	069
句芒号	070
剧本游	070
卷	070
觉醒年代	071
绝绝子	071

【K】 072

开盲盒	072
开门稳	072
抗幽牙膏	072
考古发掘舱	073
可控匿名	073
跨交会	074

【L】 074

拉干条	074
澜沧号	074
澜湄快线	075
老字号嘉年华	075
累丑	076
冷作为	076
离岸通	076
理论快递	077
锂佩克	077
力箭一号	078
恋爱脑	078
两廊两点	079
两栖青年	079
两压一降	079
猎狐 2022	080

临终决定权	080
聆语	080
零次分配	081
零碳	081
零碳网点	082
零碳源	082
零元购	083
零证办电	083
刘畊宏女孩	084
留岗红包	084
流量密码	084
流量乞丐	085
柳夜熙	085
六边形战士	085
六大升级行动	086
露营＋	086
露营经济	087
露营热	087
乱跳转	087
罗小湖e站	088
绿色办公	088
绿色数字湾区	089
滤镜景点	089

【M】	090
妈妈岗	090
妈系好友	090
码上尽责	090
卖惨带货	091
漫画腰	091
盲盒风	092
盲盒岗位	092
茅股	092

茅指数	093
帽子热	093
美丽贷	094
美丽废物	094
獴猎	095
民间林长	095
民主峰会	095

【N】 096

你礼貌吗	096
逆向考研	096
年度新国潮	097
凝聚态电池	097
农业芯片	097
暖蜂巴士	098
虐粉	098

【P】 098

咆哮式	098
陪诊师	099
配药侠	099
碰瓷式维权	099
乒乓孖宝	100
平急结合	100
平视一代	101
平替	101
破防	101
普信男	102
普职分流	102
普职协调发展	102

【Q】 103

七一勋章	103

企业合规师	103
掐尖并购	104
千岗计划	104
强国复兴有我	104
强师计划	105
强行啃老	105
抢16	106
青春云游记	106
青绿腰	107
青蛙公主	107
青耘中国	107
轻医美	108
秋风2021	108
求医旅馆	109
全球发展倡议	109
全市域通办	109
全芯共享	110
全要素测试	110
全域数字法院	110

【R】 ……………………………………… 111

人间清醒	111
人象平安	111
人造超级大脑	112
认知作战	112
韧实力	112
韧性城市	113
日常迷信	113
软钱包	113
瑞雪祥云	114
润	114

【S】 115

三孩 115
山寨竞赛 115
上岸 115
上海空中课堂 116
上汽星云 116
上头电子烟 116
社交牛×症 117
社交天花板 117
社死 118
身材焦虑 118
深合区 119
什么是快乐星球 119
神农英才 119
神十四 119
神医宇宙 120
审丑流量 120
生命策划师 121
生育消费贷 121
生育友好 121
师范热 122
时光之镜 122
试衣员 122
手机盲盒 123
数据安全元年 123
数商兴农 123
数治 124
数字分身 124
数字化障碍 125
数字人 125
数字身份 125
数字碳中和 126
数字咸菜 126

数字形式主义	126
数字员工	127
数字足迹	127
刷简历	127
刷脸办电	128
刷酸	128
刷掌支付	129
甩手家长	129
双奥	129
双被保人	130
双冰场馆	130
双城三圈	130
双减	131
双碳	131
双碳新周期	131
双向奔赴	132
双助推	132
水花消失术	133
水务大脑	133
思劳创	133
送药链	134
素颜和解	134
随缘社交	134
狲大娘	135
笋盘	135

【T】 136

太空冰箱	136
太空画展	136
太空会师	136
太空讲台	137
太空教室	137
太空贫血	138

探日	138
碳捕手	138
碳汇计量评估师	139
碳排放管理师	139
碳票	140
碳手印	140
碳中和战略	140
唐宫夜宴	141
躺平	141
躺平族	142
淘菜菜	142
天才一小时	142
天宫对话	143
天宫课堂	143
天和核心舱	144
天鲲二号	144
天量罚单	145
天网2021	145
天舟	145
调饮师	146
铁路快通	146
童语同音	146
头部账号	147
突击式尽孝	147
土坑酸菜	148
推辞学	148
脱单盲盒	148

【W】 149
外卷	149
万物皆可钝角	149
万亿之城	150
王心凌男孩	150

网课爆破 ⋯⋯⋯⋯⋯⋯⋯⋯⋯⋯⋯⋯⋯⋯⋯⋯⋯⋯⋯ 150
危险作业罪 ⋯⋯⋯⋯⋯⋯⋯⋯⋯⋯⋯⋯⋯⋯⋯⋯⋯ 151
微火火炬 ⋯⋯⋯⋯⋯⋯⋯⋯⋯⋯⋯⋯⋯⋯⋯⋯⋯⋯ 151
巍巍巨轮 ⋯⋯⋯⋯⋯⋯⋯⋯⋯⋯⋯⋯⋯⋯⋯⋯⋯⋯ 151
围村收费 ⋯⋯⋯⋯⋯⋯⋯⋯⋯⋯⋯⋯⋯⋯⋯⋯⋯⋯ 152
唯颜值 ⋯⋯⋯⋯⋯⋯⋯⋯⋯⋯⋯⋯⋯⋯⋯⋯⋯⋯⋯ 152
伪多边主义 ⋯⋯⋯⋯⋯⋯⋯⋯⋯⋯⋯⋯⋯⋯⋯⋯⋯ 153
卫国戍边英雄 ⋯⋯⋯⋯⋯⋯⋯⋯⋯⋯⋯⋯⋯⋯⋯⋯ 153
为家乡上分 ⋯⋯⋯⋯⋯⋯⋯⋯⋯⋯⋯⋯⋯⋯⋯⋯⋯ 154
温暖一平方 ⋯⋯⋯⋯⋯⋯⋯⋯⋯⋯⋯⋯⋯⋯⋯⋯⋯ 154
文具刺客 ⋯⋯⋯⋯⋯⋯⋯⋯⋯⋯⋯⋯⋯⋯⋯⋯⋯⋯ 154
文字讨好症 ⋯⋯⋯⋯⋯⋯⋯⋯⋯⋯⋯⋯⋯⋯⋯⋯⋯ 155
问海一号 ⋯⋯⋯⋯⋯⋯⋯⋯⋯⋯⋯⋯⋯⋯⋯⋯⋯⋯ 155
我 emo 了 ⋯⋯⋯⋯⋯⋯⋯⋯⋯⋯⋯⋯⋯⋯⋯⋯⋯ 155
我不李姐 ⋯⋯⋯⋯⋯⋯⋯⋯⋯⋯⋯⋯⋯⋯⋯⋯⋯⋯ 156
我的眼睛就是尺 ⋯⋯⋯⋯⋯⋯⋯⋯⋯⋯⋯⋯⋯⋯⋯ 156
乌克兰牌 ⋯⋯⋯⋯⋯⋯⋯⋯⋯⋯⋯⋯⋯⋯⋯⋯⋯⋯ 157
无障碍环境 ⋯⋯⋯⋯⋯⋯⋯⋯⋯⋯⋯⋯⋯⋯⋯⋯⋯ 157
五项管理 ⋯⋯⋯⋯⋯⋯⋯⋯⋯⋯⋯⋯⋯⋯⋯⋯⋯⋯ 158

【X】⋯⋯⋯⋯⋯⋯⋯⋯⋯⋯⋯⋯⋯⋯⋯⋯⋯⋯⋯⋯ 158
希壤 ⋯⋯⋯⋯⋯⋯⋯⋯⋯⋯⋯⋯⋯⋯⋯⋯⋯⋯⋯⋯ 158
羲和号 ⋯⋯⋯⋯⋯⋯⋯⋯⋯⋯⋯⋯⋯⋯⋯⋯⋯⋯⋯ 158
洗房 ⋯⋯⋯⋯⋯⋯⋯⋯⋯⋯⋯⋯⋯⋯⋯⋯⋯⋯⋯⋯ 159
洗衣液奶茶 ⋯⋯⋯⋯⋯⋯⋯⋯⋯⋯⋯⋯⋯⋯⋯⋯⋯ 159
喜迎二十大 ⋯⋯⋯⋯⋯⋯⋯⋯⋯⋯⋯⋯⋯⋯⋯⋯⋯ 160
戏曲＋ ⋯⋯⋯⋯⋯⋯⋯⋯⋯⋯⋯⋯⋯⋯⋯⋯⋯⋯⋯ 160
下田青年 ⋯⋯⋯⋯⋯⋯⋯⋯⋯⋯⋯⋯⋯⋯⋯⋯⋯⋯ 160
县中困境 ⋯⋯⋯⋯⋯⋯⋯⋯⋯⋯⋯⋯⋯⋯⋯⋯⋯⋯ 161
县中提升计划 ⋯⋯⋯⋯⋯⋯⋯⋯⋯⋯⋯⋯⋯⋯⋯⋯ 161
线上演唱会 ⋯⋯⋯⋯⋯⋯⋯⋯⋯⋯⋯⋯⋯⋯⋯⋯⋯ 162
乡村书场 ⋯⋯⋯⋯⋯⋯⋯⋯⋯⋯⋯⋯⋯⋯⋯⋯⋯⋯ 162
乡村掌墨师 ⋯⋯⋯⋯⋯⋯⋯⋯⋯⋯⋯⋯⋯⋯⋯⋯⋯ 162

消博会	163
消费刺客	163
小丑竟是我自己	164
小哥驿站	164
小狗文学	164
小金盾	165
小康宝鼎	165
小猫咪能有什么坏心思	166
小作文	166
歇脚屋	166
携手行动	167
芯片荒	167
芯屏汽合	168
新"东坡号"	168
新八级工	169
新电商	169
新风 2021	169
新疆棉	170
新三包	170
新三大件	171
新三科	171
新新农人	171
馨可宁	172
星火·链网	172
虚拟手办	173
选择性退休	173
学转非	173
雪飞燕	174
雪糕刺客	174
雪糕护卫	174
雪晶宫	175
雪游龙	175

【Y】 ……176

亚太奇迹……176
研考……176
颜值打分师……176
焰火民警……177
羊了个羊……177
养号控评……178
野性消费……178
医保药价通……178
一墩难求……179
依法带娃……179
一户一墩……180
一键防护……180
一码畅行……180
一起向未来……181
一起云支教……181
一网协同……182
一芯……182
一员制……183
一整个爱住……183
一指减负……184
乙里乙气……184
以数治税……185
以薪留工……185
易惠全球……185
易货师……186
疫苗巴士……186
疫苗互认……186
印太经济框架……187
赢麻了……187
影子股东……188
优师计划……188
忧婚族……188

油茅	189
宇宙厨房	189
宇宙中心曹县	189
雨露计划＋	190
预制菜	190
冤种	190
元宇宙	191
圆梦奶奶	191
源流之火	192
源网荷储	192
云村晚	193
云端植树	193
云改签	193
云过年	194
云航展	194
云花市	194
云会晤	195
云聚餐	195
云赏剧	195
云上展	196
云团圆	196
云挖矿	197
云校通	197
云招展	197
运河号	198
增粮科技行动	198
宅酒店	198
窄窗口	199
展卷人	199
站位	200
长辈版	200
长者大食堂	200
着巡合影	201

真墩墩	201
阵型企业	202
整顿职场	202
政务 App	202
知信链	203
织线成网	203
直播带人	204
直播休眠	204
只此青绿	204
纸面合规	205
志愿规划师	205
制刀者	206
智源指数	206
中国复眼	206
中国荔枝博览馆	207
中国式浪漫	207
中国影像节	208
中青就业	208
中之人	209
种草机	209
种草帖	209
仲裁侠	210
众筹家教	210
住村	211
住企	211
祝融号	211
筑巢青年	212
追剧式	212
自习室＋	212
祖冲之号	213
嘴替	213
最具获得感	214
最美窗口	214

最美警队 ··· 214

【其他】 ··· 214
  28123 ··· 214
  ＋文旅 ··· 215
  1米高度 ··· 215
  45度人生 ··· 216
  4D＋6面 ·· 216
  520我爱荔 ·· 216
  5G智慧导办 ··· 217
  AB套路贷 ·· 217
  ChatGPT ··· 217
  DNA动了 ·· 217
  FIRE生活 ·· 218
  GOIP ·· 218
  yyds ·· 218

【A】

安静辞职（ān jìng cí zhí）　指没有真正地递上辞呈离开原有岗位，而是在完成分内之事后不再接手更多额外工作的状态。

［例］　下午5点准时打卡下班，只做指定的日常工作，对加班说不……这是美国职场近期新词"安静辞职"的显著特征。(中华网2022年8月27日)

于是老外也开始萌生躺平的想法，当有人在TikTok上将"安静辞职"的想法说出来时，大家似乎一下子找到了共鸣。(凤凰网2022年10月7日)

［按］　"安静辞职"是从海外"刮"过来的职场新词，始于社交媒体TikTok上的一段视频。视频中，一位名叫扎伊德·汗的软件工程师提到了何为"安静辞职"。近年来，欧美媒体频繁提到一个词：Quiet Quitting。它直译过来是"安静地离职"，但更准确的意思是"精神离职"。

安薪在线（ān xīn zài xiàn）　指浙江省针对拖欠薪资这一社会现象打造的线上政务平台。

［例］　在权益保障方面，浙江人社部门深化"浙江无欠薪"行动，上线"安薪在线"，并放开灵活就业人员在浙江省参加企业职工基本养老保险的户籍限制，提高养老金水平与最低工资标准。(中国新闻2022年1月18日)

依托"安薪在线"平台，全省所有在建项目用工纳入监管，从劳动合同审查、工资日常监管到纠纷协同处置，都有保障。(央视网2022年5月15日)

［按］　2021年11月，浙江省人力社保厅聚焦欠薪隐患发现难、工资争议纠纷多、"碰瓷"讨薪高发等问题，围绕提升欠薪整体智治能力这一核心业务，建设了"安薪在线"数字化改革应用。

奥运范（ào yùn fàn）　指北京冬奥会期间所展示的与中国有关的风格、品质、特征。

［例］　不论是奖牌、图标、场馆"雪如意""冰丝带"的设计和名称，还是冬奥火炬、中国运动员队服，众多的领域都使"中国风"成功托起了"奥运范"，向全世界展现了中国优秀传统文化的勃勃生机。(中国新闻网2022年2月22日)

多个场馆景观设计以"中国风"托起的"奥运范"惊艳外国受众。(光明

网 2022 年 4 月 6 日）

[按] "奥运范"是"XX 范"的一个衍生词，"XX 范"是具有北京方言特色的网络流行短语，这里的"范"指"劲头""派头"，可以说特别有风格、有神韵。"奥运范"，顾名思义是北京冬奥"劲头"的表现。北京冬季奥运会期间有着许多能够展示"中国特色"的场景，它们共同构筑起了"奥运范"。譬如：国家雪车雪橇中心的"雪游龙"，国家高山滑雪中心的"雪飞燕"以及国家跳台滑雪中心的"雪如意"等。

奥运天团（ào yùn tiān tuán）　　对我国奥运健儿代表团的爱称。

[例]　当天，"奥运天团"分三路走进街总石排湾家庭及社区综合服务中心、工联冰仔湖畔综合服务中心和妇联乐满家庭服务中心，与市民一起包冬至汤圆、制作"醒狮"道具，为冬日的濠江小城留下欢声笑语和温暖记忆。（人民网 2021 年 12 月 23 日）

"宇宙天团""建造天团""奥运天团"相继访港，激发同胞爱国情、报国志。（中国新闻 2022 年 1 月 5 日）

[按] "天团"原指最出名最具有影响力的偶像团体组合，"奥运天团"则指的是我国参加 2021 年在日本东京举行的第 32 届夏季奥林匹克运动会的运动员团队，他们在运动场上披荆斩棘，为国争光，取得了 38 金 32 银 18 铜的好成绩，人们亲切地以"天团"称呼。

【B】

芭比 Q（bā bǐ Q）　　网络用语，现引申为完蛋、很惨之义。

[例]　而栓 Q、芭比 Q、Web3、NFT、CPU/KTV/PPT/ICU 等没有最终入选，是因为它们或是字母组合，或含有字母，属于"污染层"的语言成分（腾讯网 2022 年 12 月 26 日）

[按]　网络用语"芭比 Q"是由英文单词汉化而来的。"芭比 Q"即 BBQ，是"Barbecue"的缩写，原意为一种用火炙烤的烹饪方式，一般用来指各种烧烤。而现在这个网络用语"芭比 Q 了"是指"完了"的意思，因为烧烤是要用火的，于是芭比 Q＝barbecue＝烧烤＝火化＝完了。"芭比 Q"最初来源于抖音游戏博主@无赖一电音吃鸡，他发布的《绝地求生》游戏视频都用自己的声音加上电音，其中一段就是"完了完了完了，家人们，芭比 Q 了，完了完了……"由于听起来很有节奏感和喜感，这段电音配音很快就火了，被很多网友拿来做

视频的背景音乐。"芭比Q"有名词、动词、形容词的用法,既满足了年轻人的猎奇心理,听起来也很有节奏感,常常带有戏谑调侃的意味,无论在网络上还是生活中都被广泛使用。

百城千圈（bǎi chéng qiān quān）　以满足居民日常生活基本消费和品质消费为目标的社区商圈。

　　［例］　力争到2025年,通过打造"百城千圈",建设一批布局合理、业态齐全、功能完善、智慧便捷、规范有序、服务优质、商居和谐的城市便民生活圈。（央视网2021年10月12日）

　　打造"百城千圈"　江苏"一刻钟便民生活圈"品质升级（新华网2022年12月10日）

　　［按］　2021年,商务部等12部门出台《关于推进城市一刻钟便民生活圈建设的意见》,提出打造"百城千圈"。该意见指出,到2025年,通过打造"百城千圈",建设一批布局合理、业态齐全、功能完善、智慧便捷、规范有序、服务优质、商居和谐的城市便民生活圈。

百年百艺（bǎi nián bǎi yì）　活动名,旨在展示中国传统工艺的发展历程和成就,庆祝中国共产党成立一百周年。

　　［例］　美翻了!"百年百艺·薪火相传"展看中国传统工艺之大美。（上观新闻2021年6月12日）

　　中国青年网上海6月12日电（记者韩玉）　6月12日,由文化和旅游部、上海市人民政府共同主办的"百年百艺·薪火相传"中国传统工艺邀请展在上海宝山国际民间艺术博览馆正式拉开帷幕。（中国青年网2021年6月12日）

　　［按］　2021年6月12日,文化和旅游部、上海市人民政府共同主办的"百年百艺·薪火相传"中国传统工艺邀请展在上海宝山国际民间艺术博览馆开幕。新词"百年百艺"正是来源于这个展览。作为一个传统工艺展,"百年百艺·薪火相传"主要立足于百年来中国传统工艺所取得的成就,以期展现近年来中国在传统工艺方面的新发展。

百十万千（bǎi shí wàn qiān）　是一种企业梯度培育体系,该体系以引导中小企业走"专精特新"发展之路为目标。

[例]　工信部：健全完善中小企业"百十万千"梯度培育体系。（新浪网2021年11月23日）

去年底工业和信息化部等十九部门联合发布的《"十四五"促进中小企业发展规划》明确"百十万千"的培育目标。（央视网2022年3月11日）

[按]　"百十万千"于2021年由工信部提出，指力争到2025年，通过中小企业"双创"带动孵化百万家创新型中小企业、培育十万家省级"专精特新"中小企业和一万家专精特新"小巨人"企业，以及一千家左右的制造业单项冠军。

蚌埠住了（bèng bù zhù le）　"绷不住了"的谐音词。

[例]　"蚌埠住了"，本是一句城市出圈的谐音梗，却没想到，刚过去的2021年，蚌埠的经济指标真的"绷不住了"。（每日经济新闻网2022年1月23日）

翻开2021年中国城市的经济成绩单，有的城市春风得意马蹄疾，顺利闯关；有的城市稳扎稳打，成功卡位；还有的城市经济失速，面临"蚌埠住了"压力。（中国新闻网2022年1月27日）

[按]　"蚌埠"是安徽省的一个地名，网络流行语"蚌埠住了"的"蚌埠"虽与地名"蚌埠"字同，但语义上并无关联。"蚌埠住了"是"绷不住了"的谐音。"蚌埠住了"是由百度贴吧某网友的输入错误演变而来的词语，表达的含义是自己的情绪快要藏不住了，后迅速在微博、抖音等平台流行，成为2021年的网络流行语之一。"蚌埠住了"在网络上广泛使用，具体是指某人在情感上受到了强烈冲击或打击时发出的感叹，以表示自己的心态马上就要崩溃了。此外，当有些人做出异于常人的行为让人无语或捧腹大笑时，人们也会用"蚌埠住了"来表示当下心情。"蚌埠住了"在互联网上流行的原因有很多，一方面，用"蚌埠住了"代替"绷不住了"可以起到新奇独特的效果，幽默俏皮，更适应大众求新的心理；另一方面，"蚌埠住了"简短、直观，不需要任何修饰便可脱口而出，口语性较强。

宝藏女孩（bǎo zàng nǚ hái）　形容某个女孩身上有很多不为人知、需要慢慢被发现的才华。

[例]　眼下，谷爱凌的北京冬奥会征程刚过1/3，她还将冲击另外两个项目的金牌。未来10天，这个"宝藏女孩"将继续聚焦人们的目光，在雪白的赛道上滑出"100种动作，甚至1000种动作"。（中国新闻网2022年2月9日）

朗诵视频爆火背后，藏着一位"宝藏女孩"。（新华网 2022 年 5 月 29 日）

[按]　"宝藏女孩"是 2016 年流行语"宝藏"的衍生词语之一，除此之外还有"宝藏少年""宝藏博主""宝藏村落""宝藏零食""宝藏文案"等词语。近年来，结构为"宝藏＋×"的短语不断涌现，广为流行。从语义层面分析，"宝藏"包含的义素成分有：[＋隐藏性] [＋珍贵性] [＋物品性]，但是在传播过程中，这些成分会不同程度地发生隐现和引申。"宝藏女孩"强调"宝藏"和"女孩"的关系。其[＋珍贵性]义素成分受"人"的影响和制约，在组合中已转化为"人的能力、品德、容貌、举止、性格及兴趣爱好"等优点，即"宝藏"是"人"所具有的品性优点。[＋隐藏性]则转化为"优点的可挖掘性和丰富性"。"宝藏女孩"因此指某个女孩身上有很多不为人知的才华优点，需要慢慢被人发现或时不时会给人惊喜。

宝妈工厂（bǎo mā gōng chǎng）　指绝大部分职工是全职宝妈的工厂。

[例]　"宝妈工厂"，是当地人对这里的称呼。（腾讯网 2021 年 7 月 21 日）

有一个被称为"宝妈工厂"的服装厂，在网络上走红了。（搜狐网 2022 年 11 月 4 日）

[按]　2018 年，向京艳创建了一家服装厂，专招在家带孩子的全职宝妈。"宝妈工厂"，是当地人对这家服装厂的称呼，在近几年火热起来。"宝妈工厂"内贴有"独立的女人，靠自己才是女王"等标语，旨在鼓励女性突破家庭的束缚，实现个人价值。

爆款（bào kuǎn）　指在销量或关注度上异常火爆的商品或服务。

[例]　海外订单井喷 跨境电商加大研发 加速推出出口"爆款"商品。（央视网 2021 年 6 月 9 日）

如何打造国产纪录电影"爆款"？（央视网 2022 年 12 月 18 日）

[按]　"爆款"的来源目前还没有一个准确的说法。马尔科姆·格拉德维尔（Malcom Gladwell）说："要发起流行，就要把资源集中到引爆点上，换个视角看待这个似乎雷打不动、无法改变的世界。只要找准了一个点，轻轻一触，这个世界便能够动起来。"2016 年，在一个培训课上，有一位企业家发出

感叹:"我真希望自己的产品能够像小米手机一样引爆。""爆款"一词非常形象,单从字面意义讲:"爆"指人气爆棚,"款"是指款式。简单来说就是在商品销售中,供不应求、销售量很高的商品。"爆款"一词,最初是在服装行业演化形成,通常是指人气极佳、卖到脱销的服装或者款式。而现在已经被广泛应用于网店电商行业,通常是指人气极佳、质量出众的产品。

北斗组网(běi dǒu zǔ wǎng)　指的是构成我国北斗卫星导航系统的多颗组网卫星。

[例]　十年来,着力实施创新驱动发展战略,重点领域创新迈上一个大台阶。嫦娥探月、祝融探火、羲和逐日、北斗组网……一大批重大标志性创新成果引领中国制造业不断攀上新的高度。(中国新闻网2022年6月15日)

北斗组网两周年,都有了哪些应用?(腾讯网2022年8月5日)

[按]　2017年11月5日,北斗三号第一、二颗组网卫星以"一箭双星"方式成功发射,标志着北斗卫星导航系统全球组网的开始。"北斗组网"是中国自主研发的卫星导航系统,也是全世界第二个覆盖全球的卫星导航系统。

北交所(běi jiāo suǒ)　北京证券交易所的简称。

[例]　北京证券交易所(以下简称"北交所")的设立对资本市场发展意味着什么?(《光明日报》2021年9月4日)

北交所上市公司2022年三季度"成绩单"披露收官,121家公司三季报全部揭晓,其中110家上市公司实现盈利,盈利面超九成。(人民网2022年11月7日)

[按]　北京证券交易所,简称"北交所",于2021年9月3日注册成立,是经国务院批准设立的中国第一家公司制证券交易所,受中国证监会监督管理。2021年,"北交所"入选"2021年度中国媒体十大流行语"。

北溪事件(běi xī shì jiàn)　指"北溪一号"和"北溪二号"天然气输气管道发生爆炸泄漏的事件。

[例]　俄总统新闻秘书佩斯科夫28日表示,指责俄罗斯是"北溪事件"幕后黑手的说法是可以预见的,也是"愚蠢和荒谬的"。(环球网2022年9月29日)

无论幕后黑手是谁,"北溪事件"导致的经济代价将十分沉重,为其埋单

的终将是受乌克兰危机影响的无辜百姓。(新华社2022年10月8日)

[按] "北溪事件"是指2022年9月26日,"北溪一号"和"北溪二号"天然气输气管道发生泄漏、爆炸,致使两条线路中的六根管线被彻底破坏的事件。

备改审(bèi gǎi shěn)　"备案改审批"的简称。指线上学科类培训机构由原备案制改为审批制。

[例]　目前北京市备案的线上学科类培训机构一共有52家,其中6家已经主动注销线上学科类培训业务,9家已经停止线上学科类培训,20家承诺最晚于12月上旬停止学科类培训,剩余的17家机构提交了"备改审"申请。(腾讯网2021年11月8日)

近日,广东省教育厅公示了线上学科类校外培训机构"备改审"名单。(搜狐网2021年12月10日)

[按]　"备改审"全称为"备案改审批"。"双减"政策明确规定:各地不再审批新的面向义务教育阶段学生的学科类校外培训机构,现有学科类培训机构统一登记为非营利性机构。对原备案的线上学科类培训机构,改为审批制,即"备改审"。

本地化网课(běn dì huà wǎng kè)　私立教育培训机构针对当地考纲、政策设置的网络课程。

[例]　今后,"本地化网课"也将在包括重庆在内的诸多城市落地实施。(《重庆日报》2021年4月22日)

"本地化网课"将促进全国优秀教师的本地化发展,以及清北优秀毕业生的本地化培养。(《大众日报》2021年5月8日)

[按]　"本地化网课"这个概念是在2018年2月由网校"盐课堂"提出的教育新模式,流行于2021年。按照"盐课堂"的说法,"本地化网课"从本质上讲就是匹配度更高的网课业务,具体来说,"本地化网课"其实就是根据全国各地的考情与学情差异,通过各种手段,推出符合本地教学政策、适应本地教学难度、使用本地教材、同步本地中小学教学进度的在线大班课程教学。

本源司南(běn yuán sī nán)　指由合肥本源量子科技公司发布的具有自主知识产权的量子计算机操作系统。

本源司南　币圈茅台　币圈央妈

[例]　2017年，他与学生郭国平联合创立本源量子，这是中国第一个致力于量子计算机全栈式开发、开创中国量子计算工程化先河的创业团队。成立至今，已上线中国首台工程化超导量子计算机"本源悟源"，首个国产量子计算机操作系统"本源司南"。（央视新闻2021年12月6日）

首款国产量子计算机操作系统——"本源司南"实现了量子资源系统化管理、量子计算任务并行化执行、量子芯片自动化校准等新功能，可以使量子计算机的运行更加高效、稳定。研发量子计算机需要多种学科、不同产业方向的融合协作。（新华网2022年8月4日）

[按]　"本源司南"于2021年2月8日由合肥本源量子科技公司发布，是具有自主知识产权的量子计算机操作系统，标志着国产量子软件研发能力已达国际先进水平。

币圈茅台（bì quān máo tái）　指虚拟货币LUNA。

[例]　加密货币LUNA素有"币圈茅台"之称。（搜狐网2022年9月19日）

据韩国《每日经济》15日报道，被称为"币圈茅台"的韩国人创办的露娜币（LUNA），上周市值下跌99.99%。（中国新闻网2022年5月17日）

[按]　虚拟货币LUNA，也称"币圈茅台"，因其价格在2021年飞速上涨，从不到1美元暴涨到119.5美元，与茅台酒相似，故称。茅台酒是中国的一种高档白酒，以其独特的风味和稀缺性而闻名。在币圈，茅台作为象征性的比喻，用来形容某个加密货币项目或数字资产的表现非常出色，价格大幅上涨，吸引了大量投资者的关注和投资。

币圈央妈（bì quān yāng mā）　通常指的是在币圈有声望的数字货币交易所，如山姆·班克曼－弗里（Sam Bankman-Fried，SBF）成立的FTX交易所。

[例]　虽然与传统金融行业相比，加密货币市场的关键特点就是不受中央银行的管控而独立运转，但当9000亿美元币圈身处动荡之中时，FTX所扮演的几乎就是"币圈央妈"的角色。（腾讯网2022年6月25日）

听证会上，FTX的代表律师通过提交的法庭文件，向公众展现了"币圈央妈"不为人知的一面，令人震惊不已。（新浪网2022年11月23日）

[按]　"央妈"即中国人民银行，也有人用"央妈"指称央视。而在币圈

中与中国人民银行相对应的其实就是数字货币交易所,"币圈央妈"就是指币圈中比较有声望的交易所。比如SBF在2019年创立的FTX交易所,因其规模和影响力,被称为"币圈央妈"。

闭环接送(bì huán jiē sòng)　指的是接送过程中的所有主体均点对点地参与。

　　[例]　上海中考首日结束:这些考生闭环接送,家长说自己比孩子紧张(腾讯新闻2022年7月11日)

　　9月2日凌晨5点多,魏霞父亲突发疾病,出现胸闷憋气症状,需要立即送医治疗。魏霞赶紧跟社区干部联系,协调了一辆专车闭环接送。(央视网2022年9月6日)

　　[按]　"闭环接送"也叫闭环转运,指的是将人员点对点运输,不会与外界其他人员接触的转运方式。

便民生活圈(biàn mín shēng huó quān)　指以满足居民日常生活消费为目标,多业态集聚形成的社会商圈。

　　[例]　整体形成"国际消费体验区、城市消费中心、地区活力消费圈和社区便民生活圈"四级商业消费空间结构,服务市民公众多层次消费需求。(中国新闻网2022年9月16日)

　　加快建设一刻钟便民生活圈,提升居民日常生活便利度。(央视网2022年12月29日)

　　[按]　早在2015年,上海就开始倡导实施15分钟生活圈建设。"便民生活圈"是以社区居民为服务对象,服务半径为步行15分钟左右的范围内,以满足居民日常生活基本消费和品质消费为目标,以多业态集聚形成的社区商圈。它涵盖满足社区居民一日三餐、生活必需品、家庭生活服务等基本消费需求的生活保障类业态,如便民菜店、便利店、洗染店、美容美发店、维修点、药店、自助提货柜和再生资源回收点等。

冰广式(bīng guǎng shì)　指加入冰块的广式饮品。

　　[例]　这款被赋予"广东人的浪漫"特饮,在各种社交平台上疯狂刷屏,可见受欢迎程度,所谓的"冰广式",其实就是在冰块里面添加凉茶。(搜狐网2022年3月21日)

冰广式　冰新一代　冰雪热潮　补偿式出游

谈及网络流行的"冰广式",黄若鹏认为传统功能性的凉茶是不宜加冰的,适合温热饮用,加冰的凉茶可能影响其功效,而胃寒的市民喝了冰冻的凉茶之后则有可能引起肠胃不适。(腾讯网2022年3月29日)

［按］　"冰广式"流行于2022年,仿"冰美式"造词,该词语出自一个热门视频,视频中一个人拿着装满冰块的塑料杯,把一瓶癍痧倒进塑料杯里,并在简介中称这杯饮品为"冰广式",随后该视频播放量破千万,"冰广式"成为流行话题。

冰新一代（bīng xīn yī dài）　指服务北京冬奥会的青年志愿者群体。

［例］　全球连线｜"冰新一代"出征冬奥会（新华社2022年1月21日）
"冰新一代"收获的不仅是赞誉。（中国青年网2022年3月31日）

［按］　2022年北京冬奥会期间,1.8万名大学生志愿者全心投入,热情服务,点亮自己,温暖他人,也因此赢得了一个特殊的称呼——"冰新一代"。

冰雪热潮（bīng xuě rè cháo）　指随着2022年北京冬奥会的临近,掀起的一股冰雪运动的潮流。

［例］　展示成果调动激情,津城再掀冰雪热潮。（腾讯网2021年6月16日）
在这一波冰雪热潮中,成都人热情高涨。在都市里的室内雪场,能见到不少与冰雪亲近的民众。（中国新闻网2022年2月25日）

［按］　"冰雪热潮"是一种社会现象。在2022年北京冬奥会的契机及国家政策双引擎的推动下,冰雪产业的发展红利频频释放,冰雪运动培训、滑雪场、滑雪装备等构成的冰雪产业纷纷崛起。冰雪运动也由小众走向大众化,在"三亿人上冰雪"引燃的热情催化下,无论是普通大众还是专业人员都有更多机会走上冰雪,参与和体验各种类型的冰雪运动,社会上掀起了一股"冰雪热潮"。

补偿式出游（bǔ cháng shì chū yóu）　补偿式出游指因为一定原由长期未能出行,因而在条件允许的时段出行游玩,弥补之前的遗憾。

［例］　飞猪联合夸克发布《清明假期出游报告》显示,清明"补偿式出游"需求强劲……清明旅游预订量同比涨超450%,已超过2019年同期。其中,乡村民宿预订量同比涨超16倍,门票预订量同比涨超20倍。（央视网

2021年4月5日)

携程发布的《2021年国庆假期出游总结报告》显示,在经历了暑期旅游高开低走后,国庆期间各地迎来了补偿式出游热潮,全国多地知名景区连续多日入园量达到峰值。(人民资讯2021年10月7日)

[按] "补偿式出游"由"补偿式××"短语衍生而来,与其类似的还有"补偿式消费""补偿式熬夜""补偿式返乡"等。"补偿"指"补偿心理","补偿心理",指人们因主观或客观原因引起不适和不满而导致心理失衡时,企图通过种种途径弥补自己,借以减轻或抵消不适、不满,进而达到心理平衡的一种心理机制。

不买年(bù mǎi nián) 指的是在一定的时间内,对自己的消费行为作出限制。

[例] "不买年"指的是在一定的时间内,对自己的消费行为作出限制,不买不需要的东西,持续时间从一周到一年不等。(《北京日报》2022年1月25日)

识破消费主义陷阱的年轻人,开启"不买年"。(澎湃新闻2022年8月14日)

[按] 所谓"不买年",并不是某一年完全不购买任何东西,而是指"非刚需产品不购入"。

【C】

财爸(cái bà) 指国家财政厅,是对"国家财政厅"的戏称。

[例] 但这次,与央妈相比,财爸得担纲唱主角,央妈只能唱配角。(网易新闻2022年2月9日)

2022年经济冷思考:财爸的持家挑战。(腾讯网2022年2月9日)

[按] "财爸"是对国家财政厅的戏称,"财爸"管着中国的账本,譬如政府收支、税收等。人们将国家财政厅在国内经济社会中扮演的角色形象地比作一位父亲。

彩礼贷(cǎi lǐ dài) 指江西九江银行宣传的贷款产品。

[例] "彩礼开销不用愁,'贷'来稳稳的幸福。"3月16日,一份九江银行"彩礼贷"的宣传海报,突然火了。(央视网2021年3月17日)

011

彩礼贷 柴犬币 蝉翼钢

中国人民银行：彩礼贷墓地贷触及社会公序良俗底线。（央视网2021年4月2日）

[按] "彩礼贷"是银行推出的贷款产品，最早于2021年3月16日出现在江西九江，声称旨在支持新人购买结婚用品、装修房屋、购买汽车以及其他与婚礼相关的开销。2021年4月1日，中国人民银行明确彩礼贷触及社会公序良俗底线，对于有悖公序良俗，与国家大政方针背道而驰的做法，及时予以纠正。该产品遂被叫停。

柴犬币（chái quǎn bì） 一种去中心化的加密货币，因其交易代码为SHIB，也被称为"屎币"。

[例] 最近狗狗币暴涨，我觉得人们对动物名字的币情有独钟，就又投资了柴犬币，短短几天上涨20多倍，可是近期价格暴跌，利润几乎全部回吐。（新华社2021年5月25日）

今年上半年，"币圈"的表现，几乎可以用"疯狂"来形容，特别是前段时间被炒得火热的狗狗币，以及与此类似的的柴犬币（SHIB），年内涨幅一度超过百倍。（《中国青年报》2021年5月28日）

[按] "柴犬币"（SHIB）是一种虚拟货币，诞生于2020年8月，发行量为1000万亿。"柴犬币"创建的目的是成为狗狗币"杀手"，而柴犬行动敏捷，体格健硕，曾被训练成猎犬，故称。

蝉翼钢（chán yì gāng） 指一种用于制作5G基站信号接收器、信号发射滤波器、集成电路板等产品的钢材。

[例] 追溯"蝉翼钢"生产源头，目光还要投向离首钢园300多公里之外的曹妃甸。（《北京日报》2022年3月22日）

明信片使用由首钢京唐公司生产的高科技钢材"蝉翼钢"，"蝉翼钢"明信片广告面长城采用镂空技术，长城透钢工艺与画面融合度极高，展现"钢铁长城"。（京报网2022年10月24日）

[按] 2022年10月，在出席党的二十大的北京团分组会上，来自首钢集团的青格勒吉日格乐代表展示了外形为明信片的"蝉翼钢"。"蝉翼钢"因薄如蝉翼而得名，是首钢集团京唐公司生产的5G设备用钢，代表着首钢的科研实力和锻造水平。

长安链（cháng ān liàn）　新一代区块链开源底层软件平台。

［例］　为支撑"长安链·协作网络"运行，在中关村科学城北区已启动建设全球性能领先的区块链先进算力平台。（《新京报》2021年6月11日）

北京微芯区块链与边缘计算研究院相关负责人介绍，长安链2021年1月发布，已应用于我国多个领域的300多个场景。（《北京日报》2022年7月20日）

［按］　长安链是中国国内首个自主可控区块链软硬件技术体系，2021年1月27日由北京微芯区块链与边缘计算研究院发布。

长江三峡1（cháng jiāng sān xiá 1）　全球最大电池容量纯电池动力船。

［例］　3月29日，全球载电量最大的纯电动游轮"长江三峡1"在秭归新港成功首航。（《湖北日报》2022年3月29日）

"啊，宜昌，一座伸手摸到白云、俯身都是风景的城……"6月1日晚，在"长江三峡1"号游轮上，诗朗诵、古筝声、歌唱声，声乐缭绕。船下大江奔流，岸边火树银花。（人民网2022年6月4日）

［按］　2021年12月22日，全球载电量最大的纯电动游轮"长江三峡1"主体完工。"长江三峡1"是目前世界上设计建造的动力电池容量最大、智能化最先进的新能源纯电动船舶。

长七A（cháng qī A）　长征七号A运载火箭的简称。

［例］　在长七A遥二火箭研制过程中，团队不只准备了一发火箭产品，还进行了28项地面试验和74项技术状态更改。（《光明日报》2021年3月15日）

值得一提的是，研制人员和试验队队员通过优化流程，将长七A火箭的测发周期由32天缩减到26天，进一步提高了发射效率，为火箭应对高密度常态化发射奠定了基础。（《人民日报》2022年9月20日）

［按］　"长七A"是长征七号A运载火箭的简称。2022年9月13日晚，文昌航天发射场，由中国运载火箭技术研究院抓总研制的长七A成功将中星1E卫星送入预定轨道。长七A因此得到了中国人民的关注。

钞能力（chāo néng lì）　形容一个人非常有钱，后衍生出"金钱是万能的"或者"有钱能使鬼推磨"的含义。

[例] 不花钱很难拥有更多的投票权，没有投票权就没有出道的决定权，说到底，还是要靠"钞能力"。（新华网2021年5月9日）

支撑其庞大影响力和"钞能力"的基点，显然在别处。（《光明日报》2022年8月29日）

[按] 网络流行语，"钞"就是指钞票，表达有钱之义。该词由"超能力"衍生而来，用于形容一个人非常有钱。这个词来自美国电影《正义联盟》中闪电侠与蝙蝠侠的对话，闪电侠问蝙蝠侠的超能力是什么，蝙蝠侠回答："我很有钱。"如今，这个词已经衍生出了"有钱能使鬼推磨"的含义。

超前点评（chāo qián diǎn píng） 指影视剧等作品发布前，大量评分就集中涌现的现象。

[例] 影视剧"超前点评"不止是"低级错误"。（海外网2021年12月14日）

据央视报道，近期开播的两部影视剧接连出现了"超前点评"的荒诞一幕——剧集还没播出或某个演员还未出场，网上就有大量相关评分或评价出现，且其中不少评分呈现出两极分化的状态。（光明网2021年12月16日）

[按] "超前点评"流行于2021年，这种"穿越式评分"现象与"水军"刷分控评行为有关。

巢湖一号（cháo hú yī hào） 指于2022年2月27日中国"天仙星座"项目发射的首颗卫星。

[例] "巢湖一号"卫星将具备6小时应急成像能力，可以提供更加精准、高效、可靠的SAR卫星遥感数据服务，将为国家应急救灾体系打造一支可信赖的天基商业SAR力量。（央广网2022年2月27日）

首发星"巢湖一号"卫星平台由天仪研究院研制，载荷由中国电科38所研制。（中国新闻网2022年3月27日）

[按] "巢湖一号"卫星由长沙天仪空间科技研究院有限公司研制，是中国"天仙星座"项目的首发星，于2022年2月27日在文昌航天发射场成功发射。

炒鞋盒（chǎo xié hé） 指以购买、炒卖限量版鞋盒为主要交易手段的一种投资行为。

[例] 相关部门也要联手，及时发布市场预警，规范店铺及电商平台销售行为，制止恶意炒作行为，避免炒鞋盒、球鞋产生不良影响。(《河南日报》2021年10月14日)

随着"炒鞋"之风席卷，"炒鞋"的产业链越延越长，从"炒鞋"到"炒鞋盒"再到炒各式各样的鞋盒标签。(《中国青年报》2021年11月2日)

[按] "炒鞋盒"流行于2021年，代指人们购买限量版鞋盒，然后在市场上以高价卖出，以获取利润的行为。这种行为与"炒鞋文化"紧密相关，"炒鞋文化"是指人们对于限量版鞋子的热衷和追捧。"炒鞋盒"可以扩展为一种投机行为，通过购买和炒卖限量版鞋盒来获取经济利益。

炒熊（chǎo xióng） 指投资者预期市场将下行，然后通过卖空或购买看跌期权等方式来获利的行为。

[例] 近日，"90后炒熊一只最多赚数万元"的词条登上微博热搜，热衷于炒盲盒的90后又开辟了新领域，开始"炒熊"，一只限量版的"熊"甚至可以卖到30万元。(《广州日报》2021年3月20日)

"新华视点"记者调查发现，"炒熊"背后黑幕重重，一些年轻人渴望"一夜暴富"，盲目入市"炒熊"，殊不知套路重重、暗藏风险，多数人或将面临被"割韭菜"的命运。(新华社2021年4月20日)

[按] "炒熊"流行于2021年，是指投资者在股市或其他金融市场中采取看跌策略，即预期市场将下行，并通过卖空或购买看跌期权等方式来获利的行为。

沉默性缺氧（chén mò xìng quē yǎng） 指由病毒感染所致的血液中氧含量低，但并未同时出现呼吸急促或呼吸困难等症状的情形。

[例] 12月21日晚，复旦大学附属华山医院感染科主任、国家传染病医学中心主任张文宏在演讲中提及，应警惕高龄老人的"沉默性缺氧"。(光明网2022年12月24日)

据介绍，由于老年病人对缺氧反应迟钝，甚至完全感觉不到胸闷、呼吸困难等，这种现象可以称为"沉默性缺氧"。(北青网2022年12月26日)

[按] "沉默性缺氧"这一概念最早由张文宏医生2022年12月21日在

公开演讲中提出，他举例说明了有的老年病人送医时为时已晚，就是因为他们对缺氧反应迟钝，甚至完全感觉不到胸闷、呼吸困难等。"沉默性缺氧"，也称"静默型缺氧""静默型低氧血症"。

城限本（chéng xiàn běn）　指一座城市仅限定有限几家门店销售的剧本杀游戏剧本。

[例]　当前的剧本杀作品从发售数量上可以分为三类：盒装本，通过网售渠道就可以买到；城限本，每个城市只有三家店铺能拿到授权，玩家想玩只能去相应门店；独家本，每个城市只有一家店能有授权。(《北京青年报》2021年7月30日)

据了解，剧本通常分为独家本、城限本和盒装本三类。(《上观新闻》2021年9月21日)

[按]　"城限本"是"城市限定本"的简称，通常一个城市只有指定的几个商家有"城限本"（一般来说是一城三本），作为玩家想要打一台"城限本"必须去指定的店家。

城心养老（chéng xīn yǎng lǎo）　在城市中心地带提供的养老服务和设施。

[例]　在此背景下，中国养老产业的一些新趋势受到关注，"城心养老"是其中之一。(中国新闻网2021年12月23日)

《报告》显示，"城心养老"已成为超八成城市居民的青睐之选。(人民网2022年12月24日)

[按]　大家保险集团于2019年率先提出了"城心养老"的战略，旨在于城市中心地带提供养老服务和设施，为老年人提供便利的生活环境和全面的养老服务。

宠物盲盒（chǒng wù máng hé）　指利用快递邮寄活体猫狗。

[例]　近日，有网友爆料成都一快递点出现大量"宠物盲盒"，许多小猫小狗在路边奄奄一息，引发网络热议。(新华网2021年5月6日)

此前，以活体动物为售卖主体的"宠物盲盒"曾引起广泛争议。(《中国青年报》2022年8月23日)

[按]　2021年5月3日，爱心人士在成都市金牛区荷花池快递网点发现

被打包的猫狗 160 余只，正准备被当作普通货物发往外地，而中通快递和托运人在当时没有出示相关的猫狗检疫合格证明。运送猫狗的快递单显示，运送物品多为混血边牧、混血蓝猫等名贵品种，但盒子内实际多为土狗土猫。盲盒里闭塞炎热，供氧不足，加上没水没粮，很多猫狗因此死亡。"宠物盲盒"事件在网上迅速发酵，不仅引发网友们的热议，很多媒体也对其进行批评。

出片（chū piān）　　通常用来形容拍摄出的满意照片。

[例]　天气好的时候，在户外和大火车来个亲密接触，有年代感的老车站还特别出片，顺便也能让娃们感受一下我们国家的高铁发展史。（《北京青年报》2022 年 11 月 9 日）

当然，也有人认为他们不过是"附庸风雅"：出去喝个茶，还讲究穿搭、出片，多半不是真的冲着茶去的。（《光明日报》2022 年 12 月 5 日）

[按]　"出片"在不同的领域有不同的解释。这里的"出片"来源于摄影行业的术语。在摄影行业，"出片"这个词最初源于对相机镜头的描述，用来形容在不同环境下都能表现出色的镜头。"摄影即输出"，因此"出片率"成为评价相机好坏的重要指标之一。但是照片的质量不仅取决于硬件设备的好坏，还受妆发造型、光线运用等多方面因素影响，只有各方面都做到位，才能拍出理想的作品。"出片"也因此成为一个形容词，用来称赞高质量的照片。随着越来越多的人爱好摄影拍照，"出片"一词也高频出现在人们生活中。

春节包（chūn jié bāo）　　指中国驻多国使领馆在春节期间向留学生等人员发放的物资和以"春节"为主题的纪念品。

[例]　暖暖"春节包"，传递着来自祖国的牵挂和爱。（人民网 2021 年 2 月 7 日）

他特意找出春节期间总领馆向当地中国留学生发放的"春节包"。（《中国青年报》2022 年 2 月 7 日）

[按]　由于种种原因，许多旅居在外的同胞，留在国外过年。驻外使领馆结合驻在国实际情况，在春节前陆续向留学生和侨胞等群体发放"春节包"，让他们和祖国人民一起感受春节的氛围。"春节包"中一般有中国结、贺卡、茶叶、慰问信等物品。

春雨润苗（chūn yǔ rùn miáo）　　指税务总局与全国工商联联合

春雨润苗　葱桶　脆蜜

开展的专项行动。

[例]　近日，国家税务总局与全国工商联联合印发通知，共同开展2021年助力小微企业发展"春雨润苗"专项行动。（人民网2021年5月19日）

近日，北镇市税务局副局长周兴东带领该局税事通工作室专家团队8人走进锦州天晟重工有限公司，按照"春雨润苗"专项行动要求，为企业提供一对一有针对性专属纳税服务。（光明网2022年12月9日）

[按]　"春雨润苗"是山西省税务局与省工商联召开的政企对接会的主题。2021年6月，山西省税务局与省工商联召开的"'春雨润苗'优环境，减税降费促发展"政企对接会宣布将联合实施3大类9项措施护航小微企业。

葱桶（cōng tǒng）　对韩聪和隋文静这两位花样滑冰双人滑搭档的称呼。

[例]　上届世锦赛第四名、去年四大洲赛亚军组合彭程/金杨本赛季一直保持着系统训练，这对去年中国杯冠军将和"葱桶"一起为中国队争取冬奥会名额。（新华网2021年3月22日）

随着"葱桶组合"拿下梦寐以求的花样滑冰双人滑的金牌，本届北京冬奥会中国体育代表团的金牌数达到了9枚，而奖牌数也达到了15枚（9金4银2铜），刷新了中国1980年征战冬奥会以来的历史最佳战绩。（《北京青年报》2022年2月21日）

[按]　"葱桶"组合的"葱"是韩聪名字中"聪"字的谐音，而"桶"则代指隋文静，因为隋文静小时候穿了件黑衣服，看上去没有腰，所以被亲切地称为"桶妹"。2009年韩聪和隋文静以黑马之姿夺得全国花样滑冰冠军，在同一年，两人首次登上国际赛场，成为那个赛季国际滑联青年组赛事的最大黑马。自此，"葱桶"组合便开始了他们的夺金之旅，闪耀赛场。

脆蜜（cuì mì）　指龙眼与荔枝杂交的新品种。

[例]　刘成明解释道，事实上，"脆蜜"仍然是一个龙眼品种，不过其果肉很嫩，这点与荔枝类似，另外，"脆蜜"果皮的龟裂片很明显，呈疙瘩状，这也是荔枝才有的特点。（《广州日报》2022年8月26日）

而直到今年"脆蜜（SZ52）"终于通过了新品种评定的现场鉴定。（网易新闻2022年9月10日）

[按]　据华南农业大学微信号2022年8月25日消息，华南农业大学刘

成明教授团队育出世界上第一个龙眼与荔枝杂交的属间杂交新品种——"脆蜜"。根据刘成明教授的介绍,"脆蜜"是历时15年研发出来的品种,选育了石硖龙眼和紫娘喜荔枝作为杂交对象。

村推(cūn tuī)　　指在推进电子医保卡普及的进程中,部分获得电子医保卡接入授权资格的第三方平台走进农村,指导村民注册、激活电子医保卡的活动。

[例]　2021年6月底,广西贵港公安网安部门在工作中发现,有人利用"村推"激活电子医保凭证的时机,在农村地区大量注册网络黑号。(《北京青年报》2021年10月26日)

贵港市公安局刑侦支队四大队教导员蔡华告诉记者,此类非法"村推"活动已成为网络诈骗、赌博等不法活动中"黑账号"的重要来源,不仅涉嫌严重违法犯罪,还导致个人信息被"骗走的村民""'罪'从天降"。(《广州日报》2021年11月15日)

[按]　"村推"是地推的一种,它将推广场景固定在农村,是为了便利农村群众,特别是农村老年群众使用电子医保卡,部分获得电子医保卡接入授权资格的第三方平台会到农村地区,进行推广活动,指导村民注册、激活电子医保卡,这种活动也叫"村推"。但这也给了违法犯罪行为活动的空间,不法分子打着为村民提供电子医务医保卡激活服务的幌子,深入偏远村庄,套取参保群众个人信息,因而引发社会的广泛关注。

村巷法官(cūn xiàng fǎ guān)　　指定期进村(居)驻点,为群众提供多元化司法服务的地方人民法院审执人员。

[例]　"村巷法官"将成为人民调解员、驻村律师以外,基层司法服务力量的有力补充。(《南方周末》2021年4月8日)

8月26日,江门新会法院举行"村巷法官"兼职助理聘任仪式,正式聘任50名网格员、社区工作人员、治保主任担任兼职法官助理,开启持续做优做强"村巷法官"品牌工程、拓展构建多维诉源治理新格局的新阶段。(《人民资讯》2022年9月13日)

[按]　"村巷法官"是指在中国农村地区设立的法律服务人员。由于农村地区普遍法律服务资源匮乏,为了解决农村居民的法律服务需求,中国政府于2013年开始在农村地区实行"村巷法官"制度。"村巷法官"主要负责提供基

层法律服务，包括法律咨询、调解纠纷、案件审理等。"村巷法官"通常驻扎在农村基层组织，如村委会或居民委员会，他们与村民密切接触，了解和解决他们的法律服务需求。

【D】

打工人（dǎ gōng rén） 广义上指工薪阶层，现特指在职场中不断奋斗的年轻人。

［例］ 李超也不例外，2008 年，他走出家乡，成了一名"打工人"。（新华网 2021 年 9 月 8 日）

2021 年，"打工人"大火，所有网友都在调侃自己是打工人。明星发一条拍戏剧照的微博，配字"打工人"；有人开着豪车手持一杯星巴克晒图，配字也是"早安，打工人"。（中国日报网 2021 年 9 月 8 日）

［按］ "打工人"一词最开始用来形容青年劳动者，特别是教育背景相对欠佳、缺乏专业技能与经验的群体，他们往往以体力工资收入为主要来源，为了谋生和维持基本生活支出而劳动。现在，"打工人"词义扩大，泛指一切为了谋生工作打拼的人，十分流行，还入选了网络热词。需要注意的是，"打工人"并不是一个贬义词。它尊重了那些通过自己的努力和付出来谋生的人，并显示出他们的坚韧和奋斗精神。它反映了一种对劳动者的认可和尊重，强调了劳动的重要性和价值。

大白（dà bái） 现多是对身穿白色防护服的基层工作人员、医护人员的昵称。

［例］ "防护服完全不透气，几个小时下来，满身是汗，为了不浪费物资，一天下来连水都不敢喝，这就是"大白"，用实际行动诠释着新时代青年的责任和担当。（《人民日报》2022 年 9 月 8 日）

上海各部门、地区党组织正统筹工作力量下沉社区，抽调机关、企事业单位党员干部下沉基层一线，31.3 万名社区报到的在职党员化身"大白""保安""外卖小哥""搬运工"……（《人民日报》2022 年 4 月 8 日）

［按］ "大白"原是电影《超能陆战队》中登场的虚拟人物，是一个胖嘟嘟的充气型智能机器人，因呆萌的外表和善良的本性获得大家的喜爱，被称为"萌神"。它也是一个医疗伴侣，能够快速扫描、检测出人体的不正常情绪或受

伤情况，并对其展开治疗。

大国建造（dà guó jiàn zào）　中央广播电视总台财经节目中心制作的大型纪录片。

［例］　7月6日，中央广播电视总台财经节目中心制作6集大型纪录片，《大国建造》正式播出。（澎湃新闻2021年7月6日）

2021年中央广播电视总台财经节目中心推出的纪录片《大国建造》获得全网视频播放总量突破1亿次，收获全球89个国家和地区1.06亿观众的骄人收视成绩。（《光明日报》2022年12月21日）

［按］　《大国建造》是中央广播电视总台财经节目中心制作的一部大型纪录片。影片展现新中国70年建筑变迁和中国建造的"超级工程"。首播时间为2021年7月5日至7月10日。

大力号（dà lì hào）　指长江口二号古船整体迁移工程主作业船。

［例］　下午，作为长江口二号古船整体打捞迁移工程主作业船——"大力号"缓缓驶离上海横沙码头，起航前往长江口二号古船遗址现场。（新华网2022年9月6日）

今年9月6日，长江口二号古船整体打捞工程主作业船"大力号"到达古船所在水域，正式开展古船整体打捞和考古保护工作。（《人民日报》2022年11月23日）

［按］　"大力号"是一艘海上自航浮吊船，1980年由日本引进。服役38年的"大力号"在国内外多项重大工程建设和应急打捞任务中大显身手。2022年6月1日到2022年11月21日，大力号作为关键作业船，为长江口二号古船整体打捞迁移保驾护航，因此再度进入人们的视野。

大湾区青年（dà wān qū qīng nián）　指在粤港澳大湾区生活和工作的青年人，包括香港、澳门和内地的青年人。

［例］　优越的发展环境让越来越多的大湾区青年选择到前海就业和创业。（光明网2021年12月2日）

在曹钟雄看来，龙头企业开放企业创新的基础设施，为大湾区青年提供了更多的创业便利，提供更多的技术、数据、平台、创新设施的供给，以及创业

的生态和场景。(《中国青年报》2022年2月22日)

[按] 2022年，在综艺节目《披荆斩棘的哥哥》中，来自香港的五位艺人组成的"梦幻五人组"幽默搞笑，舞台精彩，被称为"大湾区哥哥"。"大湾区"一词迅速走红网络。"大湾区"全称是"粤港澳大湾区"，由香港、澳门两个特别行政区和广东省广州、深圳、珠海、佛山、惠州、东莞、中山、江门、肇庆九个珠三角城市组成。而"大湾区青年"是指生活、工作或学习在大湾区地区的年轻人群体。总的来说，"大湾区青年"是一个充满活力和创造力的群体，他们在大湾区这个经济繁荣地区追求个人发展和事业成功。

大雪花（dà xuě huā） 指2022年北京冬奥会的火炬台。

[例] 然而如此巨大并且看起来只有薄薄一片的"大雪花"悬挂起来是否安全？(《北京日报》2022年2月6日)

很多人对不久前北京冬奥会、冬残奥会开闭幕式的精彩画面记忆犹新，随着鸟巢的对外开放，市民将有机会近距离感受"大雪花"主火炬、"米兰八分钟"巨型地球、滑板造型颁奖台、开闭幕式焰火燃放装置等北京冬奥会标志性实物。(《北京青年报》2022年4月21日)

[按] "大雪花"是2022年北京冬奥会火炬台。在北京冬奥会开幕式这个环节，设计师让无数个"小雪花"（代表着各个国家的火炬）共同拼接，组成一个"大雪花"（北京冬奥会火炬台），既象征着全球各地运动员们共同参与这一盛大的体育赛事，也象征着全世界人民大团结。

带货慢火车（dài huò màn huǒ chē） 简称"慢火车"，指一般带有公益性质，停站多、速度慢而票价低的绿皮火车。

[例] "慢火车"因逢站必停、价格便宜、带货方便，成为沿线群众赶集交易和商贸往来的重要交通工具。(中国经济网2022年3月17日)

5630/5629次列车开通于1993年，因逢站必停、价格便宜、带货方便，成为沿线山区民众的"公交列车"，300余公里、20多个站，这趟"慢火车"运行了28年，从未停歇……(《广州日报》2022年4月13日)

[按] "带货慢火车"是中国铁路持续开行的公益性列车，主要分布在西南、西北和东北等偏远地区。这些地方大都自然条件较差、经济基础较薄弱、交通不便，"带货慢火车"为沿线学生上学、老百姓售卖农副产品、村民外出务工等都提供了便利。

袋鼠摇（dài shǔ yáo）　指袋鼠挠胸前和肚皮上的毛发时做出的动作，具体表现为后仰摆手。

［例］　体操队小将管晨辰在平衡木上"袋鼠摇"，优雅又不失调皮。（《中国青年报》2021年8月20日）

中国体操队不少队员此前在东京奥运会上凭借优秀表现或"袋鼠摇"等招牌动作收获不少粉丝。（《环球时报》2022年11月1日）

［按］　网络流行语，源于一张袋鼠幼崽仰头摇手照片过于可爱而火爆了一阵子，流行于2021年7月。袋鼠后仰摇手其实是在挠胸前和肚皮上的毛发，这属于袋鼠梳洗皮毛的正常行为。袋鼠摇手最早的创意来源于抖音上的一段袋鼠模仿视频，随后引发了广大网友的争相模仿，并被制作成各种表情包在网络上传播。奥运会女子体操冠军管晨辰也凭借"袋鼠摇"获得关注。

单边代理（dān biān dài lǐ）　经纪人仅接受卖方或买方一方委托的代理模式。

［例］　新系统对中介行业的运行逻辑进行了两大调整：一是从"多方委托"变为"独家委托"，卖方在同一个时间段里只能委托一位经纪人销售房源；二是从"双边代理"变为"单边代理"，买卖双方需有代表各自利益的经纪人。（中国青年网2021年11月30日）

而国际上通行的"单边代理"，经纪人只服务于买或卖一方，帮助委托人一方实现利益最大化。（《经济日报》2022年2月17日）

［按］　"单边代理"是指只对委托人有利，而不会对代理人有任何益处的代理。自2021年11月，深圳住建局正式上线新版二手房交易网签系统，在国内首次引入"单边代理"，随之取代以往的"居间代理"。单边代理的买卖双方通过独立委托，与受托中介机构形成单边委托关系，中介方"各为其主"，只对自己的委托人负责。

党史＋（dǎng shǐ ＋）　一种党史学习教育模式。

［例］　自党史学习教育开展以来，玉树州杂多县以"党史＋"为载体，丰富学习方式，深化"我为群众办实事"实践活动，切实将学习内化于心，外化于行。（《人民日报》2021年11月18日）

3月25日，贵州民族大学党委理论学习中心组会议上，学校党委书记褚光荣表示，要持续巩固拓展党史学习教育成果，着力推进党史学习教育常态化

长效化，将党史学习教育中凝练形成的"党史＋学科"特色教育。(《贵州日报》2022年4月17日)

［按］ 自党史学习教育开展以来，各地不断创新学习形式，开启"党史＋"模式。所谓"党史＋"模式指强化党史学习教育现场感和参与度，通过开展沉浸式、现场式、参与式教育，切实推动党史学习教育生动有实效。

倒奶（dào nǎi） 指部分粉丝为给偶像投票，购买赞助商品牌牛奶后喝不完只能雇人倒进下水道，造成浪费的现象。

［例］ 栾律师认为，倒奶式"打投"追星在造成食品浪费的同时，也严重危害了社会风气，不利于青少年社会价值观念的塑造。(央视网2021年5月7日)

这次的倒奶事件，通俗易懂的描述就是粉丝为给偶像刷屏买成箱牛奶，然后只要奶盖中的投票二维码，雇人将牛奶倒掉的荒诞行为。(网易新闻2021年5月11日)

［按］ "倒奶"事件起因于某档选秀类综艺节目，该节目组鼓励粉丝以购买赞助商品牌牛奶的方式为偶像投票，并将投票二维码印在了牛奶盖上。疯狂追星的粉丝们为了给偶像投票，购买了大量牛奶，喝不完就雇人倒入下水道。不少网友们纷纷就此行为发表自己的看法，各大网站新闻也对此浪费的行为做出批评。

第二剧场（dì èr jù chǎng） 以线上直播演出的方式为戏曲演员和院团打造的线上剧场。

［例］ 线上演出不仅为戏曲行业开辟了"第二剧场"，是……对优秀传统文化艺术的宣传，让更多的年轻人去了解并喜欢上传统艺术。(《新京报》2022年6月9日)

亓季松畅想，未来抖音直播间打造的"第二剧场"，可能有一批专职演员为此而生，这个时候，戏曲创新真的就是未来可期的。(搜狐网2022年11月18日)

［按］ 2020年以来，很多戏剧线下演出取消或延期，不少戏曲院团把目光聚焦在线上。2022年6月2日—6月11日，在北京市委宣传部指导下，抖音直播联合中国文促会戏曲文化专业委员会，邀请12家院团演出机构，连续10天为市民送上精彩线上演出，种类覆盖京剧、昆曲、黄梅戏等剧种，打造

了"第二剧场"。

点题整治（diǎn tí zhěng zhì）　指各地纪委监委征集群众身边的腐败和不正之风问题，督促职能部门开展专项整治工作。

［例］　目前，福建"点题整治"的18个项目正陆续进入收官评价阶段，其他个性化诉求也在同步解决。（《人民日报》2021年11月5日）

找准切入点、突破口，用好专项治理、点题整治等工作方法，找准不同地区、不同领域、不同行业的群众身边腐败和不正之风的具体表现，找准切口、结合实际，把注意力更多放在群众普遍关注、反映强烈和反复出现的问题上，让人民群众感受到纪检监察就在身边、正风肃纪反腐就在身边。（《中国青年报》2022年12月28日）

［按］　2021年以来，福建省纪委监委开展"点题整治"工作，着眼整治群众身边腐败和不正之风，深入纠治重点行业、关键领域漠视侵害群众利益背后的责任、腐败、作风问题。随后各地纪委监委纷纷效仿，通过广泛征集群众身边腐败和不正之风的问题线索，梳理归纳出本地区群众"急难愁盼"的突出问题，并以此为小切口，督促职能部门开展专项整治的有益探索。

电缆巴士（diàn lǎn bā shì）　指墨西哥在2021年推出的一种公共交通工具。

［例］　墨西哥首都墨西哥城近日推出"电缆巴士"，缆车不再仅用于观光，也成了当地民众出行的交通工具。（搜狐网2021年3月9日）

"电缆巴士"这一新公交系统的形成，为缓解墨西哥城的交通拥堵问题提供了新思路。（《人民日报》2021年8月16日）

［按］　墨西哥城交通拥堵程度在世界位于前列。为了缓解交通压力，墨西哥政府推出了"电缆巴士"。"电缆巴士"以电力为动力，将缩短民众出行时间，加快提高人口密度较高地区的交通便利性。

电子榨菜（diàn zǐ zhà cài）　指能够为饭菜"提味增香"的视频或音频。

［例］　能不能选好"电子榨菜"，甚至直接关系到每个人吃饭时候的幸福感。（新浪财经网2022年11月14日）

近来，大家又为这种"下饭"视频或音频播客发明了一个新名词"电子榨

电子榨菜　跌妈不认　东数　东数西算

菜"。(《北京青年报》2022年11月23日)

[按]　"电子榨菜"这个词最早是2021年由一位名叫"蒜香花生酱"的博主提出的。他说，"电子榨菜"是一种可以边吃饭边看的视频，这样吃饭就不再孤单。这个概念一提出，立刻在社交媒体上引起了广泛的讨论和关注。如今"电子榨菜"多指在吃饭时看的视频或听的音频，该词在年轻人中特别流行，因为现在的年轻人往往在吃饭的时候会看一些视频或者听一些有声书，以达到为饭菜"提香增味"的效果。该词也经常用来形容创作那些下饭视频或有声书的人，因为他们的作品往往会被大家当作"电子榨菜"来"食用"。

跌妈不认（diē mā bù rèn）　指以基金为代表的投资工具下跌到连"妈都不认识"了。

[例]　张坤、王宗合、刘彦春、萧楠，这些明星基金经理管理的产品也难逃此"劫"，持股集中度较高且集中于白酒股的基金，跌幅超过同类型基金平均水平。基金跌上热搜，网友们纷纷表示"跌妈不认"。(《光明日报》2021年2月23日)

随着众多明星基金净值下跌，网友们制造出了新的网络词"跌妈不认"，即是"基金跌到妈都不认识了"的意思。(《新民晚报》2021年2月27日)

[按]　"跌妈不认"是一个夸张表达，即"基金跌幅很大，'大到连妈都不认识'了"的意思。2020年，不少"90后""基民"看着大涨的基金，纷纷跟着名气较大的明星基金经理入市，坐等赚钱。2021年2月，大部分明星基金下跌，网友们因此制造出了"跌妈不认"一词，夸张地形容基金下跌的现象。

东数（dōng shù）　指东部地区的大数据。

[例]　简单地说，就是让西部的算力资源更充分地支撑"东数"的运算，更好为数字化发展赋能。(《澎湃新闻》2022年2月23日)

要真正做到"东数西算"，"东数"就该出现在西部，传统IT技术可能做不到这一点，需要在技术上有所突破。(《新京报》2022年11月2日)

[按]　我国数据中心大多分布在东部地区，因此用"东数"作为我国东部地区大数据的简称。

东数西算（dōng shù xī suàn）　即"东数西算"工程。指通过构建新型算力网络体系,将东部算力需求有序引导到西部,优化数据中心建设布局,促进东西部协同联动。

[例] "东数西算"本质上就是将数字领域拆分成若干细分领域,每个领域都交给更适合的地方去建设,既可以避免重复性的投入和资源浪费,也可以给各地建设提供一个参照。(《光明日报》2021年5月31日)

继"西气东输""西电东送"之后,又一个横贯我国东西部地区的国家级工程"东数西算"全面启动。受此影响,A股数据中心、云计算相关个股大涨,依米康、首都在线等涨停。(《新京报》2022年2月18日)

[按] 2022年2月,国家发改委等部门联合印发通知,同意在京津冀、长三角、粤港澳大湾区、成渝、内蒙古、贵州、甘肃、宁夏等8地启动建设国家算力枢纽节点,并规划了10个国家数据中心集群,全面启动"东数西算"工程。

冬奥热(dōng ào rè) 指2022年北京冬奥会的举办引起的社会热潮。

[例] "冬奥热"带动"冰雪热",更多人爱上冰雪运动的同时,也带动了冰雪经济。(《南方日报》2022年2月18日)

以北京冬奥会为新的起点,继续巩固成果,让冬奥热带动冰雪热,冰雪运动将为人们带来更多快乐,为美好生活增添更多光彩。(《人民日报》2022年02月19日)

[按] "冬奥热"由词模"××热"衍生而来。"热"加在名词、动词或词组后表示形成的某种热潮,例如:"回国热""足球热"和"怀旧热"等。"冬奥热"顾名思义是北京冬奥会引发的一系列热潮。2022年2月4日,北京冬奥会开幕前后,冬奥会的热度让各地群众掀起"冬奥热",通过不同方式为冬奥助力,表达对北京冬奥会的深情祝福。

冬奥外交(dōng ào wài jiāo) 指在2022年北京冬奥会期间,中国在北京所展开的各种形式的双边外交和多边外交活动。

[例] 新春伊始,正当千家万户同庆团圆,国际社会瞩目北京,中国"冬奥外交"势如破竹、先声夺人,可谓"开年即巅峰"。(新华网2022年2月11日)

2022年北京冬奥会,近70个国家和国际组织的约170位官方代表出席开

幕式，疫情寒冬下的"冬奥外交"为世界带来了春的讯息。（《光明日报》2022年9月30日）

［按］ 2022年北京冬奥会期间，近70个国家、地区和国际组织的约170位官方代表亲临北京，出席北京冬奥会开幕式。所谓"冬奥外交"指以举办冬奥会为契机，中国在北京隆重举办的一系列主场外交活动，通过讲好中外运动员团结拼搏、争创佳绩的北京冬奥故事，主动塑造涉奥国际奥论环境，展示中国形象。

冬奥一代（dōng ào yī dài） 在2022年北京冬奥会上拼搏的新一代运动员。

［例］ 伴随着冬奥盛会，中国"冬奥一代"正在冉冉升起，这八个关键词，勾勒出了我们的"冬奥一代"。（中国新闻网2022年2月20日）

总书记用20个字概括了北京冬奥精神，引发广大"冬奥一代"热议，用北京冬奥精神照亮未来的奋斗之路成为他们的共识。（《中国青年报》2022年4月11日）

［按］ 衍生自"奥运一代"。2008年在北京举办的第29届夏季奥林匹克运动会中，出现一批"奥运一代"，他们承载着伟大的奥林匹克精神，在赛场上奋力拼搏；十三年之后，2022年，在北京冬奥会中，新一代中国冬奥运动员传承着奥林匹克格言，即"冬奥一代"。

独家本（dú jiā běn） 指一座城市仅有一家门店拥有使用权的剧本杀游戏剧本。

［例］ 《二重身》作为独家本，总共售卖到了60多个城市，即60多份。（《北京晚报》2021年3月12日）

"独家本"是仅授权给一家店的剧本，"城限本"允许一座城市的3—6家剧本店拥有权限，"盒装本"的购买门槛为零，批量发行，是大部分中、小型剧本杀店的基本保障。（《中国青年报》2021年11月30日）

［按］ "独家本"是一般只卖给店家且每个城市仅授权给一家店铺的剧本。一般来说"独家本"分两种：一种是发行定好的独家，一种是城限买断的伪独家。

断卡行动（duàn kǎ xíng dòng） 指依法清理整治涉诈电话卡、

物联网卡以及关联互联网账号的行动。

[例] 今年以来，全国公安机关深入推进断卡行动，对群众深恶痛绝的利用手机卡开卡环节恶意注册、出售网络账号的违法犯罪活动进行依法严厉打击，取得阶段性成效。(《人民日报》2021年9月3日)

因此，在国内开展"断卡"行动，斩断电话卡、银行卡的买卖链条，从源头遏制电信网络诈骗犯罪，在当前情况下，显得尤为重要。(搜狐网2022年3月11日)

[按] 2020年10月10日，国务院召开会议，决定在全国范围内开展"断卡"行动。"实名不实人"的电话卡，会被犯罪分子用来实施电信网络诈骗，而这些钱大部分都是通过买卖的银行卡走账，难以追查和打击。"断卡"即是斩断犯罪分子的信息流和资金流。

断亲（duàn qīn） 指一些人主动切断与亲戚之间的联结。

[例] 对于家庭生活，最近冒出来的一个热词则是"断亲"，一些年轻人主动切断了亲戚之间的联结。(《光明日报》2022年3月25日)

"断亲"青年亲缘观念的唤醒与重建也需要多"走"，走出互联网的线上社交状态，走出与亲戚"绝缘"的茧房，走进氛围浓烈的传统节日，走入其乐融融的亲戚交流场景。(《中国青年报》2022年6月15日)

[按] "断亲"是一个社会学术语，懒于、疏于、不屑于同二代以内的亲戚互动和交往，社会学研究者将之称为"断亲"。近几十年以来城市经济建设飞快，人与人之间的距离越来越远，亲戚之间的交流也在不断减少，生活环境的不同造成彼此缺乏共同话题，所以随着时间的流逝，亲戚之间也变得越来越陌生，加上生活压力大，时间和精力不足，一些年轻人懒于、疏于、不屑于同亲戚交往和互动。

钝角（dùn jiǎo） 指无厘头的、无实际意义的事情。

[例] 网络热梗"钝角"指的是一种很莫名其妙无厘头的抽象文化展现，实际上并没有任何意义，也可以理解为是对既定框架的打破，是对传统范式的叛离，是一种荒诞的艺术。(网易新闻2022年1月25日)

这个钝角梗其实是来自于up主金广发的视频，那么具体这个钝角梗是什么意思呢？(百度网2022年2月18日)

[按] 钝角原指大于90度、小于180度的角。"钝角梗"也称"万物皆可钝角"，来自艺人金广发2021年11月14日发布的视频《金广发讲堂》第六

课。《金广发讲堂》第六课视频中，金广发向网友提出了三个问题。其中一个问题是"他有没有可能是演的"，备选答案为"A. 不是；B. 有可能是；C. 钝角"。这里的"钝角"跟题目内容没有任何关系，也没有什么特殊的含义，仅为博观众一乐。后被网友大量模仿，形成"万物皆可钝角"。网络热词"钝角"是无厘头的抽象文化的体现，代表一切只可意会不可言传的事物，实际上并没有任何意义。

【E】

俄乌冲突（é wū chōng tū）　指2022年2月24日爆发的俄罗斯与乌克兰之间的军事冲突。

［例］　新华社北京11月30日电 综合新华社驻外记者报道：今日俄罗斯通讯社11月30日报道说，俄外交部武器不扩散和监管司司长叶尔马科夫接受采访时表示，在俄乌冲突中被西方用于支持乌方的卫星有可能成为俄军合法打击目标。（新华网2022年11月30日）

俄乌冲突爆发后，北约及其主要成员又"添柴拱火"，加大了政治和军事干预，导致相关各方矛盾和分歧难以弥合，和平谈判进程举步维艰。（《法治日报》2022年12月26日）

［按］　2022年2月24日，因北约东扩及顿巴斯冲突，俄罗斯宣布开展"特别军事行动"，俄乌冲突爆发。

儿童友好城市（ér tóng yǒu hǎo chéng shì）　指将儿童的根本需求纳入建设规划之中的城市。

［例］　对比"十三五"期间，此次发布的"十四五"规划分别新设了"妇女与家庭建设""儿童与家庭"领域，首次提出建设普惠型的儿童福利体系和全域建设儿童友好城市。（《人民日报》2021年12月10日）

展望到2035年，预计全国百万以上人口城市开展儿童友好城市建设的超过50%，100个左右城市被命名为国家儿童友好城市，儿童友好成为城市高质量发展的重要标识，儿童友好理念成为全社会共识和全民自觉。（搜狐网2022年5月7日）

［按］　"儿童友好城市"是一个不断发展的概念，它源于1989年《儿童权利公约》中提出的"儿童具有生命权、受保护权、发展权与参与权四大权

利"，"儿童友好"的最基本内涵就是尊重儿童的这些基本权利。1996年联合国儿童基金会及联合国人居署正式提出"儿童友好城市倡议"，建议将儿童的根本需求纳入街区或城市的规划之中，即通过一定的措施，提升原有街区或城市的儿童友好度，为儿童成长发展提供适宜的条件、环境和服务，切实保障儿童的基本权利。

【F】

发疯文学（fā fēng wén xué）　　指通过夸张和混乱的语言来表达内心强烈感受的文字。

［例］　随着双十一预售开启，一些消费者催客服发货的言语迅速出圈、引发热议，被称为"发疯文学"。（澎湃新闻2022年11月1日）

由此可见，"发疯文学"引起了部分大学生共鸣——负面情绪并非只会孤立地发生在个体身上，也可能会同时作用于群体之中。（《中国青年报》2022年12月12日）

［按］　"发疯文学"是由活跃于互联网时代的青年群体用以抵抗现实压力、纾解精神焦虑而创造并传播的一种文字。此类文体在形式上由众多重复性短句、文字表情包或视频语言组织，在内容上具有高度夸张、情绪激烈、逻辑蛮横、语言无序等特点，起到发泄情绪的作用。

番茄工作法（fān qié gōng zuò fǎ）　　一种时间管理方法，具体是指每集中精力工作二十五分钟便休息五分钟，由此来提高工作效率和专注力。

［例］　番茄工作法的关键是防止被打断，全神贯注二十五分钟。（搜狐网2022年4月24日）

番茄工作法，就是学生的专注力很大程度上决定了学习效果，番茄工作法可以帮助学生规划好每天的任务量：规划要完成的几项任务，然后逐项写在当天列表里，每个任务时间为25分钟。（《光明日报》2022年11月8日）

［按］　"番茄工作法"是意大利人弗朗西斯科·西里洛于1992年创立的时间管理方法。使用"番茄工作法"，选择一个待完成的任务，设定一个番茄时间，在番茄时间内专注工作，直到番茄钟响起，在纸上画一个记号，然后设定一个番茄休息时间，短暂休息一下。在完成了一定数量的番茄时间后，可以

进行更长的休息。结束一天的工作后，根据记录对当日的工作学习情况进行复盘，同时可以对第二天的时间进行规划。

反广场舞神器（fǎn guǎng chǎng wǔ shén qì）　指一种通过红外信号干扰广场舞音响的设备。

[例]　最近，江西鹰潭的一位网友展示了一款"反广场舞神器"——它像一个手电筒，只要对着楼下大声播放的广场舞音箱轻轻一按，世界顿时就安静了。（网易新闻2021年11月5日）

艾泓强认为，使用"反广场舞神器"同样可能带来法律风险，主要还要看"神器"的性质，若该"神器"属于无线电信号的一种，就涉及无线电管理条例等规定，可能涉嫌违规使用。（《长江日报》2022年2月26日）

[按]　近年来，广场舞成为很多市民热衷的健身方式，而广场舞噪声扰民的问题也一直备受关注。江西鹰潭的一位网友展示了一款"反广场舞神器"，他利用这种"反广场舞神器"来阻止扰民的广场舞活动。"反广场舞神器"本质是一个大功率遥控器，工作原理是通过散射或吸收红外光、改变目标的红外发射特性，扰乱或破坏广场舞音响的使用效能。

反内卷（fǎn nèi juǎn）　与"内卷"相对，指避免陷入过度的竞争。

[例]　薛雪认为，自己这代年轻人之所以如此"大胆"和"反内卷"，主要是因为还没有生活的压力。（中国新闻网2021年5月9日）

相较于互联网企业普遍实施的"996"工作模式，"强制下午6点下班"的试点，的确不无反向操作的"另类"看点，将其称之为"反内卷第一枪"或不为过。（《北京青年报》2021年7月29日）

[按]　"内卷"本来是一个社会学术语，大意是指社会文化模式发展过程中达到某种确定的形式后，停滞不前或无法转化为另一种高级模式的现象。随着社会压力的激增，"内卷"被用来指代非理性的内部竞争，即过度竞争、互相倾轧的内耗状态。"反内卷"是内卷的衍生，即反对内卷，反对非理性的内部竞争。

反套路（fǎn tào lù）　指掌握人们常用的思维模式，却不遵循其常规思维，反其道而行之。

[例] 五条人的世界，也由套路和反套路（也就是写实）组成，他们身兼诗人、演员、乐手、歌手等职，像旧时说书人一样夹叙夹议，慷慨激昂，对人充满强烈的兴趣。（澎湃新闻2022年1月14日）

这部剧像《赘婿》一样，把当代人的思维方式、行事风格放到古代人物身上，以反套路的人物和剧情吸睛，而为了"讨好"女性观众，在具体情节、人物设定上可谓将"女尊"做到了极致。（《齐鲁晚报》2022年11月16日）

[按] "反套路"来源于竞技游戏的打法，用来形容精心策划的一套计划，针对敌方算计的一个形容词。"套路"在生活中，就是利用人性的思维逻辑和心理特征，结合内外因素环境等，通过设陷并最终实现预期效果的行为或策略。而"反套路"是掌握人们常用的思维模式以及出于惯性的思维错误，却不遵循其常规思维，反其道而行之，摆脱不理智的判断和危险的决策。

反向背调（fǎn xiàng bèi diào） 指年轻人在找工作前调查雇主，为自己的求职择业提供参考的行为。

[例] "反向背调"的流行反映的是求职者的主动性，是对自己职业规划、职业发展的负责任态度，本就应该是常规、必备操作。（《光明日报》2022年4月19日）

当下，大批主体意识强烈的"00后"进入职场，他们不甘于被动接受公司的选拔和背景调查，而是选择主动出击，利用信息网络对雇主展开"反向背调"。（《人民日报》2022年5月27日）

[按] "反向背调"流行于2022年，是相对"背景调查"而言的。"背调"是"背景调查"的简称。背调有利于企业在招聘时控制用人风险，帮助企业鉴别优劣、评判人才。而"反向背调"则是指年轻人在找工作前，反向调查雇主，通过多重渠道，了解企业的薪酬福利、试用期制度、文化氛围等信息，为自己的求职择业提供参考。

反向抹零（fǎn xiàng mǒ líng） 指一些商家在结账收款时，利用"四舍五入"的方式多收消费者零钱的行为。

[例] 据介绍，消费者刘某在该餐饮店就餐消费189.5元，支付记录却显示被扣取190元，该餐饮店负责人声称收银系统默认"四舍五入"，拒绝退还"反向抹零"的5毛钱。（《中国青年报》2022年3月11日）

但在移动支付日益普及便捷的当下，不法商家利用收款"四舍五入""反

向抹零"等行为侵犯消费者知情权、选择权与公平交易权的现象时有发生。（澎湃新闻2022年10月11日）

[按] "反向抹零"来源于2022年10月，辽宁大连一男子和朋友在海鲜大排档吃饭，总共消费了930.9元，收款时竟被商家"反向抹零"，收取了931元。该事件发生后，引发了社会关注。10月6日，大连市市场监督管理局发文称，"反向抹零"属违法违规行为。

饭圈集资（fàn quān jí zī） 指由艺人后援会发起、由粉丝参与的为艺人募集资金的行为。

[例] 从"暂停录制"到"终止录制"，选秀节目《青春有你3》虽被喊停，但是针对其背后浮出的"饭圈集资"等灰色产业链的监管不能停。（《人民日报》2021年5月12日）

打击出格"饭圈集资"行为，净化网络生态环境，一方面需要相关部门完善法律法规，加强监管，对违规排行、集资行为严厉打击。（《中国青年报》2021年8月29日）

[按] "饭圈"是粉丝们为追求共同喜爱的人或事物而自发组成的群体。所谓"饭圈集资"一般是某几个影响力较大的粉丝团体（如后援会、应援站等）定下一定数额的众筹目标，粉丝直接把钱款打到他们开设的账号里，由团体统一规划使用这些钱款，为偶像造势。近年来，"饭圈集资"产生了大量资金管理不透明、不规范甚至卷款逃跑现象，扰乱了社会秩序，引发了较大争议。

方言梗（fāng yán gěng） 指以地方方言为基础的"网络梗"。

[例] 有学者认为，我国社会正逐渐形成方言文化保护传承和普通话推广普及并行不悖的"多语分用"语言态度，"方言梗"流行的背后是乡村文化认同。（新华网2021年6月25日）

而当下流行的方言梗，往往地域色彩浓厚，且火爆于限定圈层内，缺乏足够的市场教育。（网易新闻2022年8月2日）

[按] 在互联网语境下，"梗"含有笑料、笑点的意思，也逐渐衍出桥段、伏笔等含义。各地方言因其独特的发声、音调，以及语义上的丰富、谐趣，十分容易"梗化"。通过谐音、假借、异体等形式的词语改编所形成的方言梗在年轻人中形成了独具一格的影响力，成为一种流行文化现象。对于方言梗，人们褒贬不一，有人认为青少年通过短视频关注、了解并热爱方言，使方

言成为他们文化生活的组成部分，有利于对方言的适度使用。但也有人认为一些方言梗土味十足，只顾矮化方言使用者以达到搞笑的目的，却忽视了其蕴含的文化民俗及悠久历史，是一种低级趣味。

访企拓岗（fǎng qǐ tuò gǎng）　指学校和企业之间出于拓宽就业渠道，深挖岗位资源的目的开展的一种商务交流形式。

　　[例]　"访企100家"如何落到实处？高校如何通过访企拓岗促进毕业生就业？记者进行了采访。（《中国教育报》2022年4月11日）
　　4月22日，苏州大学书记校长访企拓岗促就业活动通过线上方式举行。（新华网2022年4月24日）
　　[按]　"访企拓岗"是学校为了增强校企衔接、深化校企合作，强化人才培养质量，提升毕业生就业率而进行的一种商务交流形式。

非居改保（fēi jū gǎi bǎo）　"非居住存量房屋改建保障性住房"的简称。

　　[例]　《通知》明确，"非居改保"项目重点在产业功能区、商业商务聚集区、城市建设重点片区等就业岗位集中片区以及轨道交通站点附近等交通便捷区域开展和实施。（《中国证券报》2021年11月2日）
　　按照要求，"非居改保"应遵循三个基本原则：一是合理选址，供需匹配。（澎湃新闻2021年11月2日）
　　[按]　"非居改保"是一种新的保障性租赁住房筹集模式。"非居改保"首次出现于2021年出台的《国务院办公厅关于加快发展保障性租赁住房的意见》，该文件提出要大力发展保障性租赁住房，允许闲置和低效利用的商业办公、旅馆、厂房、仓储、科研教育等非居住存量房屋改建为保障性租赁住房，并予以专门政策支持。

非遗＋直播（fēi yí ＋ zhí bō）　指通过网络直播宣传非物质文化遗产。

　　[例]　随着移动直播逐步深度融入文旅、文创、商贸等领域，"非遗＋直播"也发展出多种打开方式。（光明网2022年9月2日）
　　中国社会科学院新闻与传播研究所研究员冷凇也谈到要规范"非遗＋"发展路径，引导"直播＋非遗"生态优化，拓展"非遗＋"产业链条，在传承和

创新中拉动市场。(中国新闻网 2022 年 12 月 29 日)

[按] "非遗＋直播"是一种将非物质文化遗产与网络直播相结合的创新方式，即通过直播镜头，展现非遗背后的故事和传统文化，拉近观众与非遗文化的距离。"非遗＋直播"的创意和实践最早出现于中国的一些乡镇和社区。近年来，随着互联网技术的迅速发展，非遗瑰宝逐渐成为很多乡镇和社区的记忆点和旅游形象新名片。各界开始尝试将非遗的传承保护与现代传播方式相结合，不断丰富旅游产品内容，拓展非遗传播面。

废话文学（fèi huà wén xué）　指那些语言冗余、逻辑混乱、表达不清、缺乏实际意义的文学作品或语言表达。

[例] "废话文学"最让人诟病的地方在于，没有提供新的信息含量，其本身也是一种无效信息。(《南方日报》2021 年 9 月 17 日)

这类毫无意义却又挑不出毛病的语句，被人们戏称为"废话文学"。(《中国青年报》2021 年 9 月 28 日)

[按] "废话文学"起源哔哩哔哩网站博主"那就叫王师傅吧"和"旅途船长"的视频，网友看了视频纷纷表示："听君一席话，如听一席话。"就是花了半天时间听了一堆废话。"废话文学"最大的特点就是"说了跟没说一样"，往往用来形容那些文不对题、不知所云、模棱两可、打太极式的语言表达。

封号风波（fēng hào fēng bō）　指一些网络平台对用户账号进行查封的事件。

[例] 5 月 8 日，一位业内人士发微博透露，因为刷单公司的 1300 万条刷单数据泄露，此次封号风波，除 Anker 外的几个深圳的顶级大卖家都涉及在内，而原因很可能是"刷评论"。(新浪财经网 2021 年 5 月 17 日)

商务部回应"亚马逊封号风波"：是外贸新业态"成长的烦恼"。(人民网 2021 年 7 月 22 日)

[按] "封号"指一些用户账号由于违反平台的规定或社区准则，或者是涉及敏感的话题和内容，被相关平台查封。"封号风波"一词最早出现于 2021 年 5 月亚马逊电商平台的"封号事件"，不少中国跨境电商卖家因违反亚马逊规则接连被封号，行业损失金额超千亿元。被封号的用户可能会失去他们的账号使用权，并且无法访问该平台的某些功能和服务。

弗洛伊德们（fú luò yī dé men）　　泛指美国的黑人。

[例]　外交部发言人赵立坚5月26日说，很多网民向美国发出灵魂拷问：一年后，美国改变了吗？弗洛伊德们可以自由呼吸了吗？（《北京晚报》2021年5月26日）

7月13日，外交部发言人汪文斌表示，美方应发布一份美国的人权报告，还给弗洛伊德们呼吸的自由。（澎湃新闻2021年7月13日）

[按]　该词出现于2020年，流行于2021年。2020年5月，美国非裔男子乔治·弗洛伊德在明尼阿波利斯市遭一名白人警察"跪杀"身亡，随后在多国引发新一轮"黑人命也是命"的反种族歧视抗议活动。"小人物"弗洛伊德的人生轨迹，是在政治、经济、法律、福利等多重社会不公中挣扎求生的美国非洲裔公民的缩影，更是美国长期系统性种族歧视的结果，因此人们用"弗洛伊德们"泛指美国的黑人。

扶摇号（fú yáo hào）　　指国内首台自主研发的深远海浮式海上风电装备。

[例]　2021年，国内首台深远海浮式风电机组"扶摇号"浮体平台在重庆两江新区成功下线，填补了国内在大功率海上浮式风电装备一体化设计及应用验证领域的空白。（《光明日报》2022年1月12日）

5月29日，国内首台深远海浮式风电装备"扶摇号"从茂名广港码头拖航前往罗斗沙海域进行示范应用。（新华网2022年5月30日）

[按]　该风电装备名称出自庄子《逍遥游》"抟扶摇而上者九万里"的典故，寓意着该装备能够在大海中稳定运行，满足深远海风电开发的需求。"扶摇号"是中国自主研发的首台深远海浮式海上风电装备，浮体和机组总重量超过5000吨，排水量超过1.5万吨，其成功研制标志着中国在海上风电领域取得了重大突破。2022年8月，"扶摇号"落户湛江徐闻罗斗沙海域。

佛系青年（fó xì qīng nián）　　指在快节奏的都市生活中，追求平和、淡然的生活方式的青年人。

[例]　当下，部分青年以"佛系青年"自居，看似"一切随缘"，实则是对工作生活丧失热情，眼高手低，怕苦怕累。（《中国青年报》2021年8月4日）

实际上，近年来，在网络上青年已经形成了一股自嘲文化。家庭条件一般，考上名牌大学的大学生自嘲是"小镇做题家"；到了适婚年龄还没有交到对象的自称"单身狗"；遇到挫折，暂时奋斗心不强的青年自嘲为"佛系青年"。(环球网 2021 年 9 月 11 日)

[按] "佛系青年"最早来源于日本，原形容喜欢独处，关注自己兴趣爱好和生活节奏，不想在谈恋爱上浪费时间的男性。在 2017 年 12 月，"佛系青年"词条"刷"遍朋友圈，火遍网络，一直流行至今，用作名词。与"佛系"相关的词还有"佛系男子""佛系追星""佛系生活"等一系列的词语。佛系青年的核心在于追求一种相对独立、自主、和平的生活方式，不强求、不执着，以自己的节奏来面对生活和工作中的挑战和压力。

福燕（fú yàn） 2022 中国国际服务贸易交易会吉祥物。

[例] 2022 年服贸会吉祥物正式对外公布，吉祥物命名为"福燕(FuYan)"，取材于北京雨燕。(新华网 2022 年 8 月 31 日)

今年，服贸会首次迎来了吉祥物"福燕"。"福燕"的主体形象取材于北京雨燕，寓意全球客商共赴服务贸易盛宴。(《人民日报》2022 年 9 月 2 日)

[按] 2022 年 8 月 30 日，2022 中国国际服务贸易交易会吉祥物"福燕"对外公布，其主体形象取材于北京雨燕。燕子被视为吉祥的象征，预示着繁荣、兴旺、富庶和发达，"福燕"这个名字也因此被赋予了吉祥如意、财源滚滚、平安喜乐、机灵可爱等寓意。"福燕"还可以谐音为"赴宴"或"服宴"，象征着邀请国内外客商共赴服务贸易盛宴，同时表达了人们的美好期许，传递出服贸会筹备圆满、举办顺利的意愿。

付费刷课（fù fèi shuā kè） 指通过支付一定的费用，借助人工智能技术或通过他人帮助在网络平台上完成学习或考试任务的违规行为。

[例] 最近，"付费刷课"成为网络热词，参与付费刷课的人数之多、平台之隐秘、情节之恶劣，在一定程度上影响了高校的教学秩序。(《中国青年报》2021 年 8 月 23 日)

减少付费刷课要从根源着手，即降低付费刷课需求，要让学生认为课程是有意义的。(《法治日报》2021 年 10 月 8 日)

[按] "付费刷课"是一种违规行为，学生通过提供给工作人员平台账号、密码、学校名称，就可以根据自己的需要选择平台及课程。刷课内容包括

视频、课件、作业、考试等，刷课形式也分为"秒刷""慢刷"、视频加作业、仅考试等。2021年8月，辽宁省朝阳市公安局侦破了全国首例"付费刷课"案件。

负碳（fù tàn）　指通过技术手段或自然过程，吸收和储存二氧化碳，使总体碳排放量为负值。

　　［例］　在科技创新层面，加快碳达峰碳中和技术创新的战略部署，明确企业主体地位，加大对能效循环利用技术、清洁能源技术、"负碳"技术的创新投入和政策支持，积极促进市场导向的碳达峰碳中和技术创新。（光明网2021年1月22日）

　　据介绍，该产业园位于无锡市高新区，将围绕减碳、零碳和负碳核心技术，鼓励先进绿色技术试点应用，形成行业应用示范地和绿色技术策源地。（新华网2021年5月19日）

　　［按］　随着人们对气候变化问题的关注日益加深，国际社会开始寻求各种方法来限制和减少温室气体排放，其中之一就是探索和发展"负碳"技术，"负碳"一词常用作动词、形容词。2020年7月30日，我国政府在《"十四五"规划和2035年远景目标纲要》中提出要大力发展"负碳"技术，包括碳捕获和储存、生物能源、太阳能等领域的研究和应用。

复兴少年宫（fù xīng shào nián gōng）　面向广大农村中小学生和学龄前儿童开展公共教育和文化服务的场所。

　　［例］　5月31日，中央文明办在北京召开推进乡村"复兴少年宫"建设工作电视电话会议，深入贯彻落实习近平总书记关于未成年人思想道德建设的系列重要论述精神，部署开展乡村"复兴少年宫"建设，进一步改进和创新农村未成年人思想道德建设，培养德智体美劳全面发展的社会主义建设者和接班人。（《光明日报》2021年6月2日）

　　近日，陕西首家乡村"复兴少年宫"在铜川市耀州区董家河镇王家砭村投入使用。该少年宫开设了科创梦想教室、陶吧、舞蹈室、书吧、诗社、影院等，免费向当地及周边村镇的少年儿童开放。（新华网2021年7月30日）

　　［按］　2021年5月，中央文明办部署开展乡村"复兴少年宫"建设，并在全国选取50个县（市、区）试点。"复兴少年宫"是面向广大农村中小学生和学龄前儿童开展道德培育、文体娱乐、劳动实践等活动的公共教育和文化服

务场所，利用现有场地设施、依靠志愿服务力量，积极为他们提供快乐成长的条件、实现梦想的机会。

复兴文库（fù xīng wén kù）　一部大型历史文献丛书。

［例］　央视网 I 学习数据库生成的 9 月关联图谱中，关联物品冬小麦、《复兴文库》、C919 大型客机等位列其中，引人注目。（央视网 2022 年 10 月 3 日）

展览上，《复兴文库》展柜前，人们纷纷驻足观看这部刚出版的大型历史文献丛书。（新华网 2022 年 10 月 12 日）

［按］　2017 年起，中国出版集团和中华书局就着手开展《复兴文库》前期工作。2019 年 1 月，《复兴文库》编纂出版工作正式全面启动。2022 年 9 月 27 日，大型历史文献丛书《复兴文库》正式出版。《复兴文库》以中华民族伟大复兴为主题，精选了 1840 年鸦片战争以来同中华民族伟大复兴相关的重要文献。

富裕带（fù yù dài）　对"一带一路"拉动经济增长的比喻。

［例］　在 145 个国家和 32 个国际组织共同支持和参与下，"一带一路"正在成为造福世界的"富裕带"，惠及人民的"幸福路"。（央视新闻网 2021 年 12 月 27 日）

如今，中巴经济走廊、汉班托塔港等一大批重点项目激荡地区繁荣发展的春水，"一带一路"日益成为造福世界的"富裕带"，惠及人民的"幸福路"。（新华网 2022 年 5 月 11 日）

［按］　"富裕带"是对"一带一路"打造经济共同体作用显著的比喻，常用作名词。"一带一路"是"丝绸之路经济带"和"21 世纪海上丝绸之路"的简称，2013 年 9 月和 10 月由中国国家主席习近平分别提出建设"新丝绸之路经济带"和"21 世纪海上丝绸之路"的合作倡议。2021 年，"一带一路"启航八载，合作领域不断扩大，合作成果不断显现。

【G】

钢铁韭菜（gāng tiě jiǔ cài）　指那些不断投资但最终亏损的人。

［例］　大家的发帖内容还主要是轻松愉快的分享收益，这种急转直下的

心态转变，让越来越多的"钢铁韭菜"意识到，也许行情会很艰难，要做好应对的心理准备。（澎湃新闻2021年3月23日）

近段时间，每当投资被套或亏损，投资者总会自嘲为"韭菜"。某位"钢铁韭菜"认为，新韭菜注定是被割的。但也有小组成员认为，只要不卖出就不是韭菜。（《国际金融报》2021年3月29日）

[按] "韭菜"泛指被反复压榨或欺骗还执迷不悟、不明真相的人，多用于金融或经济圈。网络游戏公司竞争时会压榨已有玩家从中获取利润，"韭菜"最初为这些玩家的自嘲。后用于股市和楼市，投资者买股票、理财等金融产品，每当被套或亏损赔钱时便会自嘲为"钢铁韭菜"，常用作名词、形容词。

岗课赛证（gǎng kè sài zhèng） 指结合专业对应岗位设置课程的综合性的教育模式。

[例] 要一体化设计中职、高职、本科职业教育培养体系，深化"三教"改革，"岗课赛证"综合育人，提升教育质量。（《中国青年报》2021年4月14日）

报告认为，推进产教融合首要是加强顶层设计，各级政府要完善"岗课赛证"制度，不断推动职业教育产教融合深入发展。（中国日报网2021年10月15日）

[按] "岗"是工作岗位，"课"是课程体系，"赛"是职业技能大赛，"证"是职业技能等级证书。2021年4月，全国职业教育大会提出"岗课赛证"综合育人理念，旨在推动"岗课赛证"综合育人，提高教育质量。

高空抛物罪（gāo kōng pāo wù zuì） 《中华人民共和国刑法》罪名。

[例] 3月1日，《刑法修正案（十一）》正式施行，其中，高空抛物罪成为独立罪名。（中国新闻网2021年3月2日）

当天江苏溧阳高空抛物罪首案宣判：被告人徐某某高空抛物行为构成高空抛物罪，判处其有期徒刑6个月，并处罚金2000元。（央视新闻2021年3月2日）

[按] 《中华人民共和国刑法》规定：从建筑物或者其他高空抛掷物品，情节严重的，处一年以下有期徒刑、拘役或者管制，并处或者单处罚金。自2021年3月1日起施行。

高品会（gāo pǐn huì） 中国（澳门）国际高品质消费博览会暨横琴世界湾区论坛的简称。

[例] 中国（澳门）国际高品会是吸引各国优质企业的平台，也是汇聚国内外消费精品的盛会。（中国新闻网 2022 年 12 月 4 日）

本届高品会采用"一会展两地"的创新方式，分别在澳门、横琴办会，有效促进琴澳联动。（《南方日报》2022 年 12 月 4 日）

[按] 2022 年 11 月 30 日—12 月 4 日，首届中国（澳门）国际高品质消费博览会暨横琴世界湾区论坛在澳门、横琴两地盛大举办，为各行业嘉实提供了高效的展示平台。

工业糖精（gōng yè táng jīng） 指套路化、过度甜腻、缺乏创新和真实感的作品。

[例] 古装剧里女子们有滋有味生活、有板有眼搞事业的模样，圈粉程度往往远胜于男女主撒狗粮和强灌"工业糖精"的感情戏码。（《中国青年报》2021 年 3 月 16 日）

资本的争相投入、丰富的明星资源、网络头部平台深度参与的营销推广等，共同打造了成熟的 CP 文化工业生产模式，形成线上线下、映前映后、全网综合发力的"工业糖精"产业化运作体系。（《光明日报》2021 年 4 月 6 日）

[按] "工业糖精"最初是指工业上使用的糖精，主要用于食品工业中的人工合成甜味剂。在饭圈中，"工业糖精"一词被用来形容套路化的爱情故事，常用作名词、形容词，其情节就像工业上的流水线生产出来的一样，千篇一律，没有任何特色，甚至还融入一些甜宠文的"烂梗"，是无脑跟风和为了甜而甜的体现。

共同富裕示范区（gòng tóng fù yù shì fàn qū） 指全民共富、全面富裕、共建共富和逐步共富的标杆示范区。

[例] 今年是建党 100 周年，也是浙江省高质量发展建设共同富裕示范区的开局之年。（《中国青年报》2021 年 10 月 14 日）

今年 5 月，党中央、国务院印发了《关于支持浙江高质量发展建设共同富裕示范区的意见》，就抓好浙江共同富裕示范区建设、鼓励各地因地制宜探索共同富裕有效路径作出全面部署。（央视网 2021 年 11 月 24 日）

[按] 2021 年 3 月，《中华人民共和国国民经济和社会发展第十四个五

年规划和 2035 年远景目标纲要》对外公布。文件提出，支持浙江高质量发展建设共同富裕示范区。促进全体人民共同富裕是一项长期艰巨的任务，需要选取部分地区先行先试、做出示范。

共享菜园（gòng xiǎng cài yuán）　　指农户将闲置的土地包装成共享菜园，并通过网络平台进行交易，为市民提供租地种菜服务的模式。

〔例〕　此外，社区还引进厨余垃圾处理设备，建设共享菜园花圃，设备每日可消纳社区居民产生的全部厨余垃圾。（《北京青年报》2021 年 6 月 19 日）

近年来，礼诗圩村依托水乡特有的生态资源和深厚的文化底蕴，紧扣"共享村落，礼诗生活"的发展定位，通过共享厨房、共享菜园、共享棋社、共享琴社等共享项目，带领村民走出了一条致富增收的康庄大道。（央视网 2022 年 9 月 2 日）

〔按〕　在"共享菜园"模式中，用户可以认领这些"共享菜园"，并租用土地进行种植，享受种菜的乐趣，同时也可以得到健康的农产品作为回报。2010 年上海世博会园区内的共享菜园是全球首个大型无土栽培共享菜园。这个菜园面积达到了 4000 平方米，由园区内的多个企业和社区居民共同使用。共享菜园不仅有助于发展壮大农村集体经济和推动乡村振兴，也为城市居民提供了一种全新的休闲娱乐方式。

共享法庭（gòng xiǎng fǎ tíng）　　指地方各级人民法院在基层矛盾纠纷高发的地区设置的线上法律诉讼服务点。

〔例〕　共享法庭标准化配备电子签名板、高拍仪、语音识别声卡等技术设备，依托移动微法院、ODR 等线上诉讼、解纷平台，为当事人提供高质量在线诉讼服务。（《法治日报》2021 年 6 月 18 日）

前几天，一起离婚纠纷案件通过"共享法庭"开庭审理，当事人通过就近社区的"共享法庭"参加远程庭审，畅享"家门口"的诉讼服务。（《嘉兴日报》2021 年 12 月 7 日）

〔按〕　2020 年 9 月 21 日，国务院正式发布《中国（浙江）自由贸易试验区扩展区域方案》，自贸钱塘区块为杭州片区三大区块之一，钱塘法院设立自贸钱塘区块"共享法庭"，聚焦区块内企业生产、经营过程中出现的矛盾纠纷，依托"共享法庭"网络平台，通过强化区块内调解指导、网上立案、在线诉讼、基层治理、调解培训等诉讼服务功能，为区块内企业提供优质的司法服务。

共享火箭（gòng xiǎng huǒ jiàn）　指利用同一发火箭提供多个卫星的发射服务的商业发射新模式。

［例］　2月27日，带着22颗卫星的长征八号遥二运载火箭在文昌航天发射场成功"飞天"，创下我国一箭多星任务最高纪录，由此开启了我国新的共享火箭"拼车"模式。（新华网2022年3月3日）

2022年2月27日，带着22颗卫星的"共享火箭"长征八号遥二运载火箭，在文昌航天发射场升空。（中国新闻网2022年11月29日）

［按］　随着中国商业航天的蓬勃发展，国内小卫星进入太空的需求激增，为了满足商业发射的需求，2017年长城公司在国内提出"共享火箭"发射服务商业模式，利用同一发火箭同时为多个卫星提供发射服务。2021年4月27日11时20分，中国长城工业集团有限公司首创并主导的"共享火箭"模式成功首飞。

共享奶奶（gòng xiǎng nǎi nai）　指在社区工作人员的带领下，以志愿者身份参与社区管理，帮忙陪伴、照顾社区孩子的老年女性。

［例］　"共享奶奶"每天至少要"服务"30～40个小朋友，包括在上学期间接孩子放学，在寒、暑假带孩子到小区的共享小屋或是社区的活动中心进行照看等。（《成都商报》2021年1月23日）

不仅共享物品，共享服务，还可以"共享奶奶""共享妈妈"，小区里的奶奶和妈妈为有需要的家庭提供接送孩子、辅导课业、组织课外活动等个性化服务。（中国日报网2021年7月23日）

［按］　2019年7月，成都市武侯区吉福社区以老人和小孩互相照顾为切入点，利用党群服务中心搭建"共享奶奶"平台，让年长的奶奶照顾双职工家庭的子女，双职工家庭则为长者提供各类关爱回馈服务，形成了社区自主的"老小"志愿者互助模式。

共享屏幕（gòng xiǎng píng mù）　指在网络连接的情况下，将一台设备的屏幕显示内容投放传输到另一台设备上，与他人共享的互联网技术应用。

[例] 诈骗集团利用区块链、虚拟货币、AI智能、远程操控、共享屏幕等新技术新业态，不断更新升级犯罪工具，与公安机关在通信网络和转账洗钱等方面的攻防对抗不断加剧升级等。（《工人日报》2022年9月6日）

从网友发文内容来看，在上课期间，有人在会议室中通过语音辱骂、共享屏幕干扰课件投屏等多种方式扰乱课堂，最终老师情绪激动落泪退出了直播课堂。（澎湃新闻2022年11月3日）

[按] 共享屏幕主要用于远程协作、在线会议和在线教育等场合，为人们提供了更加便捷和高效的协作和交流方式。共享屏幕技术使得参与者可以看到发送端的屏幕上正在进行的操作，包括对文字、图片、视频等内容的处理，甚至可能涉及敏感信息的输入，如密码、验证码等。

孤勇者（gū yǒng zhě） 指陈奕迅演唱的一首流行歌曲，也用于形容在生活中展现出勇敢无畏品质的个体。

[例] 有人说，科研是孤独的旅程，科学家自愿成为孤勇者。（《人民日报》2022年5月26日）

除了对唱一首《孤勇者》外，还有什么办法可以快速融入小学生？（《成都商报》2022年8月1日）

[按] 歌曲《孤勇者》是游戏《英雄联盟》衍生动画《英雄联盟：双城之战》的中文主题曲，由唐恬作词、钱雷作曲、陈奕迅演唱，于2021年11月8日以单曲的形式发布。

古村落金融贷（gǔ cūn luò jīn róng dài） 指以客户古建筑经营权为抵押物，通过贷款，解决客户资金需求的金融产品。

[例] 金溪县推出"古村落金融贷"，将古建筑经营权向银行抵押贷款。（新华网2021年4月18日）

"畜禽洁养贷""森林赎买项目贷""古村落金融贷""景区收费权抵押贷"等一个个绿色金融产品陆续推出。（中国新闻网2021年9月4日）

[按] "古村落金融贷"采取银行自评和专业评估相结合的方式，创造性地结合贷款主体的信用进行价值评估，有效提高贷款额度，解决银行对古建民宅所有权与经营权抵押时估值小的难题。2020年，中国人民银行为支持乡村振兴、古村落保护和活化利用，特别针对抚州和金溪县古村落保护开发的案

例，推出了"古村落金融贷"。

鼓楼议事（gǔ lóu yì shì）　指利用鼓楼议事的民族传统为村民宣讲法律，收集村民意见。

[例]　石广迪介绍，利用"鼓楼议事""讲款""多耶"等村民喜闻乐见的形式，立法信息员可以更好地对法律草案进行宣传解读，收集意见建议。（光明网2022年3月17日）

冠洞村党总支书记石广迪说，鼓楼是侗族村寨的标志性建筑，是村民议事、举办庆典的主要场所，利用"鼓楼议事"这种形式召集群众，可以更好地对法律草案进行宣传解读，收集意见建议。（新华网2022年6月28日）

[按]　鼓楼是侗族村寨的标志性建筑，对侗族人民具有重要意义。早期的鼓楼主要用于防御以及聚会娱乐，随着侗族社会的不断发展，鼓楼已经远远超越了最初建造时的意义，成为村民集体议事、举办庆典的主要场所，鼓楼议事是侗族的民族传统。利用"鼓楼议事"等村民喜闻乐见的传统形式可以更好地宣讲法律政策，收集村民的意见建议，在近几年较为流行。

瓜农天下（guā nóng tiān xià）　一个帮助瓜农避险增收的数字化应用平台。

[例]　按照生产、供销、信用"三位一体"改革要求，注重"小切口"强化"大服务"，黄岩区启动"瓜农天下"应用场景建设。（《潇湘晨报》2021年12月12日）

黄岩"瓜农天下"实践可圈可点之处在于，当地政府和社会对于民众自发探索致富路径的行为并不只是袖手旁观、任由市场发挥作用，而是基于对市场"依赖于社会、嵌入于社会"的自觉认识。（《浙江日报》2022年2月24日）

[按]　2021年4月，台州市黄岩区启动"瓜农天下"应用场景建设。目前"瓜农天下"主要运用大数据为瓜农提供多元化的服务，"瓜农天下"应用整合7个部门、21大类、67个细项对瓜农"可用""能用""有用"的信息，形成了瓜农基础信息、种植技术、土壤、市场行情、技术培训、病虫害信息6大数据库，实现农资购买"一站配送"、技术支持"一键到户"、品牌建设"一体推广"。

官方带娃（guān fāng dài wá）　指各地政府倡导或提供的中小

学课后服务。

[例] 市民们因此将成都市此轮暑期托管服务称为"官方带娃"。(《中国青年报》2021年8月30日)

郑州将课后服务经费纳入财政预算，拓展提升"午餐＋延时"的"官方带娃"模式，加快实现课后服务"双延伸、双结合、一提高"。(央视新闻客户端2021年10月25日)

[按] 2017年3月，教育部印发的《关于做好中小学生课后服务工作的指导意见》，要求各地积极探索开展"弹性离校""课后一小时"等中小学生课后服务新形式。此后，各地纷纷推出"官方带娃"的各种探索性政策。

冠军龙服（guàn jūn lóng fú） 指中国体育代表团领奖服。

[例] 北京冬奥会"冠军龙服"传达的理念是"世界共荣"，体现在设计语言上，即用清晰的红色线条相汇于中轴线，寓意五洲四海的伙伴相汇于中国。(新华网2021年12月31日)

2022年北京冬奥会中国体育代表团领奖服"冠军龙服"以红白两色为主色，科技含量高，兼顾超轻保暖等特点。(中国青年网2022年1月1日)

[按] "冠军龙服"最初应用于2012年伦敦奥运会，由安踏体育用品有限公司设计。"冠军龙服"融合了"龙鳞""龙须"等中国传统文化元素，旨在向世界传达中国传统文化底蕴，展现新时代中国运动员拼搏进取、朝气蓬勃的精神面貌。

光储直柔（guāng chǔ zhí róu） 指集光伏发电、储能、直流配电、柔性用电于一体的建筑。

[例] 提高建筑终端电气化水平，建设集光伏发电、储能、直流配电、柔性用电于一体的"光储直柔"建筑。(《人民日报》2021年10月27日)

在中国工程院院士、清华大学建筑节能研究中心主任江亿看来，通过发展建筑光储直柔，可助力零碳电力系统建设。(《中国能源报》2021年11月10日)

[按] 2021年10月26日，《国务院关于印发2030年前碳达峰行动方案的通知》中提出：提高建筑终端电气化水平，建设集光伏发电、储能、直流配电、柔性用电于一体的"光储直柔"建筑。"光"即太阳能光伏技术；"储"即储能技术；"直"即直流技术；"柔"即柔性用电技术，柔性是指能够主动改变建筑从市政电网取电功率的能力。

鬼火少年（guǐ huǒ shào nián）　指成群结队驾驶摩托车招摇过市而时常发生事故的青少年群体。

［例］　据某些平台上"鬼火少年"们拍摄的视频显示，部分电动车在改装后，时速能够突破一百公里，严重危害了公共交通安全。（中国新闻网 2022 年 3 月 15 日）

李升说，这些在马路上飙车，尤其是深夜"炸街"的人，很多都是没有摩托车驾驶证、为了过瘾的小伙子，他自己也曾见到过夜里"炸街"的"鬼火少年"。（《法治日报》2022 年 12 月 1 日）

［按］　"鬼火"是指摩托车改装后，在造型、速度、声音、灯光等方面都过分张扬。"鬼火少年"指经常驾乘这类摩托车成群结队招摇过市的青少年群体。这群青少年常常违规驾驶摩托车，不仅影响他人的交通出行，也罔顾自己的生命。

国家反诈中心（guó jiā fǎn zhà zhōng xīn）　国务院打击治理电信网络新型违法犯罪工作部际联席会议合成作战平台。

［例］　此外，手册的反诈黄页部分介绍了 12337 智能化举报平台、国家反诈中心 App 等八种反诈工具。（新华网 2022 年 10 月 1 日）

公安部指导各地公安机关建立分级分类预警劝阻机制，截至 11 月底，累计向各地推送预警指令 2 亿条，各地自主产出预警信息 1 亿条；会同工信部建成 12381 涉诈预警劝阻短信系统，累计发送预警提示短信、闪信 4.7 亿条；会同中央网信办建设推广国家反诈中心 App，预警提示 2.4 亿次。（中国新闻网 2022 年 12 月 30 日）

［按］　2017 年 2 月，公安部刑侦局创建国务院打击治理电信网络新型违法犯罪工作部际联席会议合成作战平台，即"国家反诈中心"。2020 年，以电信网络诈骗为代表的新型网络违法犯罪形势严峻复杂，发案数仍在高位，严重侵犯人民群众财产权利和人身权利。2021 年 2 月 1 日，国家反诈中心正式入驻人民日报客户端、微信视频号、新浪微博、抖音、快手 5 家新媒体平台，开通官方政务号。2021 年 6 月 17 日，公安部推出了国家反诈中心 App 和宣传手册。

国庆三部曲（guó qìng sān bù qǔ）　指分别在 2019 年至 2021 年国庆节期间上映的三部电影《我和我的祖国》《我和我的家乡》

《我和我的父辈》。

[例] "国庆三部曲"系列前作《我和我的祖国》《我和我的家乡》的幕后主创也莅临现场观影，以实际行动支持电影《我和我的父辈》。（中国日报网 2021 年 9 月 30 日）

在众多影片中，《我和我的父辈》延续"国庆三部曲"IP，从小人物视角切入，反映时代的变迁和民族精神的传承延续。（央视网 2021 年 10 月 9 日）

[按] "国庆三部曲"主要指《我和我的祖国》《我和我的家乡》《我和我的父辈》三部电影。这三部电影内容不同，但手法和主题相似，加上上映时间均在国庆假期，因此被网友称为"国庆三部曲"。

国信 1 号（guó xìn 1 hào）　全球首艘 10 万吨级智慧渔业大型养殖工船。

[例] 由国信中船和多家科研院深度合作的全球首艘 10 万吨级游弋式智慧渔业养殖工船"国信 1 号"，将创造全球深海养殖新模式。（《经济日报》2022 年 5 月 5 日）

一季度，海工装备与海洋牧场融合发展效果良好，10 万吨级智慧渔业大型养殖工船"国信 1 号"顺利实现出坞下水。（《人民日报》2022 年 5 月 15 日）

[按] "国信 1 号"是全球首艘 10 万吨级智慧渔业大型养殖工船，排水量相当于两艘航母。2022 年 1 月 25 日，国信 1 号在中国船舶集团青岛北海船厂顺利出坞下水。国信 1 号总长 249.9 米、型宽 45 米、型深 21.5 米，载重量为 10 万吨，排水量为 13 万吨，是全球设计规模较大、功能较全、实用性和可靠性较强的渔船。

果冻屏（guǒ dòng píng）　指用户在上下滑动电子设备屏幕时，屏幕两侧刷新率不一致，显示内容呈波浪状，像晃动的果冻。

[例] 据网友反应，iPad mini 6 出现"果冻屏"问题，在竖屏使用时出现左右刷新位移不同步的现象。（腾讯网 2021 年 9 月 25 日）

有用户在社交媒体宣称，自己的 iPad mini 6 在竖屏使用时出现左右刷新位移不同步的现象，出现了明显"果冻屏"问题，竖屏状态上下拖动屏幕时，屏幕从右至左存在明显位移不同步的现象。（东方财富网 2021 年 9 月 26 日）

[按] "果冻屏"是一种电子设备屏幕显示问题。2021 年 9 月苹果旗下 iPad mini6 发布后出现大面积"果冻屏"，使用者用手指上下拖动屏幕时，画

面的滚动不跟手指同步，屏幕两侧的刷新率不一致，从右至左存在明显位移不同步的现象，一边快一边慢，屏幕显示的内容有被拉伸的现象，就像晃动的果冻一样，"果冻屏"因此得名。

【H】

海基一号（hǎi jī yī hào） 我国自主设计建造的亚洲首例300米级深水导管架。

［例］ 10月3日，"海基一号"正式投产，进一步提升粤港澳大湾区能源供应能力。（《深圳特区报》2022年10月4日）

中国海油深圳分公司依托"海基一号"同时开发陆丰15—1油田和陆丰22—1两个油田，水深284米至333米，共14口生产井、3口注水井，全部投产后预测高峰日产石油达5000吨，将为粤港澳大湾区经济社会发展注入新动力。（人民网2022年10月4日）

［按］ "海基一号"位于珠江口盆地海域，高达302米，重达3万吨，均刷新了我国海上单体石油生产平台纪录。2022年2月28日，中国海油发布消息，"海基一号"在广东珠海顺利完工。

海克斯科技（hǎi kè sī kē jì） 特指用添加剂制作的不健康食品。

［例］ 人们在不知不觉中已经摄入大量由食品添加剂参与制作的食物，只不过由于对食品添加剂、预制菜等缺乏正确认知，才会认为这些"海克斯科技"不应存在。（光明网2022年9月27日）

仿佛在一夜之间，嘴边的麻辣烫突然不香了，碗里的牛肉丸突然不弹了，连酱油好像也黑得不再那么纯粹了，美食相关的内容评论随处可见"科技与狠活""海克斯科技"。（央视网2022年10月27日）

［按］ "海克斯科技"本是游戏用语，源自《英雄联盟》，特指魔法和科技融合的顶尖技术。后来该词延伸到食品领域，短视频博主们用其形容各种超出常人认知的添加剂合成食品。如：奶茶是用奶精粉和植脂末调配而成；牛排是用碎肉和边角料压制而成；明胶和植脂末搅拌成燕窝；三花淡奶和水勾兑出浓汤。

海巡 08（hǎi xún 08） 中国首艘深远海大型专业海道测量船。

［例］ 据了解，"海巡 08"轮将成为我国深远海海道测量旗舰，主要用于我国管辖海域特别是深远海海域的海道测量工作，参与全球海上应急搜救与测量行动、国家重大海上维权行动、区域和国际联合海洋测绘交流等。（人民网 2022 年 7 月 8 日）

"海巡 08"轮由中国船舶集团第七〇八所设计，设计航区为无限航区，总长 123.6 米、宽 21.2 米、深 9.3 米，排水量约 7500 吨，设计航速 15 节，续航力达 18000 海里，自持力 60 天，定员 100 人。（新华社 2022 年 7 月 9 日）

［按］ "海巡 08"主要用于我国管辖海域特别是深远海海域的海道测量工作，参与全球海上应急搜救与测量行动、国家重大海上维权行动、区域和国际联合海洋测绘交流等。2022 年 7 月 8 日，中国首艘具备深远海测量能力的专业海道测量船"海巡 08"轮在中国船舶集团有限公司江南造船下水。

含青量（hán qīng liàng） 指某一领域青年人的数量占比。

［例］ 我国采取了生育调整措施，但人口问题依然严峻，主要表现在：人口"含青量"持续走低；总和生育率持续走低；结婚率持续走低、初婚年龄线持续走高。（中国青年网 2022 年 3 月 8 日）

大会发言介绍，目前，我国人口呈现"三低一高"特点：人口"含青量"持续走低，2020 年我国 14～35 岁青年人口约 4 亿，占总人口的 28.4%，比 2000 年减少 9000 多万、下降 11.1 个百分点。（《中国青年报》2022 年 3 月 9 日）

［按］ 当代中国，青年人既是劳动建设的主力，也是消费的主力。正因如此，代表人口中青年人的占比数量的专有名词"含青量"，频繁出现于各类文件中。例如，全国政协十三届五次会议第二次全体会议上，全国政协委员傅振邦表示，尽管我国采取了生育调整措施，但人口问题依然严峻，主要表现在：人口"含青量"持续走低；总和生育率持续走低；结婚率持续走低、初婚年龄线持续走高。

喝播（hē bō） 指在网络平台直播喝酒的行为。

［例］ 新华社记者发现，虽然"问题吃播"已被清查封号，但以"拼酒醉酒"来"吸粉"的"问题喝播"却仍活跃在部分短视频平台，不仅危及主播健康，更宣扬畸形审丑心态、严重破坏行业健康生态。（新华网 2021 年 4 月 8 日）

国家大力倡导"光盘行动",整顿"吃播喝播",加大力度遏制"餐桌上的浪费",在全社会营造节约光荣、浪费可耻的良好氛围。(求是网 2021 年 9 月 16 日)

[按] 2021 年底,网络平台上有些博主为了流量和变现,在直播时一口气喝下大量的高度白酒。这种行为不仅对身体有害,还可能引发观众模仿,造成不良影响。

何以中国(hé yǐ zhōng guó) 国家文物局指导的一场文物"何以中国"展览。

[例] 1 月 25 日,由国家文物局指导的"何以中国"展在北京故宫文渊阁开幕。(新华社 2022 年 1 月 25 日)

由国家文物局指导的"何以中国"展在北京故宫文渊阁开幕,本次展览共展出珍贵文物 130 余件/套,包括石器、陶瓷、玉器、青铜器、金银器等类别。(中国政府网 2022 年 1 月 25 日)

[按] "何以中国"是 2022 年 1 月 26 日至 2022 年 5 月 4 日,由国家文物局指导,北京故宫博物院、中央广播电视总台联合 29 家博物馆举办的一场文物展览,展览地点为故宫博物院文华殿。

核食(hé shí) 指受到核辐射污染的食品,主要是指日本福岛核事故后受到影响的农产品和水产品。

[例] "政府"想要核食进口,需要尊重 2018 年 779 万票的民意,即便时间会让民意变化,但反对的民众仍旧非常多。(环球网 2022 年 1 月 28 日)

"乱花钱已经不算什么,更可怕的是在接盘阿斯利康疫苗、日本核食、立陶宛高价酒事件中,我们看到民进党为讨好'国际友人'而无底线牺牲岛内民众利益。"李白杨说。(《环球时报》2022 年 2 月 8 日)

[按] 2011 年 3 月 11 日,日本东北太平洋地区发生里氏 9.0 级大地震,导致福岛第一核电站、第二核电站受到严重影响。2021 年 4 月 13 日,日本政府决定将福岛第一核电站的核污水排入大海,"核食"一词也进入大众视野。

盒装本(hé zhuāng běn) 用盒子装起来的剧本杀剧本。

[例] 按照销售形式的不同,剧本杀作品目前可被分为"独家本""城限本""盒装本"三种主要类型。(中国网 2021 年 12 月 13 日)

伴随着剧本杀的火热，剧本杀编剧也成为一门新兴职业，甚至缔造了不少剧本杀行业内的"神话"。（光明网 2022 年 3 月 7 日）

[按]　"剧本杀"作为一种体验推理性质的角色扮演游戏，其规则是玩家先选择人物，阅读人物对应的剧本，搜集线索后找出活动里隐藏的"真凶"。"盒装本"指用纸盒装起来的剧本杀剧本，其购买门槛较低，批量发行，大多中小型"剧本杀"店用的都是这种剧本，与之相对的是"独家本"和"城限本"。

红轨（hóng guǐ）　我国开辟的世界首条永磁磁浮轨道交通系统工程试验线。

[例]　"红轨"是继常导电磁悬浮和超导悬浮的磁悬浮技术后，开辟的第三条磁悬浮技术体系，实现了零功耗的重载永磁悬浮，具有绿色、智能、安全、经济的显著特点。（中国新闻网 2022 年 8 月 9 日）

8 月 9 日，世界首条永磁磁浮轨道交通工程试验线"红轨"在江西兴国举行竣工仪式，标志着世界首条永磁磁浮空轨试验线投入使用。（《经济日报》2022 年 8 月 23 日）

[按]　2022 年 8 月 9 日上午，国内首条永磁磁浮轨道交通工程试验线——"红轨"，在江西赣州兴国县顺利竣工。"红轨"，也是世界上首条永磁磁浮轨道交通系统工程试验线，由稀土永磁悬浮系统、直线电机牵引驱动系统、智能定位与通信信号系统、运行控制与安全保障系统、轨道支撑与牵引供电系统、车辆装备系统六大部分组成。

后备厢集市（hòu bèi xiāng jí shì）　利用汽车后备厢进行摆摊的集市。

[例]　元旦节当天，涪陵区蔺市镇美心红酒小镇景区广场上游客熙熙攘攘，或在篝火前聊天，或在渝厢汇周末后备厢集市上挑选自己心仪的物品。（人民网 2021 年 1 月 4 日）

每到傍晚，一辆辆私家车打开后备厢，摆上各式各样的小商品，吸引着往来人群。入秋以来，"后备厢集市"在全国多地兴起。（新浪网 2022 年 10 月 27 日）

[按]　1980 年 9 月，英国人柏丽·帕维特在肯特郡的一个农场上，组织了全球首个后备厢集市，车主开着小车，带着衣服鞋帽、日用杂物、书籍光碟、家具等，相聚集市交流、交易，共同开辟一片别样的自由购物天空。"后

备厢集市"反映了年轻人新的生活方式和态度——车主贩卖的不仅是商品，还有个性和氛围，具有低成本的特点，能在一定程度上满足年轻人的创业愿望，近年来在中国也流行起来。

护脸（hù liǎn） 保护人脸信息，防止个人信息的泄露。

［例］ 部分商家为何热衷于非法采集消费者人脸信息？"护脸"难题难在哪？怎么破？（央广网 2021 年 12 月 18 日）

对于普通用户而言，则应加强"护脸"意识，加强警惕和风险防范意识，提升在场景化、媒介化社会的生活技能。（中国网 2022 年 7 月 25 日）

［按］ 2021 年 4 月，中国信息通信研究院云计算与大数据研究所发起的"可信人脸应用守护计划"启动。该计划旨在更好地保护人脸信息，推动人脸识别生态安全和合规共治。

护苗 2021（hù miáo 2021） 一项为防止损害未成年身心健康的非法出版物进入校园而开展的专项行动。

［例］ 工作中，公安机关以开展"护苗 2021""净网 2021""秋风 2021"专项行动为平台，深入查办"扫黄打非"大要案件，有效清理整治淫秽色情低俗、暴力恐怖迷信等有害信息和出版物。（《中国日报》2021 年 4 月 22 日）

9 月 16 日，全国"扫黄打非"办公室对外公布"护苗 2021"专项行动第二批 9 个典型案例，其中网络案件 5 起、相关事件 1 起、非法出版物案件 3 起。（《光明日报》2021 年 9 月 17 日）

［按］ 2021 年 3 月起至 11 月底，全国"扫黄打非"办公室作出安排部署，在"新风 2021"集中行动中，为净化校园周边文化市场环境，防止损害未成年身心健康的非法出版物进入校园开展"护苗 2021"专项行动。

沪苏同城化（hù sū tóng chéng huà） 指苏州贯彻落实长三角一体化国家战略的重要举措。

［例］ 作为长三角经济"第二城"，苏州紧邻上海，推进"沪苏同城化"，上海的功能就能成为苏州的功能，上海的优势就能成为苏州的优势。（《新华日报》2021 年 1 月 11 日）

以沪苏同城化为战略契机，以深度推进江南诗性文化与海派文化的包容发展为中心，推动江南诗性文化在与时代的结合中更加严谨和精密。（《解放日报

》2021年9月30日)

[按] 2020年11月20日，长三角一体化苏州赴上海对接说明会举办之后，"沪苏同城化"这一理念正式对外发布。2021年6月29日，苏州市人民政府与上海建工集团股份有限公司签署战略合作协议，合力推进沪苏同城化高质量发展。

花样经济（huā yàng jīng jì） 指以鲜花为依托而发展起来的经济。

[例] "花样经济"别样绽放，演绎出生态"颜值"和经济"价值"的协同并进。（新华网2021年6月2日）

沙洲村以"花海"为主题，带动了村内民宿、观光花园、果蔬采摘等产业发展，这里打造的"百花沙洲"品牌，以花为媒做活了"花样经济"，当地村民的收入逐年增长。(《中国日报》2022年5月10日）

[按] "花样经济"，一般用作名词，指许多旅游景点围绕当地的鲜花美景打造出旅游、文化、婚庆、康养等产业。

华智冰（huá zhì bīng） 由清华大学计算机系、北京智源研究院、智谱AI和小冰公司联合培养的中国首个原创虚拟学生。

[例] 她名叫"华智冰"，即将开启在清华大学计算机系实验室的学习和研究生涯。(《北京晚报》2021年6月5日）

6月3日，"华智冰"发出了第一条微博，把自己介绍给大家。微博的名称，还很傲娇地加上了清华的缩写后缀"THU"。（中国日报网2021年6月12日）

[按] "华智冰"是基于"悟道2.0"诞生的中国原创虚拟学生，是具有丰富知识、与人类有良好交互能力的机器人，也会创作音乐、诗词和绘画作品。2021年6月，"华智冰"在北京正式亮相并进入清华大学计算机科学与技术系知识工程实验室学习，师从清华计算机系副主任唐杰教授。

滑向2022（huá xiàng 2022） 国家体育总局冬季运动管理中心和新浪体育联合打造的大众冰雪类视频节目。

[例] 在武汉国际体育文化交流中心冰上运动中心里，"滑向2022"全国青少年冰球系列赛（武汉站）在两天的激烈争夺后，落下帷幕。（中国经济

网 2021 年 11 月 21 日)

　　1 月 5 日,第八届全国大众冰雪季宁夏分会场启动,同日"滑向 2022"全国滑雪俱乐部大众公开赛(宁夏站)在银川阅海滑雪场举办。(新浪网 2022 年 1 月 8 日)

　　[按] "滑向 2022"旨在推广冰雪运动和普及冰雪知识,涉及多个冰雪运动赛事和活动,包括中国青少年滑雪大奖赛、全国大众速度滑冰马拉松系列赛、新浪杯高山滑雪公开赛等。

欢黎黎(huān lí lí) 旅法中国大熊猫"欢欢"在法国博瓦勒动物园诞下的一只熊猫幼崽。

　　[例] 法国中部圣艾尼昂市博瓦勒野生动物园 18 日举行仪式,为今年 8 月 2 日在此诞生的雌性大熊猫双胞胎幼崽命名"欢黎黎"和"圆嘟嘟",寓意中法友谊和健康成长。(《人民日报》2021 年 11 月 20 日)

　　出生在法国博瓦勒野生动物园的大熊猫双胞胎"圆嘟嘟"和"欢黎黎",是成都与巴黎"爱的结晶"。(中国网 2022 年 2 月 3 日)

　　[按] 2021 年 8 月,旅法中国雌性大熊猫"欢欢"顺利诞下一对熊猫双胞胎。这对幼崽双胞胎的中文名分别是"欢黎黎"和"圆嘟嘟"。"欢黎黎"的"欢"取自大熊猫妈妈"欢欢","黎黎"意指巴黎;"圆嘟嘟"的"圆"取自大熊猫爸爸"圆仔","嘟嘟"意指成都。一个跟爸爸姓,一个跟妈妈姓。它们的命名寄托着两国人民对中法友谊的祝愿和期许。

火锅料理师(huǒ guō liào lǐ shī) 指从事火锅锅底、酱料、蘸料的制作,菜肴预制,菜品切配,并具备一定餐饮经营、管理能力的人员。

　　[例] 近日,人社部发布《中华人民共和国职业分类大典(2022 年版)》,"火锅料理师"成为中式烹调师职业下的新工种。(新华网 2022 年 10 月 28 日)

　　在 9 月份公布的《中华人民共和国职业分类大典(2022 年版)》中,"火锅料理师"作为中式烹调师职业下的一个新工种发布。(光明网 2022 年 11 月 5 日)

　　[按] 2022 年 10 月,"火锅料理师"成为国家认定的新工种,中国的餐饮江湖中众多火锅从业人员有了专属"身份证",这也意味着火锅产业进入了

"标准化体系"时代。

火星相机（huǒ xīng xiàng jī） 指天问一号探测器上的"落火状态监视相机"。

［例］ 香港理工大学的科研人员向媒体介绍，他们开发的"火星相机"搭载于着陆器外层平台上，以监视着陆情况、火星的周遭环境，以及降落火星后祝融号火星车的操作状态。（新华网 2021 年 5 月 21 日）

或许你不知道，近年来，香港已多次参与重大科技项目——香港理工大学的"相机指向系统"随嫦娥四号探月，"火星相机"随天问一号成功着陆火星，为香港和国家发展作出了重要贡献。（《人民日报》2022 年 6 月 22 日）

［按］ "火星相机"是搭载于火星探测器"天问一号"上的关键仪器，由香港理工大学容启亮教授率领多名研究人员共同研发。主要用于监视着陆情况、火星的周遭环境，以及降落火星后"祝融号"火星车的操作状态，包括太阳翼的打开情况和天线的状况等。

【J】

饥饿之石（jī è zhī shí） 一种在欧洲多地出现的石刻标记，主要用于记录旱情和警示后人。

［例］ 由于水位骤降，莱茵河两边露出了大量用于警告极低水位的"饥饿之石"。（央视新闻 2022 年 8 月 18 日）

据美媒 25 日报道，受高温干旱天气影响，最近几个星期，莱茵河位于德国境内的河段水位走低，大量"饥饿之石"重见天日，部分刻有警示之语。（中国新闻网 2022 年 8 月 25 日）

［按］ "饥饿之石"的渊源极为古老，是古时候欧洲地区以航运为生的人们所"创造"出来的词语。这些居住在河流附近，以航运为生的人们最怕的事情便是河水枯竭。于是，他们开始寻找在河心或河边的大石头，然后在上面刻上最低"警示"水位，以作为提醒标记。若这些河流中的水位达到警戒线，这些石头会随之露出水面，这也意味着航运即将停运，他们的生计即将中断，饥饿的日子就要来临。

鸡娃（jī wá） 指家长不断给孩子安排学习和活动，不停让孩子去拼搏的行为。

［例］　曾几何时，家庭教育在两个极端间摇摆，一端是"鸡娃"，一端是"放养"，无论站在哪一端，家长都简单粗暴地认为自己是对的。（《中国青年报》2021年12月27日）

调研发现，家长对教育高期待和高投入的心理倾向，使他们更愿意在子女教育上过度投资，很大程度上加重了"教育拼父母"和"鸡娃教育内卷化"现象。（《光明日报》2022年12月29日）

［按］　为了不让孩子"输在起跑线上"，部分家长逼迫孩子大量补习，努力拼搏。这种近乎疯狂的养育方式被调侃为是在"给孩子打鸡血"，简称"鸡娃"。"打鸡血"源于曾经流传的"鸡血疗法"。因缺少科学依据，该疗法早已销声匿迹，但"打鸡血"一词却流传至今，多用于调侃、讽刺某些人精神亢奋，处于近乎疯狂、痴迷的状态。

基层闲人（jī céng xián rén）　指基层工作中不作为的人。

［例］　近日，有媒体调查发现，少数干部或主动或被动地成了基层闲人，目标不清，对考核任务漠不关心，卸掉拼劲的同时也放下了责任。这给基层工作带来了负面影响，需要及时予以纠正。（人民网2021年10月27日）

五种"基层闲人"的形成机制均指向一个耳熟能详的句式：干好干坏一个样。（《中国青年报》2021年11月2日）

［按］　"基层闲人"出自《半月谈》2021年第20期刊发的《基层闲人的五种画像》。据报道，"基层闲人"的类型可概括为：上推下卸的"二传手"；升迁无望的"老前辈"；得过且过的"隐形人"；有苦难言的"背锅侠"；徒劳无功的"大头兵"。具体表现为：不想做事的闲人；不需要做事的闲人；不会做事的闲人；不敢做事的闲人。

极端通勤（jí duān tōng qín）　指通勤时间单程超过60分钟的情形。

［例］　据媒体报道，一份中国主要城市通勤监测报告显示，2021年，全国承受60分钟以上"极端通勤"的人口超1400万，长距离通勤已成为大城市普遍存在的现象。（《工人日报》2022年8月12日）

数据显示，在中国，有超1400万人正在忍受单程超过60分钟的极端通勤，研究普遍认为长时间通勤会降低人们的幸福感，但也有财经专家认为，通勤时间长对个体是坏的，而对企业和城市发展不一定就是"坏"的，长时间通勤可能提高居民收入，拉动家庭消费。（央视网 2022 年 8 月 22 日）

[按] "极端通勤"指通勤时间单程超过 60 分钟的情形。一般用作名词、形容词。城市面积很大，上班的单位距离人们的住处较远，开车往往会在早晚高峰时间碰到堵车，乘坐公共交通也难免遇到人多的情况，长时间、长距离的通勤在大城市上班族中十分普通。

集采断供（jí cǎi duàn gòng）　指中标企业在集中采购过程中，由于某些原因无法按照约定继续供应药品的行为。

[例]　8 月 22 日，针对因集采断供、公司被列入违规名单的事项，华北制药发布公告回应称，公司布洛芬缓释胶囊中选后，由于公司现有产能不足，责任单位重视程度不够，相关注册和变更政策调整……导致公司无法保障正常供应。（环球网 2021 年 8 月 23 日）

国家联采办回应华北制药集采断供：违约必受惩戒。（央视新闻 2021 年 8 月 25 日）

[按]　集采是通过以量换价的方式，降低药品价格，减轻患者负担。但中标企业可能会因为各种原因选择断供，导致采购计划无法按预期执行。

计次票（jì cì piào）　指在有效期内可乘坐指定发到站间规定列车限定次数的车票。

[例]　目前铁路部门已推出 20 多趟计次票，包括京沪高铁、厦深高铁、沈丹高铁、南广高铁、京张高铁、京津城际、京雄城际、西宝高铁、银中高铁等，均是 90 天内可乘坐 20 次的计次票。（央视网 2021 年 11 月 24 日）

计次票和定期票的实施方便"中老铁路"中国段城际、通勤、商务、公务等客流的出行，购买更加方便，使用更加便捷。（中国新闻网 2022 年 7 月 16 日）

[按]　计次票打破了传统客票须乘坐票面指定日期及车次的限制，旅客可在有效期内乘坐符合条件的任意车次，能满足旅客提前规划行程、随到随走等不同需求，简化了多次购票、改签、退票的烦琐流程。

技术性牟利（jì shù xìng móu lì）　对用户数据进行非法获取并分析、利用，从而取得不正当利益的行为。

技术性牟利　寄拍模特　家风条款

[例]　随着互联网平台企业优势地位的形成，两边通吃的现象愈演愈烈。平台对商家的抽成越来越高，给用户的实惠越来越少，平台上的价格常常高于实体店，演变为一种"技术性牟利"。(《光明日报》2021年8月18日)

面对网上订酒店价格高于门市价格的"技术性牟利"现象，用户会选择用脚投票、重返线下。(中国青年网2021年8月18日)

[按]　"技术性牟利"这个概念最早出现在互联网领域，特别是电子商务和大数据领域。一些企业利用自己的技术优势和数据资源，通过对用户的行为和消费习惯进行分析，采用大数据"杀熟"、个性化定价等手段来获取更高的利润。

寄拍模特（jì pāi mó tè）　通过拍摄店家免费邮寄过来的商品赚取佣金的模特。

[例]　警方提示，"寄拍模特"骗局实际上是"兼职刷单"骗局的升级版，在受害者等待衣服发货的过程中，骗子会诱导受害者小额刷单，同时快速返利，获取受害者的进一步信任。(人民网2022年5月30日)

在一次刷短视频的过程中，李女士被一则兼职广告吸引，视频文字标注"招聘寄拍模特，高薪职位，高薪招聘"。(《工人日报》2022年5月30日)

[按]　具体来说，寄拍模特需要对商家邮寄过来的商品进行拍摄，并将照片或视频反馈给商家。商家会根据拍摄效果支付一定的佣金作为报酬。该行为可能会构成虚假宣传，为电子商务法所明令禁止。

家风条款（jiā fēng tiáo kuǎn）　指在《中华人民共和国民法典》中明确规定的有关家庭建设的条款。

[例]　同时，优良家风条款、设立居住权保障以房养老等一系列相关制度，也为解决养老难题提供了新思路。(央视网2021年2月9日)

民法典的"家风条款"以及一系列相关规定，都是将社会主义核心价值观转化为民法相关规定的有益探索，更是践行社会主义核心价值观的具体行动。(《光明日报》2021年12月3日)

[按]　2020年5月28日《中华人民共和国民法典》正式颁布，家风概念被引其中，明确规定家庭应当"树立优良家风，弘扬家庭美德，重视家庭文明建设"，简称"家风条款"，其词流行于2021年。

家庭教育令（jiā tíng jiào yù lìng）　中国首部家庭教育领域的专门立法。

[例]　2022年1月11日，济宁任城法院向一起离婚纠纷案件当事人发出家庭教育令，责令当事人切实履行监护职责，承担起家庭教育的主体责任，这是该法院发出的首份家庭教育令。（人民网2022年1月13日）

今年1月6日，湖南省长沙市天心区人民法院发出一份特殊的裁定——家庭教育促进法实施后的全国首份"家庭教育令"。（《人民日报》2022年8月11日）

[按]　"家庭教育令"源于2022年1月《中华人民共和国家庭教育促进法》的颁布和实施。该法规定，父母或者其他监护人应当树立家庭是第一个课堂、家长是第一任老师的责任意识，承担对未成年人实施家庭教育的主体责任，用正确思想、方法和行为教育未成年人养成良好思想、品行和习惯。

价格刺客（jià gé cì kè）　指利用不规范标价等手段将一些高价商品伪装成普通商品的现象。

[例]　"价格刺客"频频"刺伤"消费者，一方面是因为经营者不标示价格，或者故意弱化价格标示。（《新民晚报》2022年8月26日）

面对充满一次电最高要花40元，媒体惊呼：共享充电宝怎么成了"价格刺客"？之所以如此，只因共享充电宝练就一身"慢功夫"。（《广州日报》2022年9月5日）

[按]　2022年夏，一些消费者用"价格刺客"来形容一些高价雪糕，而后形成了一种类似"××刺客"的流行范式。相关的词语有：雪糕刺客、水果刺客、文具刺客等。

架梯子（jià tī zi）　指为人才提供发展机会。

[例]　贵州继续以超常规举措实施人才"四大工程"，努力"搭台子""架梯子""压担子"，加快形成有利于人才成长、有利于人尽其才、有利于各展其能、有利于人才脱颖而出的体制机制。（《贵州日报》2022年5月10日）

坚持"人尽其才、人岗相适"，综合考虑岗位需求和干部能力特点，多为优秀年轻干部"架梯子"，促其发挥优势作用。（四川新闻网2022年8月24日）

[按]　人才是推动高质量发展的重要基石，党的十八大以来，国家把加

强技能人才队伍建设作为一项战略任务，不断创新技能人才政策措施，先后出台了一系列指导文件，构建了人才培养、评价、使用和激励的长效机制。"架梯子"正是在这样的时代背景下提出的"为人才提供机会"的形象说法。

柬钢（jiǎn gāng） 形容中国和柬埔寨双方的友谊坚如钢铁。

［例］ 柬埔寨国家工商业联合会主席葛云明表示，柬钢精神世代相传，柬埔寨人民永远与中国人民在一起心连心。（东方网2021年7月6日）

有中国网民把柬埔寨称为"柬钢"，形容双方友谊坚如钢铁。（国防部网2021年7月29日）

［按］ 2021年7月29日的国防部例行记者会上，国防部新闻发言人吴谦首次引用网民口中的"柬钢"来形容中国和柬埔寨关系。

减负不减质（jiǎn fù bù jiǎn zhì） 指减轻学生的学习负担而不降低学习的质量。

［例］ 和平区坚决贯彻执行"双减"各项政策要求，围绕作业管理"减负"、课堂教学"提质"、课后服务"升级"、校外培训"治理"四个方面精准发力，做到减负不减质。（《沈阳日报》2021年9月11日）

经过半年多的实践，部分学校努力加强课外资源建设，为学生提供有意义的课后服务，减负不减质。（人民网2022年3月4日）

［按］ 2021年7月《关于进一步减轻义务教育阶段学生作业负担和校外培训负担的意见》印发后，校内教育提质增效、校外教育规范管理，"减负不减质"这一口号被提出。

减污降碳（jiǎn wū jiàng tàn） 指降低污染物排放并同时降低温室气体排放的行为。

［例］ "十四五"期间，上海将围绕"抓环保、促发展、惠民生"，进一步突出精准、科学、依法治污，实现减污降碳协同效应，持续改善生态环境质量。（《新民晚报》2021年1月14日）

生态环境部、国家发展和改革委员会等7部门联合印发《减污降碳协同增效实施方案》，深入贯彻落实党中央、国务院关于碳达峰碳中和决策部署，落实新发展阶段生态文明建设有关要求，对推动减污降碳协同增效作出系统部署。（《长江日报》2022年6月17日）

[按]　党的十九届五中全会以来，"减污降碳"一词频频在各个重要会议上被提及。2021年11月，中共中央、国务院印发《关于深入打好污染防治攻坚战的意见》，其中明确要"以实现减污降碳协同增效为总抓手"。

简历门诊（jiǎn lì mén zhěn）　由专业机构和专业人员为求职者提供简历修改和咨询服务，以让求职者的简历更突出。

[例]　这次双选会发现自己简历问题挺多的，那边设立了"简历门诊"，请老师给我诊断诊断！（人民网2022年6月10日）

兰州大学学生就业指导与服务中心设立简历门诊和就业咨询服务工作台，针对同学们在简历制作上排版不清晰、针对性不强等问题，提供一对一的指导。（《兰州日报》2022年9月28日）

[按]　针对部分毕业生填写求职简历缺乏经验、无法准确自我定位、对就业创业相关政策不熟悉等问题而设置的"简历门诊"，为毕业生求职"把脉"，提供个性化就业指导服务。

简易续约（jiǎn yì xù yuē）　指一种简化的合同续约方式。

[例]　《谈判药品续约规则（征求意见稿）》提出了纳入常规目录管理、简易续约和重新谈判三种谈判药品续约规则，并对三种续约方式进行详细规定。（《北京晚报》2022年6月17日）

刘国恩表示，在今年的工作方案中，首次公开了谈判药品简易续约的规则，新增了简易新增适应症的规则，新增了非独家药品竞价谈判等创新机制，使企业对规则更加明确，对结果预期进一步提高。（《经济参考报》2022年11月30日）

[按]　简易续约规则是一种简化的合同续约方式，是2022年医保目录内药品续约的"新规则"。在商业活动中，双方合作往往会签订合同来约定合作事项，当合同期满，如果双方有意继续合作，简易续约规则便可以作为一种快速、简便的方式来达成新的合作协议。

建造天团（jiàn zào tiān tuán）　指在建筑设计等建筑行业领域中非常出色的人才组成的团队。

[例]　由多位国家建筑专家组成的"建造天团"走进香港知名学府，与师生一同见证中国建筑的发展成就。（新华网2021年10月20日）

多位国家建筑专家组成的"建造天团"先后走进多所大学举办校园报告会。(人民网 2021 年 11 月 1 日)

[按] "建造天团"是指由一群具有超高实力和声望的建筑设计师、建筑师组成的团队。他们通常在建筑界享有很高的声誉,并且能够合作完成一些具有重要意义的建筑项目。

剑网 2021(jiàn wǎng 2021) 由国家部门开展的第 17 次打击网络侵权盗版活动的专项行动。

[例] 今年 6 月,国家版权局、工业和信息化部、公安部、国家互联网信息办公室四部门联合启动打击网络侵权盗版"剑网 2021"专项行动。(国家版权局 2021 年 9 月 28 日)

版权部门开展"剑网 2021"专项行动,查处各类侵权盗版案件 43 起,移送司法机关 7 起,逮捕嫌疑人 9 人。(光明网 2022 年 7 月 6 日)

[按] "剑网 2021"专项行动重点对随着互联网技术进步而迅速发展起来的短视频、网络直播、在线教育等领域的侵权盗版行为进行严厉打击,旨在持续巩固新闻作品、网络音乐、网络文学、电商平台等领域专项治理成果,不断提升版权管网治网能力,推进构建全社会共治格局,维护清朗的网络空间秩序。

降碳(jiàng tàn) 指降低碳排放的行为。

[例] 以钢铁、有色、建材、化工等行业为重点,实施节能降碳改造和污染物深度治理。(《宁夏日报》2022 年 9 月 3 日)

推动产业结构、能源结构、交通运输结构等调整优化,加快节能降碳先进技术、工艺、装备研发和推广应用。(《光明日报》2022 年 12 月 21 日)

[按] "降碳"指减少二氧化碳(CO_2)的排放量,以减缓全球气候变化进程,一般用作动词。

交房云登记(jiāo fáng yún dēng jì) 指使用云技术实现的房屋交付和登记系统。

[例] 他们近年来从群众痛点堵点出发,通过打造多跨协同的"交房云登记"大数据系统,让群众办证"零中介、零资料、零等待、零次跑",大大便捷了群众。(新华网 2022 年 3 月 14 日)

"交房云登记"于 2021 年 9 月上线,将"互联网+不动产登记"相关环节

纳入政务服务网，实现"一网通办"。（杭州规划和自然资源局微信公众号2022年11月2日）

[按] 2021年9月，"交房云登记"上线，它是一种"互联网＋购房"的新形式，是指在买房子的时候摇号报名登记。云登记整合了全市商品住房摇号信息，点击进入便可查询到所在市区所有正在登记、即将开始及登记结束的楼盘信息。

教共体（jiāo gòng tǐ） 涉及不同学校的合并、管理和资源的共享的一种教育联合形式。

[例] 到2025年，县域内融合型、共建型模式的教共体占比不低于80%，做到办学理念融合、教学教研联动、师资调配畅通，从根本上消除城乡教育差距，进一步打响"学在长兴"教育品牌。（中国日报网2022年9月9日）

因此，总支下属体育工作部党支部与溪口教共体党支部也签署了支部共建协议，自上而下形成互带互动、优势互补、资源共享、共同发展的新局面。（中国网2022年11月18日）

[按] "教共体"常用作名词，指通过以强带弱，共同发展，以提升城乡义务教育优质均衡水平的学校发展模式。该词仿照"××体"造词，大多形容某种具有相同特征的事物。

教资热（jiào zī rè） 指当前社会对于教师资格证的热衷和追求。

[例] 值得一提的是，"教资热"曾一度让考试报名网站瘫痪。（中国新闻网2022年3月2日）

近年来，"考编热""教资热"居高不下。（《光明日报》2022年11月15日）

[按] 2022年，教师资格考试的热度高涨。由于教师职业具有稳定性且社会认可度较高，加之近年来教师待遇提升、毕业生就业求稳心态等因素影响，教师资格考试受到重视和追捧。

揭榜挂帅（jiē bǎng guà shuài） 一种新型的科研组织管理方式。

[例] 我们将充分发挥新型举国体制，按照"揭榜挂帅"的要求予以推

揭榜挂帅　金墩墩　金容融　金砖贡献

进。(《人民日报》2021年3月5日)

自去年8月成都首次发布"2021年揭榜挂帅科技项目榜单"以来,"千里马"与"伯乐"的故事不断上演。(中国日报网2022年8月1日)

[按]　2020年10月,党的十九届五中全会审议通过的《中共中央关于制定国民经济和社会发展第十四个五年规划和二〇三五年远景目标的建议》提出,实行"揭榜挂帅"等制度。"揭榜挂帅"由政府组织,把需要的关键技术项目张出榜来,英雄不论出处,谁有本事谁就揭榜。

金墩墩（jīn dūn dūn）　指2022年北京冬季奥运会为获奖运动员定制的纪念版冰墩墩。

[例]　北京冬奥会夺得2金1银的谷爱凌喜提3只"金墩墩",赢来网友赞誉。(上观新闻2022年3月11日)

在冬奥会结束后,武大靖拍卖了代表荣誉的金墩墩。(光明网2022年5月16日)

[按]　金墩墩别名:金色冰墩墩、金边冰墩墩。金墩墩在冰墩墩周围辅以编结而成的金色花环,不对外销售,是为获奖运动员定制的纪念品。

金容融（jīn róng róng）　指2022年北京冬残奥会为获奖运动员定制的纪念版雪容融。

[例]　北京冬奥会的颁奖吉祥物是金墩墩,冬残奥会颁奖吉祥物是金容融,你们喜欢吗?(《人民日报》2022年3月3日)

2022年北京冬残奥会赛程过半,中国军团表现优异,共收获8金8银11铜,27个"金容融"被中国代表团揽入囊中。(新华网2022年3月9日)

[按]　"金容融"是"金色雪容融"的简称,是颁发给获奖运动员的特殊纪念品,相比于雪容融,金容融多了一圈花环。底座仍是素有"岁寒三友"之称的松竹梅3种植物,寓意坚韧、顽强、富有生命力。

金砖贡献（jīn zhuān gòng xiàn）　指金砖国家在国际事务中所作出的贡献。

[例]　金砖国家领导人和有关新兴市场国家及发展中国家领导人将共同出席全球发展高层对话会,以加强战略协作,为构建新时代全球发展伙伴关系作出"金砖贡献"。(新华社2022年6月22日)

以深化"金砖+"合作为契机，加强新兴市场和发展中国家战略协作，为共同构建全球发展伙伴关系作出"金砖贡献"（人民网 2022 年 7 月 7 日）

[按] 金砖国家是指巴西、俄罗斯、印度、中国和南非这五个新兴经济体组成的经济合作机制。"金砖贡献"一词常用作名词，是指金砖国家在国际事务中积极参与并提出解决方案，推动多边主义和全球经济治理体系的改革，在国际事务中作出的贡献。

精网微格（jīng wǎng wēi gé） 指按照人口标准因地制宜划分网格精细覆盖的社会治理模式。

[例] 通过积分制管理方式，推进"精网微格"建设，进一步夯实基层治理基础。（《新华日报》2022 年 7 月 19 日）

盛卫中表示，全省部署"精网微格"工程后，通过划细做强基层网络，持续强化"微网格"体系建设，推动"微治理""微服务"，实现高精度覆盖。（澎湃新闻 2022 年 9 月 7 日）

[按] "精网微格"是"网格+"治理体系的升级版，是南京"大数据+网格化+铁脚板"治理的进一步延伸。"精网微格"寓意"网"为民生，"格"致精微。所谓"微网格"，就是在街道前期划分网格的基础上，将网格范围进一步缩小，并将基层社会治安、消防安全、食药安全等与社会治理相关的事项全部纳入网格，实现管理的精细化、精准化，精准服务落实到"最后一米"，持续提升人民群众的幸福指数。

精致露营（jīng zhì lù yíng） 一种以舒适、高品质体验为目标的露营方式。

[例] 沙滩星空、露天咖啡营地、亲水野餐露营……来东湖玩"精致露营"。（《长江日报》2022 年 5 月 1 日）

精致露营的典型场景是这样的：天幕下的长桌上摆满了各式杯盘碗碟和酒水饮料，旁边是搭建好的简约帐篷，或许还有一个烧烤炉，正在炙烤的肉串发出滋滋的诱人声响。草坪上小朋友在嬉闹，大人在端着高脚杯品酒聊天。（《光明日报》2022 年 5 月 16 日）

[按] 与传统露营追求安全、便捷和高性价比相比，精致露营注重仪式感、品质感和舒适度，强调露营体验的感官享受和精神愉悦，是一种更高端、奢华的露营方式。

鲸落体（jīng luò tǐ）　一种没有楷体端正、弯曲、圆润的网红字体。

[例]　高中生"鲸落体"走红，老师看后不忍扣分，"奶酪体"还是错付了。（网易新闻 2021 年 10 月 27 日）

除了鲸落体之外，近几年还有不少网红体悄咪咪地在同学当中形成了风潮。（百度 2021 年 11 月 24 日）

[按]　鲸落体是一种特殊的字体风格，其名称来源于自然界中的鲸落现象，旨在模仿鲸鱼沉入海底的视觉效果，给人一种深邃、神秘而又略带凄美之感。该词系"××体"构式，类似的词语还有"奶酪体""衡水体"等。

警格＋网格（jǐng gé ＋ wǎng gé）　指警察和社区网格员之间的合作和配合。

[例]　同步对接各大银行发现疑似养老诈骗案件，第一时间联络公安机关，打造"警格＋网格＋金融机构"的养老诈骗预警屏障。（人民网 2022 年 09 月 23 日）

今年以来，大庆市公安局积极推动"网格＋警格"双向赋能、同频共振，以"网格小平安"促进"社会大和谐"，通过打造高质高效的融合治理新模式，不断提升人民群众的获得感、幸福感、安全感，全力构建共建共治共享的社会治理多元化新格局。（《大庆日报》2022 年 12 月 13 日）

[按]　"警格"指的是警察网格化巡逻和管理的工作模式，"网格"则是指社区划分的小区域管理单位。网格员将日常排查中看到的、听到的异常信息运用社区警务工作群第一时间反馈给民警，民警判断核实，民警与网格员共同当好信息员、巡逻员、宣传员，及时采取有效措施，通过网格和警格的通力协作，以实现"1＋1＞2"的效果。

净网 2021（jìng wǎng 2021）　指 2021 年全国开展的一次整治网络环境的"扫黄打非"行动。

[例]　近日，全国公安机关按照公安部统一部署，深入推进"净网 2021"专项行动，集中开展打击电信网络诈骗推广引流犯罪收网行动。（《长江日报》2021 年 11 月 17 日）

在"净网 2021"专项行动中，全年共抓获私装窃听窃照设备偷拍的犯罪嫌疑人 783 名，捣毁制售窃听窃照专用器材窝点 13 个。（新华网 2022 年 1 月

14日）

[按]　2021年3月至11月底，全国"扫黄打非"办公室以"护苗2021""净网2021""秋风2021"专项行动为平台开展了"新风2021"集中行动。"净网2021"专项行动，着重清理了"网络直播""网络游戏""网络文学""弹窗广告""网络社交平台"五个领域的淫秽色情、低俗、暴力、恐怖、迷信等有害信息。

竞价挂网（jìng jià guà wǎng）　指以竞争方式决定交易价格的网上招投标。

[例]　种植体、牙冠两个部分的价格通过集中采购和竞价挂网产生。（《南方日报》2022年9月9日）

下一步，四川医保局将于近期率先开展牙冠竞价挂网，促使牙冠价格更加透明合理，其他省份将及时跟进联动四川的牙冠挂网价格。（光明网2023年1月12日）

[按]　竞价是一种市场交易方式，通过市场竞争来确定商品或服务的价格。挂网价即所谓"药品挂网价"，就是把药品价格信息挂在互联网上进行交易，是为药品交易搭建的一个专门用于药品集中招标采购的网络交易平台。

九天之火（jiǔ tiān zhī huǒ）　指2022年北京冬残奥会官方火种。

[例]　火种汇集仪式后，将继续在以"九天之火"为主题的天坛公园进行火炬传递。（《新华日报》2022年3月2日）

3月2日，在北京、延庆、张家口三个赛区采集的8个火种，连同在英国曼德维尔采集的火种，共9个火种汇聚生成北京2022年冬残奥会官方火种——"九天之火"。（《北京日报》2022年4月12日）

[按]　2022年北京冬残奥会官方火种因其采集自英国曼德维尔和中国北京、张家口等9个点位，故称"九天之火"。2022年北京冬残奥会在北京、延庆、张家口三个赛区的8个火种采集地分别采集了光明之火、互助之火、希望之火、源流之火、和平之火、"氢"洁之火、文明之火、夏奥之火。最终，连同在残奥运动发源地——英国曼德维尔采集的火种汇聚一处，点燃"飞扬"火炬，将残疾人运动员自强不息的精神在激情的冰雪赛道上传递下去。

句芒号（gōu máng hào）　由中国航天科技集团五院遥感卫星总体部抓总研制的陆地生态系统碳监测卫星。

［例］　8月4日　我国首颗陆地生态系统碳监测卫星"句芒号"成功发射。（《人民日报》2022年10月14日）

这一年，长征四号乙运载火箭成功发射"句芒号"，我国碳汇监测进入天基遥感时代（上观新闻2022年12月30日）

［按］　2022年8月4日上午，中国在太原卫星发射中心采用长征四号乙运载火箭，成功发射陆地生态系统碳监测卫星"句芒号"。"句芒号"卫星在碳储量监测、生态资源详查、国家重大生态工程监测评价等工作中提供遥感监测服务，为"美丽中国"发挥遥感力量，提高中国应对全球气候变化的话语权。

剧本游（jù běn yóu）　一种结合实景游览和虚拟演绎的体验活动。

［例］　在充满大唐风情的展厅内，参加展厅实景剧本游活动的参与者化身唐朝来客，在NPC演员的指示下，仔细观察文物展品，反复阅读展板文字，背诵展板上的诗句，学习唐代的妆容和礼仪，欣赏演员带来的胡旋舞，从而完成闯关任务，同时也将展览信息牢记于心。（中国日报网2021年9月27日）

为迎接第46个"国际博物馆日"的到来，广州市越秀区博物馆17日称，将出一款原创沉浸式剧本游《越博奇妙纪——穿越历史来看你》。（中国新闻网2022年5月18日）

［按］　"剧本游"由游客通过扮演一个特定的角色，去解决谜题和挑战来逐步揭示景区背后的故事和秘密，让游客更好地了解景区历史、文化和传统。"剧本游"常常利用现场道具、特效和演员等手段，使游客身临其境地融入游戏情节。

卷（juǎn）　为了获得某种资源或者达成某种目标而进行的一种过度的竞争行为。

［例］　12月15日，网上流传一帖子，称"成都外国语小学太卷了，昨天有个班踢球踢输了，家长找了李伯清、马明宇、魏群拍祝福视频……"（人民网2021年12月16日）

此外，观众对于内部梗另一层隐忧则是，选手躺得太平，不愿尝试新的话题。这种"躺"恰恰是节目组太"卷"造成的结果。（《北京青年报》2022年

10月07日)

[按] "卷"脱离"内卷"一词而独立承担整个词语的含义,常用作动词、形容词。"内卷"最早可以追溯到德国哲学家康德在《判断力批判》中提出的"内卷理论"。2020年下半年,一些学生边骑车边用电脑、在自行车上看书等图片登上热搜,网友们称这些人为"卷王"。由此,"内卷"一词又产生了新义,指为了争夺有限或者更多资源而付出巨大艰辛和努力的状态。在考试中,"卷"可以指考生为了获得更好的成绩而采取的一种努力和策略,如通宵做练习题等方式;也可用于形容某个群体的奋斗状态,如"卷王""卷圈"等。总之,"卷"这个词在网络上通常指人们为了达到某个目标而付出的极大努力。

觉醒年代(jué xǐng nián dài) 2021年央视推出的热播电视剧。

[例] 最近的热播剧《觉醒年代》以1915年到1921年间发生的新文化运动、五四运动和中国共产党成立这三件层层推进、环环相扣的大事为主体,通过精致、独特的镜头语言,还原了一个个鲜活的历史人物,展现了一个时代的社会风貌,因此得到观众的普遍认可。(《长江日报》2021年3月30日)

作为广受年轻人喜爱的一部主旋律电视剧,《觉醒年代》以1915年《青年杂志》问世到1921年《新青年》成为中国共产党机关刊物为贯穿,以李大钊、陈独秀、毛泽东、周恩来、陈延年、陈乔年等寻求救国真理为叙事线,全面再现了中国共产党的宏大历史卷轴。(《新民晚报》2021年6月23日)

[按] 在建党100周年之际,重大革命历史题材剧《觉醒年代》于2021年2月1日在央视首播。该剧播出后广受好评,在微博平台上,有关"觉醒年代"的话题频频冲上热搜,如"觉醒年代表情包""觉醒年代小头像""觉醒年代台词"等。

绝绝子(jué jué zǐ) 网络用语,表示"太绝了",用于夸奖。

[例] 从"绝绝子"到"yyds",近来的一些网络流行语似乎正在打破圈层,在日常生活中越来越常见,使用起来很"百搭"。(中国新闻网2021年8月26日)

"不能错过的宝藏店铺""味道绝绝子""美食界天花板",探店主播在各社交平台人气颇旺,不少网友都会通过探店主播的视频推介"种草"或"避雷"。(中国网2022年8月12日)

[按] "绝绝子"的出处可追溯到2020年的女团选秀节目《青春有你2》

和《创造营 2020》。这两个节目的粉丝喜欢用"绝绝子"一词夸赞自己喜欢的选手，其中形容词词缀"子"主要起表达说话人语气情感的作用。"绝绝子"通过微博和抖音等社交网络平台快速传播，后来，人们也多用"绝绝子"表达对事物的赞叹。

【K】

开盲盒（kāi máng hé）　　指打开未知的东西。

[例]　今天是母亲节，让我们一同沉浸式体验母亲"开盲盒"，感受那熟悉的温暖和爱。（新华网 2022 年 5 月 8 日）

市民王小姐告诉记者，自己喜欢软糯适中的米，但每次买自热米饭都像在开盲盒。（《扬子晚报》2022 年 9 月 19 日）

[按]　"开盲盒"原本是指一种购买未知物品的方式，商品通常以盒子的形式销售。买家不知道盒子中具体包含什么物品，只能通过开启盒子来揭示其中的内容。这种购买方式在电子商务平台、游戏、玩具等领域非常流行，是 2019 年爆火的"盲盒经济"带动的结果。2022 年在抖音等平台短视频博主的二次创作下，"开盲盒"引申出了新的含义，指网恋的两个人最终见面的行为。后来又引申出打开未知的东西之义。

开门稳（kāi mén wěn）　　指在做某件事情之初表现得非常稳妥和谨慎。

[例]　湖里区制发《2022 年一季度"开门红"工作方案》并发出 1 亿元补贴红包，用诚意满满的行动让新年暖意弥漫全区，奋力实现一季度"开门红""开门稳"。（人民网 2022 年 1 月 25 日）

山东一季度经济运行实现"开门稳、开门红"。（新华网 2022 年 4 月 19 日）

[按]　"开门稳"是 2022 年的流行语，这个词语常常用于对当年第一季度经济发展的展望。"稳"是中央确定我国经济发展的总基调。"开门"是对一年的第一季度的形象比喻。"开门稳"可用作动词和形容词。

抗幽牙膏（kàng yōu yá gāo）　　指能够杀灭幽门螺杆菌的牙膏。

[例]　近期一些不法商家在电商平台售卖所谓"抗幽牙膏"，称其能够杀灭幽门螺杆菌、预防胃癌等。（《科技日报》2022 年 1 月 20 日）

目前市场在售的所谓"抗幽牙膏"大部分都是打着"专利""高科技"幌子，通过在部分网络平台大量投放虚假广告蒙骗消费者。(《北京青年报》2022年10月13日)

［按］ 2021年12月21日，美国卫生与公众服务部发布了第15版致癌物报告，"幽门螺杆菌"被该报告列为新发致癌物。其后，人们对"幽门螺杆菌"的关注度日益增加，"抗幽牙膏"随之出现。

考古发掘舱（kǎo gǔ fā jué cāng） 指为保护考古发掘现场而搭建的玻璃大棚。

［例］ 在三星堆祭祀区发掘现场，一个密封的考古发掘舱内，考古人员身穿防护服有条不紊操纵机械平台进行文物发掘。(《人民日报》2021年3月30日)

如果走进三星堆祭祀区新一轮考古发掘现场，你就会有不一样的震撼感受。考古发掘舱保持恒温恒湿、考古人员身穿防护服作业。(川观新闻2021年3月20日)

［按］ "考古发掘舱"随着三星堆考古热度的提高，成为2021年的热词。该词作为名词，具有科普性质，"舱"字形象说明了这个玻璃大棚的架构：由钢架和玻璃构成，舱内还有纵横的桁架，以及可升降的发掘小平台，平台底板开有40厘米见方的可盖合操作口，便于非接触式清理。"考古发掘舱"的同义词语有"发掘舱"和"考古方舱"。

可控匿名（kě kòng nì míng） 指在信息发布或交流过程中，个人的身份可以得到一定程度的保护，不被直接暴露，但同时也可以被相关管理者或监管机构追踪和识别。

［例］ 因此，数字人民币具有可控匿名的特征。(《经济日报》2021年11月16日)

数字人民币支持可控匿名，有利于保护个人隐私和信息安全。(《科技日报》2022年1月27日)

［按］ "可控匿名"一词来源于2021年对数字人民币试点发布后的特征解读。该词兼具动词和名词两种词性。其中"可控"是指防控和打击洗钱、恐怖融资、逃税等违法犯罪行为，维护金融安全。"匿名"是指要满足合理的匿名支付和隐私保护的需求。

跨交会（kuà jiāo huì）　中国跨境电商交易会的简称。

［例］　历时3天的首届中国跨境电商交易会（简称"跨交会"）20日在福建省福州市落下帷幕。(《人民日报》2021年3月22日)

本届跨交会是跨境电商全领域盛会，也是国家级品牌引入福州的重大成果。(台海网2021年3月22日)

［按］　2021年3月18至20日，我国首届跨交会由商务部外贸发展事务局、福建省进出口商会、福建荟源国际展览有限公司主办，福建省商务厅、福州市政府指导，以"链接跨境全流域·共建电商新生态"为主题。

【L】

拉干条（lā gàn tiáo）　指摘去叶子，留下主条，比喻做事精练、务实。

［例］　各省区市结合地方实际，通过"拉干条""列清单"等方式，有针对性地纠治基层报表台账多、村（社区）挂牌多……让基层干部群众真正有感。(《人民日报》2022年10月11日)

"拉干条""列清单"……全省各地各部门有针对性地纠治基层报表台账多、村（社区）挂牌多……等问题，对"指尖上的形式主义"开展专项整治，切实为基层卸下不必要的负担。(天眼新闻2022年12月29日)

［按］　"拉干条"一词词性灵活，可作动词和形容词。"拉干条"被广泛运用于政府或企业文件，形容汇报工作要点清晰，避免长篇大论，数据真实，内容翔实。2022年，中共中央办公厅、国务院办公厅印发的《关于规范村级组织工作事务、机制牌子和证明事项的意见》精准施策，进一步把村级组织和村干部从形式主义的束缚中解脱出来。经过多年的持续发力，在基层工作中，长会短开成为主流，"拉干条"式总结成为常态。

澜沧号（lán cāng hào）　指中国制造、交付老挝运营的动车组名称。

［例］　10月16日，"澜沧号"动车组抵达刚刚建成的中老铁路万象站，正式交付老中铁路（有限）公司。(《人民日报》2021年10月17日)

中老铁路投入运营的"澜沧号"动车组，是老中铁路（有限）公司组织招标采购、中国中车集团所属企业联合制造的。(中国青年网2021年12月17日)

[按] "澜沧"指流经中国和老挝的澜沧江，澜沧江是中老友谊的象征，"澜沧号"动车组因而得此命名。"澜沧号"的"号"字为后缀，常用于大型运输工具命名，如"和谐号""复兴号"。"澜沧号"是老中铁路（有限）公司招标采购的动车组，于当地时间2022年4月9日晚8点顺利运抵老挝首都万象。

澜湄快线（lán méi kuài xiàn）　指从中国昆明开往老挝万象的国际货物列车快线。

[例]　1月10日，采用时速120公里专用铁路货车编组的"澜湄快线"首趟列车满载云南鲜花、蔬菜等产品，从昆明王家营西站发出，预计26小时后就可抵达老挝万象。（《人民日报》2022年1月11日）

"澜湄快线"国际货物列车是中老铁路固定循环的"客车化"货运产品，具有通关速度快、运行速度高、到货时间可控等特点，自开行以来，受到许多跨境企业的青睐和选择。（澎湃新闻2022年10月5日）

[按]　"澜湄快线"是中国昆明与老挝万象间"客车化"的货运服务产品，其中"澜""湄"分别指代中国和老挝。较其他中老国际货运列车具有到货时间可控、通关和运行速度快等特点。2022年1月，首趟承载云南鲜花、蔬菜的中老铁路国际货物列车"澜湄快线"发车，这标志着"中车号"蓄冷式智能移动冷链装备走出国门、走向世界。

老字号嘉年华（lǎo zì hào jiā nián huá）　指商务部为贯彻落实《关于促进老字号创新发展的意见》而组织的一项活动，旨在推动老字号的守正创新发展，大力发展国货"潮品"等新的消费增长点。

[例]　为深入贯彻党中央、国务院决策部署，充分发挥老字号在全面促进消费、弘扬中华优秀传统文化方面的积极作用，更好满足人民日益增长的美好生活需要，4月9日，商务部办公厅印发通知，部署2021年"老字号嘉年华"系列活动。（网易新闻2021年4月14日）

昨日下午，一场国风潮流与现代潮流文化相互碰撞的"2021老字号嘉年华暨厦门名优商品年货展销会"，在中华城新街公园热闹开市。（台海网2021年12月25日）

[按]　"老字号嘉年华"是商务部办公厅于2021年决定组织开展的活动，口号为"国潮国货，品质生活"，以重点打造消费促进和宣传推广两类活动为目标。

累丑（lèi chǒu）　指人经过高强度的劳作后没有得到良好的休息而导致面容变丑。

［例］　一提起"累丑"，上班族的憔悴形象活灵活现。这个词的走红，并不是语言的退步，而是因为它最简单又直接地道出了人间真相——"累"。（《光明日报》2021年2月10日）

冲上热搜的"累丑"，让不少打工人对号入座，发出深深的认同感。（《中国青年报》2021年9月22日）

［按］　"累丑"在2021年2月8日登上微博热搜，不少网友发表自己的"累丑"经历与感受。以前中国人感到累的时候，大多时候会说"累死了"，而现在的年轻人则更倾向于说"累丑了"——一个字的不同，向我们反映出不同的时代氛围。以语法学的角度分析，"累丑"是动补形式，常与语气词"了"连用，表达一种自嘲与调侃之情。

冷作为（lěng zuò wéi）　指政府部门服务态度冷漠、办事效率低、相互推诿责任的行为。

［例］　需要加大对不作为、慢作为、冷作为的基层领导干部的问责力度，疏通群众问题反映、处置渠道。（搜狐网2021年3月17日）

打不通的电话，派不出的工单，办不成的诉求，严查政府热线冷作为。（中央纪委国家监委网2021年12月24日）

［按］　"冷作为"一词来源于此前指控12345热线的行为。在2021年11月左右，有市民拨打12345热线投诉，河南商丘、河北衡水、江苏宿迁等地公职人员却频频爆出"雷句"，比如："打12345投诉，我有100个办法对付他。"这里的"冷"是一种隐喻，不仅形容此类政府行为的冷漠，也暗喻使老百姓感到心凉。"冷作为"一词在大多数语境下具有贬义色彩。

离岸通（lí àn tōng）　指中国首个直接整合境外数据用以支持贸易真实性审核的辅助信息平台。

［例］　"离岸通"平台是全国首个直接整合境外数据用以支持贸易真实性审核的辅助信息平台，这一平台的上线标志着上海自贸试验区在离岸贸易发展道路继续迈出坚实一步。（澎湃新闻2021年10月14日）

临港新片区管委会与保税区管理局紧密合作，协力推动"离岸通"平台接入临港新片区一体化信息管理服务平台，签订"离岸通"平台合作共享协议，

设立"离岸通"临港中心，将"离岸通"平台覆盖范围扩展到了临港新片区。(《上海证券报》2022年3月8日)

[按] "离岸通"于2021年10月14日在上海外高桥保税区正式上线，作为全国首个直接整合境外数据用以支持贸易真实性审核的辅助信息平台，"离岸通"的上线标志着上海自贸试验区在离岸贸易发展道路上又迈出了坚实一步。

理论快递（lǐ lùn kuài dì） 指重庆市大渡口区创新的一种理论推广方式。

[例] 从去年"理论快递"启动以来，大渡口区已建立起党的创新理论、革命精神和红色故事、时事政策、法律法规等7类"理论快递"课题库。(央广网2021年3月18日)

为让"理论快递"员们先学一步、学深一层，全面、准确开展二十大精神宣讲，邀请市级理论专家来区对近50名"理论快递"骨干成员开展党的二十大精神宣讲培训。(搜狐网2022年11月4日)

[按] "理论快递"一词采用了隐喻的用法，即将党的理论像快递一样高效率地投递到全国各地。"理论快递"主要就是要努力以最快的速度将党的创新理论，将市委、市政府的决策部署和区里的政策措施传递到最基层，传递到每个群众的耳朵里、心坎上。

锂佩克（lǐ pèi kè） 指阿根廷、玻利维亚和智利三国计划建立的锂矿出口价格联盟。

[例] 南美的"锂佩克"之梦折射出对定价权、产业附加值、产业链升级等方面的发展诉求。(《环球时报》2022年10月28日)

"锂佩克"如果建立成功并成功控制全球锂价格，将对世界锂市场带来巨大影响，而中国作为世界上最大的锂资源进口国，国内重度依赖锂电池的新能源市场会受到重创吗？(网易新闻2022年11月5日)

[按] "锂佩克"模仿"欧佩克"造词，欧佩克是对石油输出国组织（OPEC）的音译，"锂佩克"则是将"欧"替换为"锂"，意为锂资源输出国组织。"锂佩克"是阿根廷、玻利维亚和智利三国致力推进建立类似石油输出国组织的锂资源输出国组织，以在锂价格波动的情况下达成"价格协议"。

力箭一号（lì jiàn yī hào）　指中国2022年研制发射的首型四级固体运载火箭。

［例］　北京时间2022年7月27日12时12分，力箭一号运载火箭在我国酒泉卫星发射中心成功首飞，并顺利将空间新技术试验卫星、轨道大气密度探测试验卫星、低轨道量子密钥分发试验卫星、电磁组装试验双星和南粤科学星6颗卫星送入预定轨道，发射任务获得圆满成功。（搜狐网2022年7月27日）

"力箭一号"运载火箭主要用于发射太阳同步轨道和近地轨道卫星，它具有运载能力大、入轨精度高、固有可靠性高、响应速度快、发射效率高、保障要求低、发射成本低、使用灵活便捷、环境适应性好等一系列突出优点，是我国在空天科技领域的又一次创新性尝试。（新华网2022年10月8日）

［按］　"力箭一号"是中科宇航参与研制的首款四级固体运载火箭，是截至2021年11月中国国内起飞量级最大的固体运载火箭，具有发射方式灵活、快速的特点，主要用于太阳同步轨道和其他近地轨道中小型航天器的单星和多星组合发射。2021年11月13日，"力箭一号"箭地合练试验地面发射支持系统在烟台东方航天港海上发射技术服务港顺利完成试验。

恋爱脑（liàn ài nǎo）　网络用语，指一种唯爱情至上的思维模式。

［例］　如果用现在的一个网络流行词来形容，松子就是"恋爱脑"。（搜狐网2022年3月7日）

比起传统爱情叙事，"她题材"淡化了女性在爱情中"恋爱脑"的比例，即女性并不以爱情作为全部价值。（《北京青年报》2022年11月1日）

［按］　目前可查的最早一条关于"恋爱脑"的讨论发生于2016年的知乎平台，彼时，它还是一种可被中性探讨的感情心理状态。2022年11月，为等丈夫薛平贵出征归来而苦守寒窑十八载"挖野菜"的女主角王宝钏，被全网反讽为"恋爱脑鼻祖"，"王宝钏挖野菜"也成为指代"恋爱脑"的最新"热梗"，持续刷屏网络。在微博、豆瓣、知乎、小红书等多个平台，关于"恋爱脑"的认知也逐渐走向对立，"坠入爱河就是拎不清""心疼男人就是悲惨的开始"等"反恋爱脑"话术也层出不穷。"恋爱脑"的词性也很灵活，可作名词、动词和形容词。

两廊两点（liǎng láng liǎng diǎn） 指粤港澳大湾区国际科技创新中心的架构体系。

[例] 加强粤港澳产学研协同发展，完善广深港、广珠澳科技创新走廊和深港河套、粤澳横琴科技创新极点"两廊两点"架构体系，推进综合性国家科学中心建设，便利创新要素跨境流动。（《人民日报》2021年3月13日）

德勤建议构建"两廊两点"创新体系，即广深港、广珠澳科技创新走廊，以及河套深港科技创新合作区，及横琴粤澳深度合作区，加速"科研＋产业＋资本"聚集，实现多元化投资、国际化建设及市场化运作。（搜狐网2021年9月14日）

[按] "两廊两点"出现于2020年7月30日提出的"十四五"规划。"两廊"指广深港、广珠澳科技创新走廊；"两点"指深圳河套、珠海横琴。

两栖青年（liǎng qī qīng nián） 指同时有主业和副业的年轻群体。

[例] 近两年，有更多年轻人加入了"两栖青年"的队伍。"两栖"规模不断壮大，已经成为年轻人中的普遍现象。（新华网2021年3月5日）

有人把两栖青年的生活比喻成"双卡双待"，而这种"主业＋副业"的模式正由单纯的赚钱模式向获得满足感、提升自我价值感、实现梦想的方向转型。（凤凰网2021年7月31日）

[按] "两栖青年"来源于对"两栖动物"的模仿造词，"两栖"本指动物的生存方式，与"青年"结合形象比喻"有多种职业的青年"。"两栖青年"是新经济形态下的新就业形态，指同时兼顾两种及以上不同职业的人。在人民网人民数据研究院联合环球青藤于2022年1月发布的《2021青年就业与职业规划报告》中，"两栖青年"比例达到27.6%。在这群"两栖青年"中，有9.8%从事两份工作，17.8%从事三份或以上的工作。

两压一降（liǎng yā yī jiàng） 指压降信托通道业务规模，压缩违规融资类业务规模，加大对表内外风险资产的处置。

[例] 3月2日，21世纪经济报道记者从多家信托公司相关人士处了解到，近日已收到地方局下发的2021年度"两压一降"具体指标，有的是被口头通知，有的是收到了文件。（新浪财经网2021年3月3日）

记者了解到，今年年初，监管部门明确表示，2021年将继续开展"两压一降":继续压降信托通道业务规模,逐步压缩违规融资类业务规模,降低金融同业通道业务,并加大风险处置力度。(第一财经网 2021 年 4 月 7 日)

[按] "两压一降"是缩略语。2020 年上半年,银保监会下发《关于信托公司风险资产处置相关工作的通知》。随后,在 2021 年 2 月 7 日召开的 2021 年度信托监管工作会议中,"两压一降"继续开展:继续压降信托通道业务规模,逐步压缩违规融资类业务规模,加大对表内外风险资产的处置。

猎狐 2022(liè hú 2022) 指公安部部署全国公安机关开展缉捕在逃境外经济犯罪嫌疑人的专项行动。

[例] "猎狐 2022"专项行动是中央反腐败协调小组国际追逃追赃和跨境腐败治理工作办公室部署开展的"天网 2022"行动的重要组成部分。(人民网 2022 年 4 月 6 日)

2022 年,全国公安机关持续深入开展"猎狐 2022"专项行动,共从境外抓获各类外逃经济犯罪嫌疑人 700 余名,单笔个案追赃 10 亿元人民币,为近 3 年来个案追赃金额之最。(新华网 2022 年 4 月 28 日)

[按] "猎狐 2022"是开展打击虚假信息诈骗犯罪活动专项行动的代号。把诈骗犯罪分子比作"狐狸",形象表示其狡诈、极具欺骗性的特点。"猎狐 2022"维护了广大人民群众的经济利益和正常的经济秩序,确保了社会安定稳定,树立了方便群众的良好形象,构建了和谐社会。

临终决定权(lín zhōng jué dìng quán) 指患者可事先自主安排临近死亡时的自身医疗措施的权利。

[例] 以法规的形式确定"临终决定权",体现的是对生命个体的一种尊重。(《光明日报》2022 年 7 月 5 日)

该《条例》第七十八条明确将"临终决定权"归还到患者本人手中,医疗机构应当尊重其意愿。(中国新闻网 2022 年 7 月 6 日)

[按] "临终决定权"一词来自 2022 年 6 月深圳市七届人大常委会第十次会议表决通过的《深圳经济特区医疗条例》修订稿中的第七十八条。新法规之下,医生和亲属不再主导患者的临终治疗模式,而是将之交给患者自己决定。

聆语(líng yǔ) 指一种手语解说的数字人技术。

[例] 2月5日晚短道速滑混合团体接力决赛后，腾讯3D手语数智人"聆语"，用手语表达了见证中国队获得冠军的激动心情。（搜狐网2022年2月6日）

为助力听障人士了解和融入高速发展的信息化社会，腾讯3D手语数智人"聆语"正走入更多场景，推动无障碍服务升级。（央广网2022年5月24日）

[按] "聆语"是对"聆听语言"的缩略，是由腾讯技术团队打造的央视频AI手语翻译官，是整合了3D手语数智人建模、语音识别、语义理解、机器翻译和图像渲染等多项技术的产物。"聆语"有以下特点：手语表达能力接近真人；能自行学习，快速补充海量新词、热词。2022年，"聆语"会为冰雪赛事的转播采访等环节提供手语解说服务。2022年2月6日，腾讯发文表示，在央视频的比赛直播中，"聆语"为武大靖夺金时刻带来了手语解说。

零次分配（líng cì fēn pèi）　　指在进入生产之前各要素在不同群体之间的分配。

[例] 在"零次分配"方面，特别要强调机会的均等，有了机会的均等就可以有更好的效率。在物质资本方面，零次分配要体现在市场上获得资金的机会。（搜狐网2021年12月4日）

零次分配，最大的考虑就是公平，而且零次分配中，公平和效率是一体的。（《南方周末》2022年9月8日）

[按] "零次分配"是全国政协委员、清华大学经济管理学院院长白重恩在2021年12月4日于"中国发展高层论坛青年企业家峰会"提出的概念，他称这是相对于其他分配而言（初次分配、再分配、三次分配）的新概念。"零次分配"是为了促进"共同富裕"，在初次分配、再分配和三次分配之前，对某一些要素或者是权利进行分配。参与生产之前，就采取一些措施使人们在起点上更加平等。这是相较于初次分配、再分配和三次分配而创造出来的新词语，代表着更加公平的分配，旨在打破某些壁垒。

零碳（líng tàn）　　指通过设计方案节能减排，达到碳的净零排放。

[例] 反过来，碳达峰与碳中和又为改革发展设定了目标和约束，将倒逼新时代中国经济高质量发展，加速从高碳到低碳再到零碳的模式转变。（《中

零碳　零碳网点　零碳源

国青年报》2021年3月29日）

"零碳"，这是采访中的高频词之一，所谓"零碳建筑"指的是零碳排放的建筑物，可以独立于电网运作，所需能源完全依靠太阳能或者风力等清洁能源。（《浙江日报》2022年5月6日）

［按］　"零碳"作为全球流行的词汇之一，受到不少人的关注。"零"在这里是转喻，数字的零转为"碳排放"的中和。"零碳"的目的是减缓气候变化。"零碳"并不是不排放二氧化碳，而是通过计算温室气体排放，设计方案抵减"碳足迹"、减少碳排放，达到"零碳"，即碳的零排放。

零碳网点（líng tàn wǎng diǎn）　指以应对气候环境变化为首要目标，通过公允的碳排放核算方法，采取有效的碳减排和碳抵消等措施，实现自身运营碳中和的银行营业网点。

［例］　5月14日，广州碳排放交易所向建行中山翠亨新区支行颁发碳中和证书，标志着全国首家银行业"零碳网点"正式挂牌。（搜狐网2021年5月20日）

近日，广州市碳排放权交易所向工商银行广东汕头公园支行颁发"碳中和"证书，标志工行首家"零碳网点"正式挂牌，也是广东省首个实现日常运营预先碳中和的银行业"零碳网点"，进一步以金融力量助推碳达峰碳中和。（中新网2021年9月29日）

［按］　为了响应国家的"碳达峰""碳中和"号召，2021年5月20日，建行中山翠亨新区支行正式对外营业。开业仪式上，广州碳排放权交易所负责人向网点负责人颁发了碳中和证明书，标志着全国首家实现装修碳中和的银行网点正式挂牌营业。随后，各地纷纷开始打造"零碳网点"。

零碳源（líng tàn yuán）　指把光能、储能和空调结合起来的一项技术。

［例］　据悉，格力电器－清华大学联合团队共同研发的"零碳源"空调技术能够使得空调对气候的影响降低85.7%，为人们提供更舒适、更经济的制冷解决方案。（搜狐网2021年4月30日）

针对此次大赛，格力电器联合清华大学推出创新研发的"零碳源"空调技术，通过"技术突破＋集成创新"的方式突破了传统空调的能效极限，而这一方案，也让格力电器从全球139个竞争团队中成功突围，斩获最高奖项。（搜

狐网 2021 年 5 月 2 日）

[按] "零碳源"是"碳零排放的能源技术"的简称，是由格力公司和清华大学联合团队共同研发的一项技术，这项技术为实现"双碳"目标提供了切实解决方案，具备广泛的应用场景。2021 年 4 月格力电器—清华大学联合研发的"零碳源"空调技术从全球 94 个国家的 2100 多个项目中脱颖而出，该技术开创了中央空调"零碳排"的新时代，相关技术成果和产品被鉴定为"全球首创、国际领先"。

零元购（líng yuán gòu）　原指一种促销手段，现指发生在美国的抢劫商店的行为。

[例]　进入岁末购物季，从西海岸到东海岸，一场疯狂的"零元购"风潮席卷美国多地。商家苦不堪言。（人民网 2021 年 11 月 30 日）

美国的"零元购"，就简单多了，就是放任黑人对不确定的商业中心、超市进行公开的洗劫。（新浪网 2021 年 12 月 6 日）

[按]　"零元购"本来是指一种市场营销手段，即以零元的价格购买商品。"零元购"并非消费者真的零成本获取商品，而是以预充值、等值返券等多种形式实现所谓的"零元购买商品"。但经过 2020 年美国黑人遭暴力执法事件引发的游行示威活动之后，该词词义发生变化并逐渐流行起来，"零元购"被衍生为形容美国黑人抗议者走上街头，对街上的店铺进行打、砸、抢、烧，洗劫一空的行为。"零元购"词性灵活，可作名词和动词。

零证办电（líng zhèng bàn diàn）　指供电公司采取居民办电身份证明"网上调用"和物业权属证明材料"容缺受理"的方式。

[例]　冯先生全程未提交任何纸质材料即体验到了"刷脸办电""零证办电"的便捷。（网易新闻 2021 年 9 月 17 日）

近日，南方电网深圳供电局联合深圳市政府在全国首推工业园区免产权证明"零证办电"服务，针对园区内终端企业，通过"承诺备案制"免去各类用电业务办理的产权证明资料，大幅提升企业办电服务便利度，助力用电营商环境持续优化。（搜狐网 2022 年 10 月 20 日）

[按]　"零证办电"是"零"的一种转喻模式，数字"零"本指没有，在这里转指不需要证件来进行电力业务办理。2021 年起，各省市通过网上国网 App 中逐步实现"零证办电"。"零证办电"作为一种新模式，将推动办电、

用电等多个环节的数字化转型，确保电力营商环境持续优化。

刘畊宏女孩（liú gēng hóng nǚ hái）　指跟随刘畊宏的直播一起健身的女孩。

[例]　刘畊宏引起了全民健身热潮，现在已经有5300多万的粉丝，出现了很多"刘畊宏女孩"。（网易新闻2022年4月28日）

王彦领着班上的学生跳流行的健身操，一起成为"刘畊宏女孩"，缓解了高三学生的考前焦虑感。（江西网络广播电视台2022年7月18日）

[按]　"刘畊宏女孩"是指在社交网络上，进入刘畊宏直播间并跟着他一起运动的女孩们。"人名+群体称呼"的造词方式也十分普遍，表现出该群体具有与所举人名相关的特征。

留岗红包（liú gǎng hóng bāo）　指政府为了鼓励企业留住外地员工在春节期间不返乡而发放的一种补贴。

[例]　鼓励企业发放"留岗红包""过年礼包"，引导企业合理安排生产、错峰放假调休，以岗留工、以薪留工。（《新京报》2021年1月22日）

据了解，万年县因地制宜稳岗留工，一方面鼓励企业为在岗职工发放留岗红包、过年礼包，合理安排生产、制定错峰放假和调休计划，灵活安排职工在岗培训，落实好工资、休假等待遇。（中国日报网2022年2月8日）

[按]　2021年1月20日，人力资源社会保障部就业促进司在国务院联防联控机制举行的新闻发布会上提出"留岗红包"的相关政策内容。人社部就业促进司时任副司长陈勇嘉表示，倡议"就地过年"。为落实"就地过年"，各地组织多种形式的"送温暖"和集体过年活动，鼓励企业发放"留岗红包"，为仍然坚守岗位的务工人员、医务人员等提供相应的福利。

流量密码（liú liàng mì mǎ）　指在网络创作平台和社交平台上采用一定的选题并引导舆论方向来获得大量流量的行为或现象。

[例]　回顾2021年那些直击人心的文旅案例，其背后都蕴藏着不容小觑的创意力，"破圈"看似偶然实则必然：独特的内容能力、自带话题势能、新技术的整合应用、有效的流量变现……这些别致的"流量密码"，值得回味。（网易新闻2021年1月23日）

近日，记者专程来到这里，探寻"网红村"的"流量密码"。（新华日报

2022年9月9日)

[按] "流量"既指在一段时期某一变量的总量,也指手机上网所用的流量。网络上的流量一般指在网络中有一定的人气访问量。"密码"转指为"获得流量的方式"。在流量时代,如电商、网红、艺人等都需要流量,而如果某种做法吸引的流量大,网友们就会把这个做法称为"流量密码"。

流量乞丐（liú liàng qǐ gài） 指以低俗、恶俗等内容赚取流量、获得收益的网络主播。

[例] 记者调查发现,网络直播平台上部分主播以低俗、恶俗直播内容博眼球,沦为"流量乞丐"。(《北京青年报》2022年3月29日)

靠低俗恶俗等内容博取眼球、赚取收益的网络主播被网民称为"流量乞丐",他们往往在直播中打色情"擦边球"、无底线蹭热点、靠"比狠"来哗众取宠……(澎湃新闻2022年4月18日)

[按] "流量乞丐"是一个贬义词,大多指部分网络主播缺乏才艺,但又不愿认真做内容,只能靠低俗、恶俗的直播内容和无底线的"表演"来吸引眼球,增加热度,进而索取礼物获得收益。这一现象引发了社会的广泛关注。

柳夜熙（liǔ yè xī） 抖音虚拟美妆达人。

[例] 柳夜熙,当然不是人,严格意义上来说,她不是一个真人,而是一个虚拟人。(网易新闻2021年11月12日)

随着元宇宙的火爆,虚拟IP不断在各大平台刷屏,一时间,他们仿佛获得了流量密码,柳夜熙是虚拟IP中最为火爆的一个,仅用一条视频,在一夜之间,就收获粉丝130万。(搜狐网2021年12月10日)

[按] "柳夜熙"是IP孵化机构创壹孵化的虚拟"网红",被称为2021年的"现象级"虚拟人。其角色定位为会捉妖的虚拟美妆达人。2021年10月31日,"柳夜熙"在抖音发布了第一条视频,名为"现在,我看到的世界,你也能看到了",并加上"虚拟偶像""元宇宙""美妆"的话题标签。

六边形战士（liù biān xíng zhàn shì） 指在某一领域能力全面没有短板的人。

[例] 而当年,6点要素满分的国乒队长,更是被日本球迷惊呼为:六边形战士!(搜狐网2021年7月20日)

六边形战士　六大升级行动　露营＋

实力超群的国乒队，老将劲猛，新人辈出，甚至有人以"六边形战士"形容他们，并且这个极其"中二"的称呼，还得到了大家广泛认可。（网易新闻2022年5月6日）

[按]　"六边形战士"源于日本媒体《东京乒乓球新闻》"二次元"六维雷达图。在2016年世乒赛男团决赛第二场，日本媒体介绍双方球员时，提出分析各乒乓选手实力可以通过绘制"六边形"，从力量、速度、技巧、发球、防守、经验六个方面进行判断。按此标准，中国乒乓球运动员马龙的能力值撑爆了"六边形"，因此大家将马龙称为"六边形战士"。2021年夏季，马龙实现了蝉联奥运会乒乓球男单冠军的梦想，获得了较多的关注，"六边形战士"这一称呼也进入大众视野，成为网络流行语，来引申指能力值撑爆"六边形"的人或角色。

六大升级行动（liù dà shēng jí xíng dòng）　指制造能力升级、产业协同升级、产品质量升级、结构优化升级、职业技能升级和产业载体升级。

[例]　佛山将实施"六大行动"，持续推动产业转型升级。（《南方都市报》2021年11月27日）

六大行动为佛山产业转型升级指明了前进的方向，展现了佛山推动产业转型升级的信心和魄力。（搜狐网2021年11月29日）

[按]　"六大升级行动"来源于2022年广东佛山市产业"六大升级行动"方案。具体包括：制造能力升级，每年推动超1000家制造业企业技术改造产业；协同升级，在全市范围内划定54个工业集聚区；产品质量升级，推动"佛山制造"享誉全球；结构优化升级，形成以高新技术产业为引领的产业新格局；职业技能升级，每年评选不超过100名市级首席技师；产业载体升级，划定佛山市工业用地红线。

露营＋（lù yíng ＋）　指将露营与其他的娱乐活动进行融合的经营模式。

[例]　不止这里，"露营＋剧本杀""露营＋研学""露营＋育儿教育"……当下，露营的社交性不断增强，不少露营爱好者在户外打造各种场景，与家人、朋友进行各类活动。（人民网2022年7月8日）

目前露营发展呈现出多样化的"露营＋"模式："营地＋景区"模式、"营地＋田园"模式、"营地＋研学"模式、"营地＋体育"模式、"营地＋乐园"模式等。(中国新闻网 2022 年 11 月 8 日)

[按] "露营＋"一词生发自被互联网流量热捧的"全民露营热",2022 年前后在各大网络平台、社交媒体上爆火。"露营＋"就类似于一种露营与其他有趣内容,或其他领域进行合作联合的一种营业方式。"露营＋"的构词构造与"互联网＋"的模式类似,都是文字与符号相结合。这里的"＋"是指和其他元素组合,如"露营＋剧本杀""露营＋研学""露营＋育儿教育""营地＋景区""营地＋田园""营地＋研学"等。

露营经济(lù yíng jīng jì)　指由露营这项活动所衍生、发展创造出来的经济产业。

[例]　露营经济的蓬勃发展,也让众多商家和投资者清晰地看到了一片广阔的新蓝海。(中国经济网 2022 年 6 月 26 日)

春秋集团看到了目前的消费趋势,通过发展露营经济来丰富上海市民休闲业态,引领新消费。(人民网 2022 年 8 月 30 日)

[按]　露营的"走红"由来已久,2022 年露营经济的火爆也顺理成章,让早早布局的相关产业公司收获了高回报。目前,国内露营市场正处在从 0 到 1 的发展阶段,市场体量方兴未艾。

露营热(lù yíng rè)　指露营成为出游的热门选择。

[例]　今年刚刚过去的清明节假期,"露营热"更是引发了多方关注。(《中国旅游报》2022 年 4 月 22 日)

五一期间,在国内就悄然兴起了一股露营热。(网易新闻 2022 年 5 月 10 日)

[按]　"露营热"是一种在 2022 年突然风靡的出游方式。有许多词与之有着相同的构造,如"国学热""莫言热""IP 热""元芳热""专硕热"等,都指当时流行的一种现象或行为,"露营热"也是如此。

乱跳转(luàn tiào zhuǎn)　指 App 在用户未进行主动操作的情况下,自动跳转到其他页面或应用程序的现象。

[例]　App 侵害用户权益专项整治纵深推进,工信部建成了全国 App 检测平台,具备每个月检测 18 万款 App 的检测能力,开展 App 技术检测,对开

乱跳转　罗小湖e站　绿色办公

屏弹窗信息"关不掉""乱跳转"的问题,通过整治基本解决。(《中国青年报》2022年1月20日)

"摇一摇"开屏信息弹窗跳转迎来细化标准,手机放兜里页面也不会再乱跳转。(《北京日报》2022年12月2日)

[按]　在2022年,"乱跳转"现象引发了大众的强烈关注,有不少网民在社交媒体上对其表示不满。"乱跳转"本质上是个边界问题:一是软件提供便利服务和用户让渡注意力的边界,二是广告向用户发布和推送的行为边界。

罗小湖e站（luó xiǎo hú e zhàn）　指专门为快递员等户外劳动者提供服务的一个能量站。

[例]　在做好企业服务的同时,罗湖还着眼快递小哥等新就业群体,为他们提供暖心服务,在辖区建设58个"罗小湖e站"。(人民网2021年7月10日)

为给户外劳动者提供一个"休憩港湾",在前期调研了解户外劳动者们的切实需求的基础上,长岭社区依托党群服务中心成立了一个可供户外劳动者临时休息场所"罗小湖e站"。(《人民资讯》2021年9月20日)

[按]　"罗小湖e站"是深圳市罗湖区开展"我为群众办实事"实践活动的重要举措,在2021年4月20日正式揭牌投入运营。罗小湖e站面向户外劳动者免费开放,提供冰箱、微波炉、雨具、针线包、急救包等工具,以及休憩、充电、心理咨询、健康保健等便民服务,并适时开展中华传统文化、中医药健康文化、科普知识进e站等宣讲活动。

绿色办公（lǜ sè bàn gōng）　指在办公活动中使用节约资源、污染物产生少、可回收利用的产品的做法。

[例]　《节约型机关创建行动方案》明确,积极完善节约能源资源制度体系,努力推行绿色办公;大力开展节约文化、绿色生活宣传教育,坚决落实过紧日子要求,更好发挥党政机关示范引领作用。(人民网2021年9月13日)

为巩固提升节约型机关创建成果,践行生态文明发展理念,今年以来,黔江区档案馆多措并举,不断强化节能环保措施,努力营造绿色办公新风尚,成效显著。(《潇湘晨报》2022年11月12日)。

[按]　"绿色办公"一词来源于2020年四部委联合发表的《节约型机关创建行动方案》,始流行于2021年,具体要求有推进无纸化办公,充分采用自然光,合理设置空调温度,带头践行绿色出行;加大绿色采购力度,带头采购

更多节能、节水、环保、再生、资源综合利用等的绿色产品，更新公务用车优先采购新能源汽车。

绿色数字湾区（lǜ sè shù zì wān qū）　指以"数字湾区"为目标，建设涵盖"9＋2"市空间数据的空间信息平台。

　　［例］　类似这种面向新经济的场景思维和政策模式，对于粤港澳大湾区打造"绿色数字湾区"亦有所借鉴。（《南方都市报》2021年6月25日）

　　笔者建议，作为中国开放程度最高、经济活力最强的区域之一，粤港澳大湾区有必要也有条件先行打造"绿色数字湾区"，做数字经济与绿色发展深度融合的区域典范。（新浪财经2021年7月2日）

　　［按］　"绿色数字湾区"是由湾区新经济研究院院长朱克力博士于2021年6月提出的构想，是一个推动数字化发展与绿色发展深度融合的理想范式。数字经济与绿色发展的深度融合，本质是数字化与绿色化的同步转型，离不开数字技术和绿色技术的协同创新。

滤镜景点（lǜ jìng jǐng diǎn）　指利用拍摄技术在网络上制造出的看起来景色很美实际上却很普通的景点。

　　［例］　近日，不少网友吐槽小红书平台的"滤镜景点"太过夸张，实地探访后产生较大落差。（《北京晚报》2021年10月19日）

　　"滤镜景点"引发网友反感，也提醒景区运营者，景区景点需要提供真正优质的服务和体验，依靠"照骗"成为网红，不是长久之计。（中国新闻网2021年10月31日）

　　［按］　"滤镜景点"这个词最早出现在小红书这一社交平台，作为一个网络话题为人所知。2021年10月下旬，众多网友发文吐槽，称自己在看了小红书博主关于旅游地点的推荐后，到实地旅游却发现落差很大。例如，一处位于三亚清水湾的蓝色小屋，在小红书推荐页面中被打上"超好拍秘境"的标签，然而用户到实地后却发现那仅仅是一间旧的小木屋，与小红书上的照片相差甚远。大家都在吐槽像上述例子一样，依靠角度和滤镜而显得格外美好，实际上并不符合人们预期的景点。该词多用于吐槽或者讽刺。"滤镜"本来只是修图软件里的一种修图功能，随着"滤镜景点"的出现，大量"滤镜××"冒了出来，如"滤镜美女""滤镜美食"等，此时的"滤镜"演变出了"虚假、不真实"的意味，语义色彩也从中性趋向贬义。

【M】

妈妈岗（mā ma gǎng） 一种为妈妈们特设的岗位，通过实行弹性工时制度，帮助妈妈们实现灵活就业。

［例］ 在广东省珠三角地区，部分工厂近年来开始尝试为女工专设"妈妈岗"，以缓解育儿期女工的压力。（新华社2022年5月13日）

"妈妈岗"就业模式盘活了本地富余劳动力，缓解企业"用工难"困境，有效实现了妇女就业、企业用工、家庭照护的"三赢"。（《工人日报》2023年1月6日）

［按］ 2022年7月初，中山市政府出台《关于大力推行"妈妈岗"就业新模式的若干措施》，正式将"妈妈岗"工作纳入该市贯彻落实国务院扎实稳住经济一揽子政策措施的实施方案。

妈系好友（mā xì hǎo yǒu） 形容身边那些像妈妈一样关心你、在你耳边唠叨的朋友。

［例］ 除了生活上的贴心照顾，情感和心理层面的陪伴感，也是"妈系好友"辐射给周围人的另一能量。（《中国青年报》2021年10月28日）

"妈系好友"总是苦口婆心——"我是为你好"，可周围人却感到有时被干涉、侵犯甚至被控制——"可我偏偏不喜欢"。（搜狐网2022年3月13日）

［按］ 2022年9月，在抖音等短视频平台，有博主发布关于"妈系好友"的段子视频，获得了上百万人次的点赞，引发了大家对"妈系好友"的热议。"妈系"仿照"爹系""狼系"等进行造词，"×系"代表具有"×"的特征，指代具有某种相同特征的人群。

码上尽责（mǎ shàng jìn zé） 指"互联网＋全民义务植树"的新形式。

［例］ 襄阳市"互联网＋全民义务植树"平台基于襄阳市林木资源数据库建立，通过研究开发义务植树"一张图"和管理应用系统，实现义务植树成果的数量化、矢量化、信息化，通过扫描二维码展示电子信息的技术，实现"图上选树""云端种树""码上尽责"，让随时、随处、随愿尽责变为现实。

（襄阳市人民政府2022年3月11日）

2020年省绿化委员会办公室开通全民义务植树省级网站，2021年开通"山东义务植树"公众号，发放电子版"义务植树尽责证书"，鼓励引导各市和各部门建立健全"云端植树""码上尽责"等适应时代发展的义务植树参与方式。（《大众日报》2022年3月13日）

[按] "码上尽责"是对义务植树的创新。2021年是我国全民义务植树第四十年，历经四十年的实践，义务植树也逐渐由过去的挥锹抡镐，变成了"云端植树，码上尽责"。

卖惨带货（mài cǎn dài huò） 指某些不良商家或主播利用消费者的同情心理和信任，通过编造虚假的故事来推销自己的产品或服务的行为。

[例] 日前，抖音电商发布了"卖惨带货"违规行为处罚的公示，该平台最新巡检中发现，一些电商作者以水果滞销"卖惨"博取用户眼球，更有部分主播以此诱导用户购买商品。（澎湃新闻2021年8月25日）

有媒体发现，"卖惨带货"背后有一条营销产业链，从演员到剧本，从营销到推广，都充满了"套路"。（人民资讯网2021年8月27日）

[按] "卖惨带货"本质是虚假宣传。一些不良商家为了博眼球、赚收益，自导自演了一些悲惨故事。

漫画腰（màn huà yāo） 指非常苗条的腰。

[例] 记者以关键词"漫画腰"在网上搜索，发现很多网友都发出了自己的"挑战"照片。（人民网2021年4月13日）

我们可以判断做"漫画腰"这个动作时，脊柱矢状面基本上是平衡的，接下来再看"漫画腰"对颈椎、胸椎、腰椎、骨盆的曲度的影响。（央视网2021年4月13日）

[按] "漫画腰"的动作来源于某网友上传的漫画场景，画面中一位女性双腿正前方紧贴在椅子上，腰髋部弯曲近90度，胸部贴到地面。"漫画腰"一词采用说明法的造词方式，指的是漫画场景里的腰，将其转指到人的身体部位。而后，一些艺人在2021年3月发布微博参与"漫画腰"挑战，使得该词变得流行。

盲盒风（máng hé fēng）　指消费者不能提前得知产品的具体样式的购物风格。

［例］　别让盲盒风成为"盲盒疯"，这应该是一种社会共识。从这来说，我们也希望，上海的盲盒监管新规能掀起必要的蝴蝶效应，让各地都积极行动起来。(《潇湘晨报》2022年1月17日)

对"盲盒风"带来的"攀比风""炫耀风""浪费风"，青少年需要有理性而清醒的认识。(《中国教育报》2022年3月29日)

［按］　"盲盒风"以"风"为词缀，意即"流行盲盒的风潮"。"盲盒风"是由于二次元文化的蓬勃发展和潮流玩具群体的快速增长——盲盒经济空前火爆，席卷生活的方方面面。2020年12月，国内潮玩行业的头部玩家——泡泡玛特在港交所上市，成为国内该行业的上市"第一人"。与此同时，"盲盒＋×"模式正快速裂变，它作为一个创新的销售形式正由潮玩市场快速拓展至文具、服装、美妆、数码、考古、食品等各领域。

盲盒岗位（máng hé gǎng wèi）　指为吸引求职者投递简历，一些企业在招聘页面推出的未知的岗位类型。

［例］　深圳一家公司最近在招聘网站上贴出一个名为"盲盒岗位"的招聘岗位信息，引发热议。(《新华日报》2022年3月3日)

在这个万物皆可盲盒的时代，用人单位搞出"盲盒岗位"的噱头，本质上并无太大新意。(光明网2022年3月7日)

［按］　"盲盒岗位"一词中，"盲盒"用来形容岗位的未知性。2022年2月19日，有网友上传了一张照片并配文："这两天疯狂投简历，突然看到这个，春招还开盲盒哈哈哈哈哈……"图片显示，这一"盲盒岗位"需求发布于2月15日，是为想要加入某科技公司但却不知道自己适合什么岗位的求职者打造的，还会提供"HR匹配""全局视野"和"多次复活"等功能。在招聘网站搜索"盲盒"，多家公司发布了类似招聘信息，涉及北京、重庆、广东、江苏等地文娱、法律、重工和教育等行业。

茅股（máo gǔ）　指各行业内如同茅台在白酒行业中的地位的上市公司。

［例］　而以今年来的最高价计算，这50多只"茅股"中有近40只截至今日收盘的跌幅已超20%，其中爱美客、金龙鱼、通策医疗、阳光电源4只

个股从高点以来的跌幅超40%。（东方财富网2021年3月4日）

今年3月上旬至今，不少白马股市值出现大幅回调，围绕这些"茅"股，在年中券商策略会上也出现了观点"打架"。（第一财经网2021年6月25日）

[按]　"茅股"是将"茅台"的"茅"转指各行业的龙头企业。"茅股"是市场把具有独特优势的行业龙头上市公司挖掘出来炒作。"茅"指的是贵州茅台，而贵州茅台是白酒板块的龙头股票，所以股票当中各种"茅"是指各个行业中的龙头公司，市场上的茅股包括保险"茅"中国平安、火腿"茅"双汇发展等，这些茅股都代表着各个行业的龙头企业。

茅指数（máo zhǐ shù）　指在消费、医药和科技制造行业内占据重要地位的上市企业或股票本身。

[例]　茅指数近几年持续上行，整体涨幅较大，获利盘也较多，多个"茅"品种平均估值溢价得到充分甚至是过分的反映，其估值难以避免地面临修正压力，老的"抱团"品种实际上在2020年下半年就陆续有松动的迹象，但其峰值在牛年开盘后。（东方财富网2021年3月9日）

Wind数据显示，2月18日至3月12日，茅指数从历史高点滑落，区间跌幅接近19%，申万食品饮料指数跌幅更超过22%，医药生物、家用电器等板块跌幅也超过10%。（中国证券网2021年3月14日）

[按]　"茅指数"是2020年9月Wind发布的概念指数，流行于2021年。"茅"来自贵州茅台，抽象为各行业龙头企业。"茅指数"按照概念指数编制方式，将各行各业拥有较强成长性及技术实力的部分龙头公司按照等权重的方式进行等权重加权编织而成。

帽子热（mào zi rè）　指学术人员热衷于追求科研项目所带来的人才优待政策。

[例]　完善科技评价机制，加快建立以创新价值、能力、贡献为导向的人才评价体系，改革科技奖励制度，精简数量、提高质量，继续为"帽子热"降温，让原创水平高、应用价值大的成果获得应有激励。（南昌航空大学网2021年11月18日）

人才评价是激发广大人才创新活力的重要手段，如何发挥好人才评价"指挥棒"作用，关键在于创新评价标准、规范评价方式、优化评价环境，破除人才评价"帽子热"。（共产党员网2022年3月1日）

帽子热　美丽贷　美丽废物

[按]　"帽子"是学术界对科研人员获人才专项计划的别称，是一种转指的用法。在2021年各地区部门"抢人大战"进入白热化阶段，引发广泛关注。"帽子"这里隐喻人才，借帽子通常戴在头上，位于顶端来形容高学历人才。"热"作为词缀，则是借用物理上温度的热，来转指人们以及相关企事业单位对于高学历人才招聘关注的热度。

美丽贷（měi lì dài）　指黑恶团伙利用人们的爱美心理，让消费者在整容前签下不合法的贷款协议。

[例]　中国消费者协会的投诉数据显示，2015年至2020年，全国消协组织收到的医美行业投诉，5年间投诉量增长14倍，与"医美贷""美丽贷"相关的投诉也在逐年增加。（《中国青年报》2021年9月28日）

可有的机构和个人明知山有虎，偏向虎山行：将消费与爱情、美丽、人生归处深度捆绑，一些彩礼贷、美丽贷、墓地贷等产品应运而生。（《钱江晚报》2021年10月7日）

[按]　2021年8月火爆全网的刑侦剧《扫黑风暴》中，危害极大的"美丽贷"被警官一锅端的情节给大众留下深刻印象。"美丽贷"一词随即进入大众视野，成为网络流行语。"美丽贷"又称"整容贷""医美贷"。

美丽废物（měi lì fèi wù）　指空有一副好看的皮囊，但没有实际能力或用处的人或物。

[例]　但和樱花的美丽外表形成鲜明对比的，是其"美丽废物"一言难尽的味道。（中国新闻网2022年3月19日）

然而，就是在年轻人的"购物车"里，藏着很多"美丽废物"。（金融界2022年10月30日）

[按]　"美丽废物"最初用来形容选秀节目中一个选手空有一张好看的脸，但是唱跳能力不行，后泛指能力或用处不大却实在美丽的人或物。"美丽废物"的构词方式是偏正，感情色彩是中性，语义没有侧重。2021—2022年，"美丽废物"再次成为社交媒介上的热门话题。造型不一的马克杯、设计独特的小家具、包装精致的美妆产品、软萌可爱的玩偶……这些物品都有着一个共同特点：好看，却不一定实用。因此，网友们常将这一类物品戏称为"美丽废物"。

獴猎（měng liè） 指公安部部署开展的严厉打击妨害国（边）境管理犯罪的行动。

［例］ 今年以来，国家移民管理机构重拳整治跨境违法犯罪，接续开展严厉打击妨害国（边）境管理犯罪"獴猎"行动。（《人民日报》2022年4月28日）

福建泉州海警局近日联合泉州市公安局成功摧毁了一个盘踞在福建沿海地区的特大偷渡犯罪团伙，切断了一条跨经福建沿海的海陆偷渡通道，"獴猎"行动再添战果。（《光明日报》2022年7月13日）

［按］ "獴猎"是2022年3月公安部部署开展的严厉打击妨害国（边）境管理犯罪的行动代号。在国（边）境违法犯罪中人们一般把偷渡者叫作"人蛇"，把组织者叫作"蛇头"。獴恰好是蛇的天敌，"獴猎"就是抓"人蛇"，打"蛇头"，这与打击妨害国（边）境管理犯罪活动主题契合。

民间林长（mín jiān lín zhǎng） 指在推行林长制的地区设置的具有公益性质的林长岗位。

［例］ 今年以来，山东省日照市探索设立民间林长、科技林长，全市共聘任市级民间林长168名、科技林长113名。（《潇湘晨报》2022年8月29日）

今年5月，湘潭市成立全省首支市级民间林长队伍，协助市林业局、市林长办做好湘潭林长制推广、湿地及野生动物保护等工作。（澎湃新闻2022年11月17日）

［按］ "民间林长"作为公益性质的岗位，最早在2019年沂蒙山区蒙阴县实行林长制改革，开始试行"政府购买服务、引进社会资本、培育民间林长"的创新机制。后几年，该岗位逐渐流行开来，"民间林长"可以是独立的个体或者某个组织的支持者，其任务是维护森林生态平衡和可持续发展。

民主峰会（mín zhǔ fēng huì） 指美国政府于2021年12月9日至10日召开的"世界领导人民主峰会"的简称。

［例］ 香港明报一针见血评论说，美所谓"民主峰会"是披着民主外衣，推行集团政治，挑动阵营对抗之举，是在创造新的"分界线"。（光明网2021年12月6日）

这个所谓的"民主峰会"是只有美国政府才能"把持民主定义权"的宣誓会，是以"民主"为幌子挑动阵营对抗的动员会，是从美国自身利益出发分割

世界的霸权维持会！（天眼新闻2021年12月8日）

[按] "民主峰会"是美国于2021年12月9日至10日，通过视频形式举办的所谓"世界领导人民主峰会"，共邀请全球各个地区100多个国家线上参与。

【N】

你礼貌吗（nǐ lǐ mào ma） 网络流行语，指对别人所说的话或所做的事感到被冒犯或是不舒服时发出的一种调侃。

[例] "东财这也太会玩了！""这是为将来的大跌未雨绸缪？"也有网友调侃："这样揭股民伤疤，你礼貌吗？"（每日经济新闻网2022年2月14日）

民警及时找到险些被骗的小柳，李瑶拿过手机连连逼问对方："你是哪个单位的！""刑侦什么队！""你的警号多少？""我是湖北省黄石市公安局黄石港分局的民警！"电话那头的骗子不知所措："你礼貌吗？""我不知道回答你哪个问题……"（新华网2022年9月11日）

[按] "你礼貌吗"来源于湖南卫视音乐竞技节目《歌手·当打之年》。歌手耿斯汉和袁娅维第一次见面，耿斯汉刚打完招呼，就向袁娅维要微信，这种"直男搭讪"震惊了在场的所有人。周深直接就调侃说了一句"你礼貌吗"，表情和语气都很喜感，并说出了广大网友的心声：怎么可以初次见面就要人微信？后来多用作调侃缓解尴尬，对他人不合时宜的行为或言论的高情商回应或调侃。

逆向考研（nì xiàng kǎo yán） 指双一流建设高校本科毕业生报考"双非"高校（非一流大学、非一流学科建设高校）研究生的现象。

[例] "逆向考研"这一说法暗含把高校分三六九等的意思，认为从"双非"普通高校到"双一流"高校是"正向"，而从"双一流"高校到"双非"普通高校则属"逆向"。（上观新闻2022年10月20日）

在愈发激烈的考研竞争下，"逆向考研"成为近期被频频提及的热门词汇。（中国青年网2022年11月23日）

[按] 2022年下半年，随着考研热度的提高，不少学校披露考生报名情况，"逆向考研"的现象引发关注和激烈讨论。

年度新国潮（nián dù xīn guó cháo）　网络流行语，是指将传统文化和现代审美结合起来的一种消费潮流。

［例］　随着"Z世代"文化的崛起，"新国潮"早已拓宽了边界，传统文化和潮流文化有了更多的碰撞和融合。（《青年报社》2021年10月17日）

从热爱到参与，越来越多的年轻人与传统文化形成双向互进的"新国潮"现象，在助推传统文化复兴的同时，也赋予传统文化新的时代内涵。（央视财经2022年12月31日）

［按］　2021年10月21日，由国潮产业新媒体观潮新消费发起主办，浙江省老字号企业协会、北京老字号协会、北京百年瑞祥文化发展有限公司联合主办的"国潮起·万物生"2021国潮新消费大会完美落幕。

凝聚态电池（níng jù tài diàn chí）　指新一代电池电芯，它利用固体、液体或半固体的电解质产生电能。

［例］　相关负责人告诉记者，他们即将发布的凝聚态电池，在保证高安全的同时，会进一步提高单体能量密度。（《光明日报》2022年4月28日）

宁德时代董事长曾毓群今日在重庆车展上透露，除全固态电池、半固态电池，包括大家没有听过的凝聚态电池，宁德时代都在搞。（新浪新闻2022年6月25日）

［按］　"凝聚态电池"是2022年8月28日宁德时代首席科学家吴凯在世界新能源汽车大会上透露，预计在2023年推出的新一代电池电芯。

农业芯片（nóng yè xīn piàn）　一种可以检测、监测和控制农业生产和农作物生长的嵌入式系统。

［例］　这是为响应国家种业振兴行动而设立的专区，主角其实并不是生长成熟的作物，而是被称为"农业芯片"的种子。（上观新闻2022年11月10日）

为了做强"农业芯片"，湖北出台了一揽子含金量高、操作性强的政策措施，拿出真金白银支持农业种质资源保护利用、生物育种创新攻关、种业企业培育壮大和良繁基地能力提升。（《农民日报》2022年11月15日）

［按］　2022年11月5日，在第五届中国国际进口博览会农作物种业专区，新鲜奇特的农产品被摆上展台，吸引着观展人员驻足。"农业芯片"可以看作"种子"。如果说芯片是现代工业的核心和灵魂，那么小小的种子便是现代农业的"芯片"，这些"芯片"被深深植入农业文化遗产中。

暖蜂巴士　虐粉　咆哮式

暖蜂巴士（nuǎn fēng bā shì）　为城市新就业群体提供的可移动的公益服务站点。

[例]　"暖蜂巴士"停在象山国际广场转角处空地上，是杭州第一个为城市新就业群体打造的移动式服务驿站。（澎湃新闻2021年11月15日）

据了解，以暖蜂巴士为代表，转塘街道44个村社都建立了暖蜂驿站，为外卖小哥、快递小哥提供各类便捷服务。（《钱江晚报》2022年1月8日）

[按]　"暖蜂巴士"最早是在杭州西湖区转塘街道，由属地部门和中国美院联合改造的流动暖心驿站。巴士车身为暖橙色，车厢中间为休息区，有冰箱、微波炉、卡座等，提供热水、雨披、头盔以及手机充电、报刊阅览等服务，还有医疗箱、维修工具箱等。

虐粉（nüè fěn）　指娱乐圈一些艺人通过各种途径表现自己比较弱势的样子，让粉丝产生心疼情绪，加强对偶像的支持。

[例]　"90后"粉丝思敏说，经纪公司、网络平台、实体企业、自媒体营销号，还有一些大粉和拥护大粉的"小腿毛"都是"虐粉"的参与者。（九派新闻2021年8月10日）

"'粉头'（粉丝组织的带头人）有常用的'虐粉'话术，比如'他这么好，值得让所有人看见''别家有的我们为什么不能有'，或者用微博抽奖的方式来吸引粉丝。"小芽坦言，如果花钱不积极，可能会受到其他粉丝的指责。（《人民日报》2021年8月12日）

[按]　"虐粉"是"对粉丝施虐"的缩略词，是"饭圈"这个言语社团的产物。2021年上半年，某大型选秀节目大热，参赛选手频频靠"虐粉"来吸引粉丝投票。

【P】

咆哮式（páo xiào shì）　指在极其愤怒情绪状态下产生的一种十分猛烈的情绪宣泄形式。

[例]　在警车上，金银滩派出所巴浪湖警务室社区民警李超通过录制短视频的方式，隔空开展"咆哮式"反电诈宣传。（《光明日报》2022年10月25日）

面对被骗子"洗脑"严重的男子，派出所所长开启咆哮式劝导。（光明网

2022年11月14日）

[按]　该词仿照"××式"进行造词。"咆哮式"是指在戏剧或影视作品中，演员为了吸引观众注意，刻意提高音量并强调情感表达的一种表演方式。"咆哮式"有时也被用来描述一种夸张且外露的艺术表现方式，它可能出现在多种类型的艺术作品中，如小品、电视剧、电影等。后逐步引申为表达一种强烈的情绪，具有很强的目的性。2021年，"咆哮式教育""咆哮式化妆""咆哮式家居"引起大量关注和讨论。

陪诊师（péi zhěn shī）　一种新型职业，指陪同诊疗的人。

[例]　微博上，"女子上门为年轻人代厨4菜1汤66元""哄睡师包月套餐标价1.8万""舞蹈老师改行当陪诊师月入过万"等信息相继登上热搜。（《中国青年报》2022年12月16日）

在市场需求的刺激下，一种新的职业——陪诊师悄然兴起。（《人民日报》2022年12月19日）

[按]　据《人民日报》（海外版）2022年3月报道，2021年有2.6万人在淘宝搜索"陪诊"。据不完全统计，淘宝、京东等电商平台上提供陪诊服务的店铺超过500家，生意好的店铺月销达上千单。

配药侠（pèi yào xiá）　指为居民们配药、充分保障居民的急需和特殊需求的志愿者。

[例]　截至4月22日19时，已有共约700名上海市、区两级青联委员和其他会员团体会员化身"配药侠"，接力串起这座城市的"送药链"，为保障市民生命健康安全贡献青春力量。（中国新闻网2022年4月23日）

近日，新江湾城仁恒怡庭居民区组织了一堂少先队"云"队课，来自上海青联"社药直联"代配药品志愿服务队的"配药侠"阎鹏，在线讲述配药的故事，并接受了"小记者"们的采访。（澎湃新闻2022年6月4日）

[按]　"××侠"这一类词都表现出一定的正义性。为打通"特殊药品配药难"和"药店派单难"两大堵点，共青团上海市委员会、上海市青年联合会部署开展了上海青联社区代配药品专项志愿行动，众多的"配药侠"挺身而出，接力串起这座城市的"送药链"，为保障市民生命健康安全贡献青春力量。

碰瓷式维权（pèng cí shì wéi quán）　指利用维权当幌子的碰

碰瓷式维权　乒乓孖宝　平急结合

瓷行为。

[例]　"碰瓷式维权"被最高人民法院点名,明确"碰瓷式维权"不受保护,成为商标侵权类纠纷的重要风向标。(央广网2022年4月6日)

近年来,社会上的"碰瓷式维权"事件时有发生,从"逍遥镇胡辣汤""潼关肉夹馍"到"青花椒",不论被诉讼的商家最后有没有赢得诉讼、能不能继续使用店名商标,这类"碰瓷式维权"在客观上都耗费了被诉讼商家大量的时间和精力,影响了他们本来正常的经营,更有甚者被迫改店名或者暂停营业。(澎湃新闻网2022年11月4日)

[按]　"碰瓷式维权"一词仿照"××式××"造词,其中的"××式"通常指具有某种相同特征的事物。相关的词语有"填鸭式教育"。

乒乓孖宝（pīng pāng zī bǎo）　指的是中国香港乒乓球运动员李静、高礼泽。

[例]　无论是当年在奥运赛场,还是如今投身教练,"乒乓孖宝"和许多内地来港的球员、教练员一起,继续着香港乒乓球的奥运情缘。(新华社2021年7月17日)

李静、高礼泽被合称为"乒乓孖宝",这对组合在雅典奥运会中先后战胜韩国、塞黑以及俄罗斯对手,虽然决赛不敌中国队的马琳和陈玘组合,但虽败犹荣。(《光明日报》2022年7月1日)

[按]　"乒乓孖宝"是香港市民对中国香港队乒乓球选手李静、高礼泽的爱称。自20世纪90年代初配对为双打选手以来,这对乒坛好搭档已配合近30年,创下了不少佳绩。

平急结合（píng jí jié hé）　指将"平静"状态下的准备工作与"紧急"状态下的事态应对相结合的一种方式。

[例]　在专访中记者发现……更应以"平急结合"的思路,统筹政府和市场资源,确保"有物可流、物畅其流"。(腾讯网2022年5月2日)

圭峰会城发挥"平急结合"智慧网格管理体系优势,做到快速响应、灵活应对、精准管控。(澎湃新闻2022年8月19日)

[按]　2022年10月,平谷区谋划建设承平高速金海湖综合服务区,探索创新"平急两用、交旅融合"的高速服务区建管新机制,"平急结合"由此而来。

平视一代（píng shì yí dài）　指具有中国视角、全球眼光、掌握本领、自信自强的年轻人。

[例]　面对"平视一代"，思政课怎样用"心"讲道理？用心要体现在哪些层面？如何把道理讲深、讲透、讲活？（光明网 2022 年 7 月 19 日）

作为一名石大学子，刘宗毅对此感到十分骄傲和自豪，"随着经济的腾飞，国家的各个方面不断发展进步，中国在国际上的影响力会越来越大，相信平视一代一定会越来越多"。（中国青年网 2022 年 9 月 29 日）

[按]　"平视一代"中的"平视"指既不仰视别人，也不妄自尊大，而是坚定"四个自信"，在接受中华优秀传统文化滋养的同时，如海纳百川般吸收人类文明成果，通过文明交流互鉴推动社会进步。

平替（píng tì）　指平价替代品。

[例]　特殊时期，在宿舍里找到外出娱乐活动的"平替"，既是对自己的健康负责，又是对社会的安全负责。（《中国青年报》2021 年 6 月 12 日）

在抖音平台，一些以"学生党、贫民窟女孩，大牌平替"为标签的美容仪推荐视频播放量和点赞量均已过万。（《北京商报》2021 年 10 月 11 日）

[按]　"平替"是《消费日报》公布的 2021 年消费领域五大热词之一。"平替"是"平价替代"的简称，指选择购买货真价实的平价商品，去替代昂贵的、徒有其名的奢侈品。消费者们日渐脱离资本的裹挟，愈发注重产品的质量和性能，而品牌倒逐渐被淡化了，因此，"平替"开始映入人们的眼帘。"平替"热潮逐渐席卷日常生活的各个领域，"平替"一词也在使用过程中逐步泛化。

破防（pò fáng）　指内心深处被触动，心理防线被突破。

[例]　《功勋》播出期间，"泪奔""破防"的评价刷屏，网友将"共和国勋章"获得者誉为"时代最闪亮的星"。（《人民日报》2022 年 11 月 10 日）

四星球队、德国战车，却连续两届世界杯小组赛出局，很多德国球迷破防了。（中国新闻网 2022 年 12 月 2 日）

[按]　"破防"为"破除防御"的缩写，早期多用于军事领域，也适用于竞技类的体育比赛，也可用于比喻的修辞手法，表达抽象含义，还用于虚拟网络游戏领域中。网络环境下，"破防"常用来形容人的心理防线被突破，通常还可说"破防了"。2021 年 7 月以后，"破防"一词频繁登上微博热搜榜，也成为当年的年度热词。

普信男　普职分流　普职协调发展

普信男（pǔ xìn nán）　指明明很普通却很自信的男人。

[例]　甚至还有网友抨击他"连普信男都算不上，精神贫瘠"。(中国新闻网 2021 年 04 月 5 日)

比如，《汉乐府·上山采蘼芜》记录了分手夫妻偶遇时的一段对话，历来的评论重在赞美诗歌中女子贤惠勤劳的品质，但换个角度，以今日男女平权意识来重新审视他们的对话，点破男主人公"普信男"的言谈举止，这首诗，既可笑，也可乐，但同样令人深思。(《光明日报》2022 年 12 月 24 日)

[按]　"普信男"源自脱口秀演员杨笠在 2022 年《脱口秀大会》第三季中对男性的吐槽，"男生为什么明明看起来这么普通，但是他却可以那么自信"，衍生出"普信男"一词，相关的词语还有"普却信"等。这大多表示某些人在自己普通的情况下，却依旧保持极度的自信。该词原本只是一种调侃，但在日常使用中已逐渐带有贬义色彩。

普职分流（pǔ zhí fēn liú）　"将义务教育后学生的流向分为普通高中与职业学校"的简称。

[例]　针对"普职分流"问题，部分代表委员认为，高中阶段教育的"普职分流"模式，正面临日益严峻的挑战。(光明网 2022 年 3 月 21 日)

相关实证调查表明，以前的普职分流确实增加了部分中小学家长的教育焦虑，造成一定意义上的"分层"，影响了"双减"目标的落实。(人民网 2022 年 5 月 10 日)

[按]　"普职分流"并非我国首创，是世界各国普遍采用的教育方式。其在《中华人民共和国职业教育法》2022 年 4 月 20 日修订通过，这是该法实施 25 年来首次"大修"。

普职协调发展（pǔ zhí xié tiáo fā zhǎn）　指一种专门用于对普通职位进行协调发展的工作方法。

[例]　在张艳艳看来，新修订的《职业教育法》中明确"普职分流"变为"普职协调发展"，本科以上的职业教育，有助于培养更高技能人才，"我们的学生通过在学校专业技术上的学习和培训，技能上面没有问题，就业情况也非常好，但存在一个最大的问题就是在后期个人成长中会受到一定的学历上的限制"。(光明网 2022 年 4 月 27 日)

也就是说，新《职教法》中的"普职协调发展"，代替了原来"普职分流"

的概念。(搜狐网 2022 年 12 月 3 日)

[按] "普职协调发展"是我国在 2022 年修订的《中华人民共和国职业教育法》中提出的新概念,于第二章第十四条中首次提出,原句为"国家优化教育结构,科学配置教育资源,在义务教育后的不同阶段因地制宜、统筹推进职业教育与普通教育协调发展"。

【Q】

七一勋章(qī yī xūn zhāng) 指中国共产党设立的一种荣誉勋章。

[例] 在庆祝中国共产党成立 100 周年之际,中央广播电视总台现场直播庆祝大会、"七一勋章"颁授仪式,播出文艺演出《伟大征程》,首轮相关报道跨媒体总触达人次超 112 亿,创下多项传播纪录。(《人民日报》2021 年 8 月 10 日)

要关心关爱基层干部特别是工作在困难艰苦地区和急难险重任务一线的同志,做好对因公去世基层干部家属的走访慰问、照顾救助和长期帮扶工作,做好"共和国勋章"、国家荣誉称号和"七一勋章"获得者有关待遇落实和走访慰问工作。(《光明日报》2021 年 12 月 25 日)

[按] "七一勋章"是由党中央设立,按照《中国共产党党内功勋荣誉表彰条例》,授予在中国特色社会主义伟大事业和党的建设新的伟大工程中作出杰出贡献、创造宝贵精神财富的党员,是党内最高荣誉。

企业合规师(qǐ yè hé guī shī) 一种新型的职业,主要负责为企业建立、实施和管理合规计划。

[例] 现代服务业快速发展,催生了企业合规师、公司金融顾问等新岗位。(《人民日报》2021 年 4 月 28 日)

企业合规师作为专业技术的新职业,此举引起了社会各界的广泛关注,由最高人民检察院牵头发布的关于建立涉案企业合规第三方监督评估机制。(《中国工业报》2021 年 12 月 28 日)

[按] "企业合规师"是第四批纳入《中华人民共和国职业分类大典(2015 年版)》的新职业。2022 年 5 月 17 日,国家市场监督管理总局认证认可技术研究中心开展企业合规师培养培训及人员能力验证工作,为全面推进有

关企业合规管理战略提供坚实的人才支撑和保障。

掐尖并购（qiā jiān bìng gòu）　指一种针对初创平台和新兴行业的并购。

［例］　强迫实施"二选一"、滥用市场支配地位、实施"掐尖并购"、烧钱抢占"社区团购"市场、实施"大数据杀熟"、漠视假冒伪劣、信息泄露以及实施涉税违法行为等问题必须严肃整治。（《人民日报》2021年4月14日）

国家市场监督管理总局在《中国反垄断执法报告（2020）》中指出："互联网巨头凭借巨大资本力量，大量投资并购初创平台和新兴企业……互联网巨头'掐尖式并购'引发社会公众关于扼杀竞争对手、阻碍创新的普遍担忧。"（《四川经济日报》2022年7月27日）

［按］　"掐尖并购"也称"掐尖式并购"，类似于掐去花木的萌芽尖端，故称。2021年4月13日，市场监管总局会同中央网信办、税务总局召开互联网平台企业行政指导会指出，"掐尖并购"等问题必须严肃整治。

千岗计划（qiān gǎng jì huà）　指一项就业服务项目。

［例］　实施"千岗计划"吸引高校本科毕业生到基层工作，将有助于提高城乡社区治理和服务精细化水平，实现基层治理能力全面提升。（《潇湘晨报》2022年8月6日）

为进一步促进高校毕业生就业创业，大连市实施"社区工作者千岗计划"，计划安排上千个社区工作者岗位，定向招募2022年大连户籍应届高校本科毕业生。（人民资讯2022年8月10日）

［按］　"千岗计划"是继实施高校毕业生"三支一扶"计划和储备计划之后，面向未就业高校毕业生实施的又一项基层就业服务项目，旨在帮助高校毕业生积累基层工作经验，引导毕业生到基层就业。例如，2022年8月1日，"我爱大连，就选大连""2022年社区工作者千岗计划"招录宣传活动在大连市人力资源市场举行，促进高校毕业生留连、来连、就业、创业，落实《大连市促进高校毕业生就业政策措施》。

强国复兴有我（qiáng guó fù xīng yǒu wǒ）　指为迎接党的二十大胜利召开组织开展的"强国复兴有我"群众性主题活动。

［例］　今年，为迎接党的二十大胜利召开，文化和旅游部公共服务司发

布了关于组织开展"喜迎二十大强国复兴有我"——"文化筑梦"青少年文化志愿服务行动的通知（简称《通知》），充分发挥公共文化机构培养时代新人、弘扬时代新风作用，引导广大青少年通过参与志愿服务深入感悟优秀文化，提升精神素养。(澎湃新闻2022年10月13日)

"我已学成归来，强国复兴有我"。(搜狐网2022年11月24日)

［按］ "强国复兴有我"是2022年中共中央宣传部印发《关于迎接党的二十大胜利召开组织开展"强国复兴有我"群众性主题宣传教育活动的通知》中提到的主题，旨在激发人民群众的爱国情怀和奋斗精神，为全面建设社会主义现代化国家、实现中华民族伟大复兴贡献力量。

强师计划（qiáng shī jì huà） 指中华人民共和国教育部为了提高教育质量、加强优秀教师队伍建设而推出的一项计划。

［例］ 近日，教育部等八部门印发了《新时代基础教育强师计划》（以下简称"强师计划"），从总体要求、具体措施、实施保障等多方面对新时代基础教育教师队伍建设指出了明确方向和具体实施规划。(人民资讯2022年7月21日)

2022年4月，教育部等八部门联合印发的《新时代基础教育强师计划》（以下简称《强师计划》）聚焦我国基础教育教师这一重要群体，围绕"高质量教师"和"高质量教育"构建了新的政策话语。(搜狐网2022年10月19日)

［按］ 《强师计划》以提升教师队伍的整体素质和教育水平为核心，旨在通过一系列综合措施和实施方案，全方位提升教师的专业素养、教学能力以及创新能力。

强行啃老（qiáng xíng kěn lǎo） 指子女以窃取、骗取、强行索取等方式侵犯父母的财产权益的行为。

［例］ 对于子女"啃老"的不合理要求，父母也应保持清醒，不能一味容忍，必要时不妨拿起法律武器保障自身的合法权益，对"强行啃老"说不。(人民资讯2022年3月17日)

前不久最高法院发布了"老年人权益保护十大典型案例"，其中有一则案子，讲的就是"强行啃老"的问题。(搜狐网2022年6月6日)

［按］ "强行啃老"是一种形象化的说法，用来形容成年人长期依赖父母

或家庭财务支持的行为。这个词的出现可能与社会现象有关，包括就业竞争激烈程度加剧、房价上涨、经济压力上升等。这个词的流行反映了人们对于成年人自立能力的重视和对于个人责任的普遍关注。2022年2月23日，最高人民法院对外发布九件弘扬社会主义核心价值观的典型案例，其中涉及成年子女"啃老"问题。

抢 16（qiǎng 16）　　指一种竞技比赛规则。

[例]　27日，在东京奥运会10米气手枪混合团体金牌战中，中国团体姜冉馨/庞伟在"抢16大战"中以16∶14胜出，夺取金牌！（光明网2021年7月27日）

金牌战和铜牌战采取"抢16"规则，每轮比赛环数保留到小数点以后一位，团体两名选手环数之和高的，计2分，打平各得1分，率先拿下16分或更高的团体赢得比赛。（中国新闻网2021年7月27日）

[按]　"抢16"本指一种常见的牌类游戏规则，玩家达到预定的得分目标（通常为16分），则为赢家。后在竞技类比赛项目中也经常用到，双方选手进行项目对决，得分最先达到16分则获胜。而后，在东京奥运会10米气手枪混合团体金牌战中，中国组合姜冉馨和庞伟在"抢16大战"中胜出，夺取金牌，引发了人们的关注。

青春云游记（qīng chūn yún yóu jì）　　由中国青年报社推出的大型线上直播节目。

[例]　5月19日，由中国青年报社推出的17个小时大型线上直播节目——"青春云游记"，在深夜24时的武汉江汉关与黄鹤楼的夜景慢直播中缓缓落下帷幕。（人民网2022年5月20日）

跟随"青春云游记"，时间和空间都不是问题，天南海北，上下五千年，且共同游。（海外网2022年5月20日）

[按]　"青春云游记"是中国青年报社于2022年5月19日推出的17小时大型线上直播节目，分为"地图悠游记""一步千年梦""中华文明之旅""青春元宇宙""且看山河"等十余个板块，彰显中华优秀传统文化、革命文化、先进文化，同时还穿插了文化和旅游部"中国旅游日"主场直播、"青耘中国"直播助农，以及"一带一路"年度汉字发布。

青绿腰（qīng lǜ yāo） 2022年中央电视台春节联欢晚会舞蹈节目《只此青绿》的舞蹈动作。

［例］ 自从舞剧爆红，剧中的女子群舞"青绿"便成为爆款，剧中高难度的"青绿腰"也成功出圈，引发了一大批专业舞者和爱好者的模仿和挑战。（澎湃新闻2022年1月30日）

春晚之后，"青绿腰"刷屏。（《光明日报》2022年2月4日）

［按］ "青绿腰"出自2022年春节联欢晚会舞蹈节目《只此青绿》，指向后仰到与地面平行的舞蹈动作。做出"青绿腰"动作需要很强的腰腹力量，演员需要通过日复一日的训练才能造就。

青蛙公主（qīng wā gōng zhǔ） 对中国女子自由式滑雪运动员谷爱凌的昵称。

［例］ 作为中国新生代冰雪运动领域的佼佼者，谷爱凌被大家冠以了很多称号，"学霸""天才少女"，但她给自己起的网名叫"青蛙公主"。（搜狐网2022年2月8日）

从"刘畊宏"到"王心凌"，从"青蛙公主爱凌"到"赵丽娜"，经历宅家跳操和《乘风破浪的姐姐3》的燃情，感受北京冬奥会与中国女足亚洲杯的励志，众多创作者与用户在抖音热点中留下2022年的时光锚点。（江西网络广播电视台2022年12月23日）

［按］ 谷爱凌是国际雪联第一位自由式滑雪女子U型场地大满贯得主，也是中国首位在世界极限运动会夺金的运动员。大家给谷爱凌取了很多称号，如"学霸""天才少女"，但她给自己起的网名叫"青蛙公主"。"青蛙公主"这个名称源于谷爱凌刚开始滑雪时的头盔，当时只有9岁的她买了一个戴着皇冠别着粉色的发夹的青蛙形象头盔，从此之后她就有了"青蛙公主"的昵称。

青耘中国（qīng yún zhōng guó） 由共青团中央青年发展部主办，中国青年报社承办的直播助农活动。

［例］ 日前，2022年第二期共青团"青耘中国"直播助农活动持续进行。（《中国青年报》2022年8月25日）

8月23日上午，内蒙古自治区青年创业就业服务中心联合兴安盟团委举办的"青耘中国"乡村振兴青春行动暨共青团促进青年创业就业主题活动圆满落幕。（搜狐网2022年9月5日）

[按] 2022年5月19日，共青团第一期"青耘中国"直播助农活动开启。本次活动是乡村振兴青春建功行动的重要载体，重点围绕绿色发展、老区建设、民族团结、乡村文旅、农民丰收节、定点帮扶等方面，以四季节气为节点，分别以"青耘中国·春耕希望""青耘中国·夏耘梦想""青耘中国·秋收硕果""青耘中国·冬藏未来"为主题。

轻医美（qīng yī měi）　指医美领域通过各种非手术医学手段，达到美化皮肤、改善面部轮廓等效果的一种美容方式。

[例] 当前，医美项目可分为手术类项目和非手术类项目，非手术类也俗称轻医美，包含水光针、玻尿酸填充除皱、肉毒素瘦脸针等。（央视网2022年5月18日）

轻医美是一项介于重整形医院和生活美容院之间的一个皮肤护理美容项目，也是迎合国内市场出现的一种新概念。（搜狐网2022年12月5日）

[按] "轻医美"是在人们对外貌的要求越来越高这个背景下应运而生的一种美容方式。"轻"一词不仅体现出"医美"的程度轻，也体现出医美项目程序的简便快捷。在2022年下半年，通过众多博主在抖音等短视频平台的推广，"轻医美"也进入大众视野，为人熟知。

秋风2021（qiū fēng 2021）　一项以严厉打击假媒体、假记者站、假记者，维护新闻出版传播秩序为重点的专项行动。

[例] "秋风2021"专项行动中，不断打击假媒体假记者站假记者和侵权盗版行为，有力规范和维护新闻出版传播秩序，各地共收缴非法报刊19万余件。（《光明日报》2022年1月11日）

工作中，公安机关以开展"护苗2021""净网2021""秋风2021"专项行动为平台，深入查办"扫黄打非"大要案件，有效清理整治淫秽色情低俗、暴力恐怖迷信等有害信息和出版物。（《中国日报》2021年4月22日）

[按] "秋风2021"自2021年3月发起，以"秋风"比喻强大的力量，扫除扰乱社会秩序的事物，着力维护新闻出版秩序。2021年3月，全国"扫黄打非"办公室作出安排部署，即日起至11月底开展"新风2021"集中行动。"新风"行动将以"护苗2021""净网2021""秋风2021"专项行动为开展平台。

求医旅馆（qiú yī lǚ guǎn）　指一种特殊短租房市场，主要是为了方便肿瘤患者求医而出现。

［例］　近年来，大量肿瘤患者到上海求医，由于医疗资源有限、排队治疗周期长、患者自身经济拮据等原因，复旦大学附属肿瘤医院周边出现一种被称作"求医旅馆"的特殊短租房。（光明网2021年7月20日）

此外，"求医旅馆"与其它短租房存在很大不同，有必要制定新规则，比如，患者需要清静、饮食要求特殊，另有部分疾病有传染性，这都需要旅馆在改造与功能配套方面，充分考虑租客的特殊情况，出台更细致、有针对性的规定。（人民资讯2021年7月21日）

［按］　"求医旅馆"一词，"求医"作为用途，对"旅馆"进行修饰，词性为名词。

全球发展倡议（quán qiú fā zhǎn chàng yì）　指习近平总书记于2021年9月21日在第七十六届联合国大会提出的全球性倡议。

［例］　期待各国在全球发展倡议、全球安全倡议引领下，携手推动落实联合国2030年可持续发展议程涉水目标，以水资源的可持续利用保障经济社会可持续发展。（《光明日报》2022年3月24日）

10年来，中国率先行动，先后提出共建"一带一路"、全球发展倡议、全球安全倡议、全球文明倡议，推动这些倡议落地生根、惠及各方。（《人民日报》2022年9月28日）

［按］　2021年9月21日，国家主席习近平在北京以视频方式出席第七十六届联合国大会一般性辩论并发表了以《坚定信心，共克时艰，共建更加美好的世界》为题的重要讲话，提出全球发展倡议。

全市域通办（quán shì yù tōng bàn）　指在一个城市范围内，各级政府部门和相关机构之间实现信息共享、协同办公、业务衔接的一种工作模式。

［例］　据了解，"全市域通办"涵盖通办事项占全市（含各区）事项80%以上，包括了人社、卫健、规划与自然资源、交通等民生事项。（《人民日报》2022年4月28日）

推出"全市域通办"事项6058项，"全区通办"事项800项，切实解决"往返跑"难题。（《光明日报》2022年10月15日）

全市域通办　全芯共享　全要素测试　全域数字法院

[按]　"全市域通办"是一项全新的政务工作模式，旨在提高政府效能、提供便利服务，推动城市的数字化转型和智慧城市建设。

全芯共享（quán xīn gòng xiǎng）　指广东黄埔建设的党群服务综合体的理念。

[例]　其中，党建引领项目共157个，包括建设"全芯共享"新时代党建综合体、初心使命实践馆、"中小企业能办大事"先行示范馆等，形成党建引领高质量发展新格局。(《光明日报》2021年6月20日)

综合体的覆盖范围约30公顷，是将党群服务中心、政务服务中心、行政服务中心、新时代文明实践中心、群众休闲中心、广州科学城会议中心、区12345政府服务热线中心等"多心合一"、"全芯共享"的党群服务综合阵地，为基层党群服务提供最大最全便利。(《南方都市报》2021年6月28日)

[按]　2021年6月28日，广东黄埔"全芯共享"党群服务综合体正式亮相。"全芯共享"的理念是将党群服务中心、政务服务中心、行政服务中心、新时代文明实践中心、群众休闲中心、广州科学城会议中心、区12345政府服务热线中心等"多心合一"，建设党群服务综合阵地，为基层党群服务提供最大最全便利，整合多中心党群服务实现"功能全覆盖"。

全要素测试（quán yào sù cè shì）　一种测试方法，用于对某个系统、产品或活动流程进行全面的评估和分析。

[例]　此次国际测试赛是北京冬奥会举办前全面检验筹办工作的宝贵机会，比赛进行全要素测试，对标赛时运行标准。(《光明日报》2021年11月13日)

同时，对运行人员要进行不断培训和测试，尤其是全要素测试，提升场馆硬件和软件的结合。(《人民日报》2022年4月3日)

[按]　全要素测试可能包括场地设施、设备器材、人员组织、服务保障等多个方面的检测和演练。该测试方法旨在确保系统的所有要素都得到充分的测试和验证，以确保其功能、性能和质量的要求都能够满足。

全域数字法院（quán yù shù zì fǎ yuàn）　指通过数字化技术和互联网平台为人们提供在线诉讼和司法服务的法院。

[例]　论坛期间，与会各方围绕全域数字法院改革、智慧法院建设发展、

数字治理与网络文明等网络法治前沿问题开展深入研讨。(《光明日报》2022年8月31日)

据悉,"法护家安"集成应用是温州中院积极回应数字时代法治需求,将成功的家事审判改革经验成果从过去的线下运行,升级为线下线上同步运行并进行迭代和完善的集成应用,被列为2022年浙江省"全域数字法院"重大改革试点项目下一步。(《人民日报》2022年12月30日)

[按] "全域数字法院"是2022年浙江省率先提出的概念。"全域数字法院"包括在线诉讼服务、视频开庭、电子证据处理、自动化决策支持、数据共享与协同等功能,可以为当事人和律师提供更加便捷的诉讼渠道和服务。

[R]

人间清醒(rén jiān qīng xǐng)　网络流行语,指面对纷繁世界时始终保持清醒理性的一种生活状态。

[例]　《2022十大生活趋势》调查报告显示,年轻人的消费方式从"头脑发热的剁手"已经转变成"人间清醒式下单"。(《中国青年报》2022年1月25日)

走红之后,冷静面对,认清自我,戒骄戒躁——这份难得的"人间清醒",也让两位外卖小哥在逆袭之后又收获了一波点赞。(《光明日报》2022年8月3日)

[按] "人间清醒"反映了不同的时代心境。2022年11月15日,乒乓球运动员樊振东在微博发文:"希望大家从竞技体育中收获积极乐观的心态,远离饭圈的戾气……请理解我每次被侵犯隐私被追拍偷拍时的深度不适感,不要把饭圈陋习带进竞技体育。"樊振东式"人间清醒"引发热议,"人间清醒"一词也由此火爆起来。同时,"人间清醒"词性多变,可以作名词、动词以及形容词。

人象平安(rén xiàng píng ān)　指在象群迁徙经过中国云南的整个过程中,人和象都保持平安。

[例]　谈及如何在云南北移象群保护管理工作中确保人象平安,国家林业和草原局亚洲象研究中心主任陈飞提出了三个关键词:盯住象、管住人、做好理赔。(《光明日报》2021年7月3日)

人象平安　人造超级大脑　认知作战　韧实力

科技守护人象平安，我们也期待，人象平安这一局面在亚洲象出没的任何区域成为常态。（中国青年网 2021 年 8 月 12 日）

[按]　"人象平安"一词多次出现在 2021 年 6 月，是政府针对 15 头大象从云南的西双版纳北上这一事件而发出的通告。这件事引发了大众的关注，大家都在关注此象群的平安迁徙，而"人象平安"一词则体现了中国人对大自然环境的保护意识。

人造超级大脑（rén zào chāo jí dà nǎo）　指通过人工智能和其他相关技术模拟人脑的功能系统。

[例]　类脑计算，是借鉴生物大脑的信息处理方式，以神经元与神经突触为基本单元，从结构与功能等方面模拟生物神经系统，进而构建"人造超级大脑"的新型计算形态。（《光明日报》2022 年 1 月 11 日）

要最终形成"人造超级大脑"，还有很长的路要走，目前的类脑研究尚处于初级阶段，仅是对大脑的高度抽象和简化。（搜狐网 2022 年 12 月 22 日）

[按]　"人造超级大脑"的潜在应用包括增强人类的智力能力、解决复杂问题、开发智能机器人等。该词于 2022 年引起热议。

认知作战（rèn zhī zuò zhàn）　指当代战争的一种新形态。

[例]　培养一批胜任信息化作战的智能参谋、作战规划、认知作战等人才。（中国军网 2022 年 11 月 17 日）

这些新锐技术开辟了军事化运用的光明前景，为现代认知作战提供了能够读心阅脑的透视镜。（《光明日报》2022 年 12 月 19 日）

[按]　"认知作战"是一种军事战略概念，它强调通过影响和操纵敌方的认知和信息环境来达到战略目标。"认知作战"在 2022 年爆发的俄乌冲突中迅速成为全球学术界、新闻界、政治界的热门词语。

韧实力（rèn shí lì）　指一个组织、系统或个体应对压力、挑战和逆境的能力。

[例]　读懂了中国经济的"韧实力"，就能读懂发展的底气和潜力。（《光明日报》2021 年 7 月 15 日）

中国经济展现强大韧实力，成为全球经济发展的主要稳定器和动力源。（《人民日报》2022 年 11 月 21 日）

[按] "韧实力"特指中国经济在全球经济发展中面对供应链梗阻、通胀高企、贸易保护主义等问题带来的多重严峻挑战时展现出的强劲韧性。相关的词语为"软实力"。

韧性城市（rèn xìng chéng shì） 指能够抵御自然灾害、降低灾害损失、从灾害中快速恢复的城市。

[例] 韧性城市具有城市系统的多元性、城市组织的适应性和灵活性、城市系统的储备能力等方面的基本特征。（《光明日报》2021年7月19日）

近日，重庆市人民政府印发的《重庆市城市基础设施建设"十四五"规划（2021—2025年）》提出，牢固树立安全发展理念，构建综合性、全方位、系统化、现代化的城市防灾减灾体系，加快建设韧性城市。（《人民日报》2022年7月25日）

[按] "韧性城市"是国际社会在防灾减灾领域使用频率很高的一个概念，在中国，"韧性城市"这一理念也已经被写入2021年3月发布的《"十四五"规划和2035年远景目标纲要》中。

日常迷信（rì cháng mí xìn） 指当代年轻人对超自然力量、幸运符号、神秘传统等存在过度信任或盲目崇拜的行为。

[例] 不少网民对"日常迷信"有着较大的宽容度并加以配合，是因为他们在此过程中体验到了参与和介入的快感。（《人民日报》2021年4月20日）

"日常迷信"一词频繁出现在各大社交平台，并成功"植入"网民，尤其是青年网民的"话语圈"。（《光明日报》2021年4月26日）

[按] "日常迷信"通常表现为人们将福祸、得失、成败等关系归因于运气这一变量，透过某些运势指南"预测未来"，并往往以评论、转发等网络行为祈求运气眷顾。"日常迷信"词性多样，可作名词、动词等。

软钱包（ruǎn qián bāo） 指一种数字货币钱包。

[例] 另外，为便利境外来华运动员、教练员、裁判员和游客，人民银行将指导参研机构，推出数字人民币的软钱包及硬钱包服务解决方案。（新华网2021年7月17日）

据介绍，目前数字人民币分为软钱包（数字人民币APP）与硬钱包（卡片、手环等含有数字人民币芯片的钱包设备），可以匿名获取和使用，既安全、便捷又充分保护个人隐私。(《光明日报》2022年2月14日)

[按] 软钱包出现于2021年，它可以用于存储、管理和交易加密货币。与传统的硬件钱包不同，软钱包是通过软件应用程序在电脑、手机或其他设备上实现的。然而，与硬件钱包相比，软钱包存在更高的安全风险。

瑞雪祥云（ruì xuě xiáng yún） 指2022年北京冬奥会和冬残奥会颁奖礼仪服装的三套方案之一。

[例] 于我而言，"瑞雪祥云"更有一份特殊意义——冬奥会期间，我需要身着这套礼服，完成云顶滑雪公园A区颁奖仪式的嘉宾引领工作。(《人民日报》2022年4月21日)

北京冬奥会中，雪场随风飘扬的金龙服、冰场的京剧脸谱护具、"只此青绿"滑冰服、瑞雪祥云礼服等，都令世界观众印象深刻，一些外国运动员也将长城、熊猫、锦鲤等中国元素加入自己的服装设备中。(《光明日报》2022年8月4日)

[按] 2022年北京冬奥会和冬残奥会颁奖礼仪服装的三套方案分别为"瑞雪祥云""鸿运山水"和"唐花飞雪"。其中，"瑞雪祥云"方案的礼仪服装在赛时将出现在所有雪上场馆的颁奖仪式中。该方案以"瑞雪""祥云"两个中国传统吉祥符号为主题，并提炼冬奥会核心图形中的山形与动感线条元素进行创作，以手推刺绣的形式展现中国传统绘画中"金碧山水"的技法，体现了冰雪运动的速度与激情，以现代简约的手法展现中国韵味。

润（rùn） 网络用语，英文单词"run"（跑）的汉语拼音读法，指跑路、溜了。

[例] 在海外，初级蓝领和白领是差距不大，但是，有经验和没经验相比当然天差地别，所以要想提高自己收入，就要付出比别人多的努力，哪有什么"润"。(《中国青年报纸》2021年11月12日)

一开始大家都在卷，后来卷不动了干脆躺平，再后来躺平也不行了，就只能"润"了。(腾讯新闻2022年5月12日)

[按] "润"是英文单词"run"的汉语拼音读法，由于读音与"润"十分相近，所以大家在网络上使用"润"来代指英文"run"这一单词，表达跑路、溜了之义。"润"使用范围广泛，一般作动词。

【S】

三孩（sān hái）　"一对夫妻可以生育三个子女"政策的简称。

［例］　针对中国当前的社会现状，人口生育政策从单独二孩到全面二孩，再到三孩的连续调整，无疑是对于人口发展现实的直接回应。（《中国青年报》2021年6月2日）

推进基本养老保险全国统筹，落实"三孩"生育政策，完善生育、养育、教育等政策配套。（《人民日报》2021年7月31日）

［按］　2021年5月31日，中共中央政治局召开会议，审议《关于优化生育政策促进人口长期均衡发展的决定》，并指出为了进一步优化生育政策，实施一对夫妻可以生育三个子女政策及配套支持措施。

山寨竞赛（shān zhài jìng sài）　指以竞赛为名骗取钱财的假竞赛。

［例］　除了正规竞赛外，有的家长对山寨竞赛也来者不拒，甚至心甘情愿"花钱买获奖证书"。（《光明日报》2022年3月16日）

教育部官网通报了关于面向中小学违规竞赛问题的查处情况，依法取缔了奥林匹克英语大赛、希望数学巅峰挑战营竞赛、数学花园探秘、全英赛、世奥赛等一批"山寨"竞赛，引起众多学生家长关注。（搜狐网2022年11月9日）

［按］　"山寨竞赛"一词出现在2022年，指一些未经相关部门审核批准的赛事。这些赛事往往会通过各种虚假宣传来包装自己，并声称可以成为学生升学的敲门砖，从而吸引家长和学生参加。

上岸（shàng àn）　原与"下海"相对，现指为了一个目标努力奋斗之后获得成功。

［例］　对于考研者而言，成功"上岸"也只是开始。（《中国青年报》2021年4月9日）

对于求职者来说，通过考试"上岸"只是工作的开始，未来才是对工作能力的实地检验。（《人民日报》2021年11月10日）

［按］　"上岸"原指舍舟登陆，比喻弃邪归正，现引申出为了一个目标努力奋斗之后获得成功的意义，多用于形容某一考试的成功，作动词使用。在网

络用语中，"上岸"一般指达到了某种目的或者完成了某种目标，通常指考生成功考上研究生或公务员。2021年，研究生和公务员报考人数再次增加，竞争压力倍增，考试想要成功显得格外困难，因此网友常用"上岸"来勉励自己或是别人。除此之外，"上岸"也可以理解为从困境中走出，迈向美好的未来。

上海空中课堂（shàng hǎi kōng zhōng kè táng） 指上海市教育局与相关教育机构合作推出的一项教育项目。

[例] 每周一至周五晚，上海的初二、初三学生可以通过"上海空中课堂"网络平台听优秀教师讲述课程难点解析，如有疑问可以在线提问。（《光明日报》2022年2月1日）

上海市教委发布上海空中课堂用户指南，主要用于帮助全市教师、家长、学生用户了解"上海空中课堂"的观看途径、方式和客服渠道，空中课堂的课程均为免费。（《人民日报》2022年3月13日）

[按] "上海空中课堂"于2021年9月3日入选第二批国家广播电视和网络视听产业发展项目库遴选入库项目。该项目旨在利用现代科技和互联网平台，为学生提供在线学习的机会。

上汽星云（shàng qì xīng yún） 指中国上汽集团旗下的一个品牌和创新平台。

[例] 围绕新智能电动车，上汽重点从用户体验出发，聚力打造"七大技术底座"，其中包括"上汽星云"纯电专属系统化平台。（《光明日报》2022年5月22日）

这款基于"上汽星云"纯电专属系统化平台的上汽MG"全球车"，在设计、安全、环保、品质方面均对标国际一流水平，将于今年第四季度在欧洲首发。（《人民日报》2022年9月13日）

[按] "上汽星云"不仅是一款智能互联汽车品牌，还是一个整合了车联网、智能驾驶、人工智能和云计算等核心技术的智能驾驶创新平台。该平台致力打造开放、互联的汽车生态系统，通过技术创新和合作伙伴关系，推动智能网联汽车、智能出行和智能制造等领域的发展。

上头电子烟（shàng tóu diàn zǐ yān） 指一种类似电子烟的新型有害产品。

[例] 西安市公安局禁毒支队副支队长花海龙说，合成大麻素类毒品的吸食方式以电子烟为工具，在吸毒群体里的"黑话"为"上头电子烟"，他们将吸食称为"飞行"，吸食者自称"飞行员"。（《光明日报》2021年8月27日）

静安检察院检察官还告诉记者，近两年，寄递的毒品出现了新精神活性物质"蓝精灵""犀牛液""上头电子烟"等。（《人民日报》2022年6月29日）

[按] 2021年，市场上出现了一种类似电子烟的产品，内含合成大麻素类物质，号称"上头电子烟"。电子烟作为香烟替代品逐渐受到吸烟爱好者的青睐，但一些不法分子为了牟取暴利，将麻醉药品添加到烟油中，这便是"上头"的由来。而后，该词也扩大了其使用范围，多用来形容令人着迷的行为。

社交牛×症（shè jiāo niú × zhèng） 形容在社交方面毫不胆怯，在任何场合同任何人都能做到游刃有余的交谈。

[例] 当社交恐惧症遇到社交牛×症，笑容可以救场吗？（网易新闻2021年9月22日）

现代社会人渴望扩大社交圈的范围，也反过来催生了"社交牛×症"的出现。（腾讯网2021年11月30日）

[按] "社交牛×症"简称"社牛"或是"社牛症"，是社交恐惧症的反义词。该词来源于网红"双喜哥"的自媒体账号。2021年7月26日，哔哩哔哩网站一则"双喜哥支持鸿星尔克"的视频评论区中，有网友评论"社交牛×症"，既贴合双喜哥的化名，又形容了双喜哥在公共场合不在乎别人的眼光、没有社交包袱、放飞自我的行为和状态，于是"社交牛×症"就逐渐流传开来。

社交天花板（shè jiāo tiān huā bǎn） 指在社交过程中能够游刃有余地处理各种人际关系的人。

[例] 索尼、摩托罗拉、魅族共计16家手机品牌高层表示与11.11京东一起，为用户打造好手机、提升服务体验，堪称手机界社交天花板！（《中国青年报》2021年10月22日）

跨界联名环球影城将打造金年开金口系列贺岁短片，将会邀社交天花板"威震天"、功夫熊猫阿宝和悍娇虎一起破解"社恐"难题。（东方网2022年1月24日）

社交天花板　社死　身材焦虑

[按]　"天花板"一般是指室内的天棚，通常有雕刻或彩绘的装饰。而后在这个意义的基础上该词发展出"最高级"的意思，可以用来形容某一个或者某类人在某个领域具有极高水平或处在领先位置。后来，这个词被"饭圈"广泛使用，通常用来表示水平很高、几乎不能或很难被超越，形容某种能力已经差不多到顶的意思。2021年，广大网民对此进行传播与创造，形成了"××天花板"这一构式，其中"××"可以为名词、动词等，而整个词语通常是一个中性词，词义总体上指不同领域的"最高点"。例如，"社恐天花板""颜值天花板""前锋天花板"等。

社死（shè sǐ）　网络用语，"社会性死亡"的简称。

[例]　无论是网暴还是致人社死，最典型的做法都是曝光隐私、捏造事实、污人清白。（澎湃新闻2021年1月14日）

山呼海啸的网络民意，宣告了吴亦凡的"社死"，但真相的水落石出，作恶者、说谎者的原形毕露，终究不能诉之于众口、不能诉之于广场审判。（《北京青年报》2021年7月20日）

[按]　"社死"主要是指在大众面前出丑，也泛指在社交圈中做了很丢人的事情，抬不起头，甚至没有办法再去正常地进行社会交往。"社会性死亡"一词最早出自美国作家托马斯·林奇的作品《殡葬人手记》。2021年"社会性死亡"在网络中广泛流行，并且从最初网友的自嘲流行语慢慢演变为个体遭遇网络暴力后陷入社交往来被阻断、社会声誉被倾轧困境的代名词。

身材焦虑（shēn cái jiāo lǜ）　指对自己身材不满意导致的心理上焦虑不安的现象。

[例]　一些"带货主播"在直播中制造"容貌焦虑""身材焦虑"，有的宣称产品有防疫功能、减脂效果等，有的还推销一些药品，夸大的宣传往往误导消费者。（新华网2021年12月2日）

在这个"身材焦虑"的年代，两位"胖胖"的奥运冠军会让人领悟到，女人最美的一面，是元气的笑容和自信的底气。（搜狐网2021年12月5日）

[按]　"身材焦虑"可能是审美标准单一化，以及社交媒体上的各种"身材标准"导致的。"身材焦虑"的产生是一个复杂的社会现象，涉及文化、媒体、商业等多个方面的因素。

深合区（shēn hé qū）　横琴粤澳深度合作区的简称。

［例］　通过珠澳联合举办各类跨境文化、节庆、赛事活动，不断加强文化认同感，实现民心相通，让深合区真正成为澳门融入国家发展大局的第一站。(《南方周末》2021年6月23日)

助力深合区营造趋同澳门的宜居宜业宜游环境，针对粤港澳三地客户需求及要素流通堵点，在跨境金融领域探索创新。(澎湃新闻网2021年9月18日)

［按］　"深合区"源于中央政府于2021年9月5日印发的《横琴粤澳深度合作区建设总体方案》。该方案提供了关于横琴粤澳深度合作区建设的29条内容。"深合区"将打造粤港澳大湾区建设新高地，引领周边地区发展。

什么是快乐星球（shén me shì kuài lè xīng qiú）　形容愉悦、快乐的生活状态。

［例］　什么是快乐星球，中国航天带你研究。(新华网2021年4月24日)

如果你想知道什么是快乐星球的话，现在我就带你去吉大的课堂研究。(《人民日报》2021年9月16日)

［按］　"什么是快乐星球"是张惠民导演执导的少儿科幻电视剧《快乐星球1》主题曲的一句歌词。这句歌词让人听过一遍就不能忘怀，引得许多网友争相翻唱。2021年3月，这首歌因其魔性的歌唱节奏在短视频平台走红，"什么是快乐星球"也逐渐成为"快乐"的代名词，在网络上流行。

神农英才（shén nóng yīng cái）　指促进农业发展的一项计划。

［例］　启动"神农英才"计划，加快培养科技领军人才、青年科技人才和高水平创新团队。(《人民日报》2022年2月23日)

依托农业关键核心技术攻关等遴选领军人才，实施"神农英才"计划，统筹科技项目和平台条件，强化综合保障和经费支持，打造一流农业科技领军人才和创新团队。(搜狐网2022年3月2日)

［按］　2022年1月25日，农业农村部印发《"十四五"农业农村人才队伍建设发展规划》，强调了实施"神农英才"计划。

神十四（shén shí sì）　指神舟十四号，中国载人航天工程发射的第十四艘飞船。

神十四　神医宇宙　审丑流量

[例]　"神十四"船箭组合体转运至发射区，近日择机发射长征五号B遥三运载火箭安全运抵文昌航天发射场新华社酒泉。(《北京日报》2022年5月31日)

北斗卫星全球组网、"天问"探火星、"嫦娥"登月球、"神十四"和"天和"核心舱成功对接、"神十四"成功飞天……(今日头条2022年7月20日)

[按]　"神十四"是中国空间站组合体之一，于2022年6月5日上午10时44分07秒在酒泉卫星发射中心发射。

神医宇宙（shén yī yǔ zhòu）　指过度吹嘘自身医术的群体。

[例]　国家中医药管理局已联合国家市场监督管理总局对"神医宇宙"进行调查。(新华网2021年3月12日)

"三品一械"广告直接关涉到老年人的切身利益，"神医宇宙"不能再忽悠下去了，这背后的欺诈问题被依法追究，电视平台不能成为他们骗人的舞台。(澎湃新闻2022年12月20日)

[按]　2021年2月中旬，网友张文荣宣称，从曾祖父开始，一家几代专门治疗一体多病、心脏病、风湿骨病等多种疾病，并与其他40多名"神医"一起使用"一家几代专治××病，违背祖训献出药方"的雷同话术。网友将他们的视频剪成合集，戏称为"神医宇宙"。在网络流出的视频中，这群"神医"纷纷用相似的话术："思想斗争一个月，最后作出了一个违背祖宗的决定……"兜售所谓的祖传秘方，一时间成为坊间笑谈。

审丑流量（shěn chǒu liú liàng）　指一些博主通过扮丑、搞怪等出格行为吸人眼球的现象。

[例]　不过，徐勤根的吃相过于难看，亦引起了网友的集体质疑，其走红模式也受到舆论批评，认为是一种不健康的"审丑流量"。(《南方都市报》2021年8月23日)

"审丑流量"迎合了少数人的低级趣味，大肆宣扬低俗、丑陋、下流、荤段子等不良内容，有些突破法律和社会道德底线，产生了不良影响。(《光明日报》2022年3月13日)

[按]　"审丑流量"通常是短暂的，一旦观众的猎奇心理结束，流量也会随之减少。2021年8月24日，央视网公开点名批评："审丑"就是伤害公序良俗的毒流量。

生命策划师（shēng mìng cè huà shī）　指一种替人提前策划后事的特殊职业。

［例］　与前些年受到较多关注的入殓师一样，"生命策划师"目前也是一门小众的职业。（《中国青年报》2021年8月3日）

为此有人建议，相关法律法规管理应及时更新完善，但对于"生命策划师"职业本身，大家还是应该以平常心看待。（搜狐网2022年2月21日）

［按］　"生命策划师"出现于2019年，后因2022年上映的电影《人生大事》而被大家所熟知。过去子女根据老人生前吩咐来执行后事——常见的如"遵照遗嘱，丧事从简，不收挽金"，某种意义上，扮演的也是"生命策划师"的角色。只不过，现在这个执行者变成了陌生人，内容形式也更加多样化、个性化。

生育消费贷（shēng yù xiāo fèi dài）　2021年6月4日由中国银行江西省分行推出的针对20～50岁具有民事行为能力的已婚自然人的产品。

［例］　每经记者以咨询者身份从中国银行江西省分行个贷部门获悉，该行最新推出"生育消费贷"，其中"三胎最高30万元，1年期利率4.85%"。（凤凰新闻2021年6月4日）

有消息称，中国银行江西分行近日推出了面向二胎、三胎家庭的"生育消费贷"产品。（《南方日报》2021年6月11日）

［按］　"生育消费贷"是2021年6月4日由中国银行江西省分行推出的产品，贷款额度为一胎最高10万元，二胎最高20万元，三胎最高30万元。因引发争议，该产品后被叫停。

生育友好（shēng yù yǒu hǎo）　指有利于女性生育的社会环境。

［例］　但对照"生育友好"的目标，这些显然还不够，因为建设生育友好型社会既牵涉到生育养育成本，也关系到女性教育和就业，讲求的是政策综合配套的环境建设，为此需要综合权衡整体推进。（《南方都市报》2022年1月18日）

现在经常听到"生育友好型社会"的说法，在您看来，我们距离"生育友好"还有多大的差距呢？（《光明日报》2022年5月29日）

[按] "构建生育友好型社会"是在2021年"三孩政策"的背景下提出的。"生育友好"从内涵上讲，可以定义为"能够对生育主体生育意愿多样性和生育决策自主性充分尊重"。从外延上讲，"生育友好"意味着通过实施系统性公共政策，全面重塑积极健康的婚育文化、精准回应生育主体的生育意愿、科学构建生育配套制度体系、有效供给生育公共服务和福利保障。

师范热（shī fàn rè）　　指从事教师行业正成为一种热门现象。

[例] 华中师范大学教授胡向东告诉记者，今年的"师范热"还有一个原因，就是来自"优师计划"的第一把火。（《光明日报》2021年7月28日）

"师范热"现象令人欣喜，但师资的区域不平衡问题依然十分突出。（《中国青年报》2022年8月6日）

[按] 该词仿照"××热"结构造词，形容某件事正成为一种热门现象。高校2022年本科批次投档结果陆续公布，师范类专业、公费师范生报考人数和投档分数线在去年基础上普遍提高，甚至出现了在同一所高校带上"师范"二字的专业分数线超出非师范类同专业的情况。相关的词语有"教资热""考研热"等。

时光之镜（shí guāng zhī jìng）　　指为了庆祝中国共产党建党百年而举办的沉浸式互动体验活动。

[例] 上海市渔阳里广场搭起了一台"时光之镜"体验亭，通过虚拟现实技术，向警予烈士得以"重现"。（新华网2021年5月1日）

红色的"时光之镜"体验亭里，不同的历史人物"讲述"着属于那个年代的故事。（《中国青年报》2021年5月3日）

[按] 2021年，为了庆祝中国共产党成立100周年，全国上下举办了各种庆祝活动。"时光之镜"也是为了庆祝中国共产党建党百年而举办的沉浸式互动体验活动，以吸引年轻人参与体验和学习党史为目的。

试衣员（shì yī yún）　　一种职业，通过和交易平台上的店铺合作，拍摄服装上身图或产品图收取佣金。

[例] 小心"试衣员"兼职陷阱。（搜狐网2022年4月16日）

有的"试衣员"平台要求兼职者先交会费，交了会费还会被要求强制拉人头。（人民网2022年5月12日）

[按]　"试衣员"虽然是一种职业，但其后隐藏着一种新型网络骗局。网络求职需谨慎。

手机盲盒（shǒu jī máng hé）　指以盲盒的方式随机抽取某款手机。

[例]　店铺内销量排名靠前的商品均为标注100％中奖的"手机盲盒"（《南方都市报》2021年5月15日）

在2021年全年的盲盒投诉相关数据中，有17条投诉与手机盲盒有关，有投诉者购买手机盲盒后，拆出一个苹果手机的外包装，但盒子中装着的却是8块巧克力以及2块瓷砖。（《光明日报》2022年9月21日）

[按]　盲盒类产品是一个创新的商业模式，近年来颇为流行。"手机盲盒"是一种以手机为主要奖品的盲盒商品，仿照"××盲盒"造词。相关的词语有宠物盲盒、手办盲盒等。

数据安全元年（shù jù ān quán yuán nián）　指2021年。

[例]　权益、算法权力的不断发展，对个人信息的保护是数字经济规范前行的重要举措，2021年被称为"数据安全元年"。（东方网2021年11月24日）

国内政策、法律助力，健康医疗领域进入数据安全元年。（新华网2022年5月31日）

[按]　2021年6月10日，《中华人民共和国数据安全法》由中华人民共和国第十三届全国人民代表大会常务委员会第二十九次会议审议通过，自2021年9月1日起施行。该法案确立了数据分类分级管理，数据安全审查，数据安全风险评估、监测预警和应急处置等基本制度。因此，2021年被称为"数据安全元年"。

数商兴农（shù shāng xīng nóng）　指为了促进乡村发展而推出的一项工程。

[例]　在流通提升方面，加强脱贫地区县乡村三级物流体系建设，完善农产品流通骨干网络，加强产销精准对接，实施"数商兴农"工程。（搜狐网2021年8月23日）

商务部还将会同团中央发布"数商青年电商云课"，通过打造"数商兴农"

行动和推进青年电商培育工程，引导青年利用电子商务等新模式提升产品数字化水平、拓宽创业致富渠道。(中国青年网2021年9月3日)

[按] "数商兴农"是一个以商促农的概念，它强调以"数商"为手段，以"兴农"为目的，来自2022年1月4日发布的文件《中共中央、国务院关于做好2022年全面推进乡村振兴重点工作的意见》，其中提出：实施"数商兴农"工程，推进电子商务进乡村。

数治（shù zhì） 指一种数据治理的方法。

[例] 推动制度、法规和技术三管齐下，政府、企业和网民"三位一体"，构建全维"数治"体系，实现国家治理体系和治理能力现代化，严厉打击网上黑恶势力，形成共建、共治和共享的社会生态。(《人民日报》2021年4月21日)

探索"数治"新范式条例如同一个呱呱坠地的新生儿，既是引领也是探索。(财经头条网2022年1月1日)

[按] "数治"是"数据治理"的缩略语，意为依数而治、循数而治，即凭借有效地收集、分析和处理数据来治理国家以及实施相对应的数据治理。"数治"并不是简单意义上的数据治理，它是一种思想理念，如同法治、德治，是一种治国方略和社会调控方式。

数字分身（shù zì fēn shēn） 指利用深度神经网络进行图像合成、高度拟真的虚拟人。

[例] 汪冰说，真实世界与虚拟世界，在当下已经融合，每个人都会有一部分存在于虚拟世界，和各种各样的数据关联着，好像有一个"数字分身"，这是越来越多年轻人开始考虑处理数字遗产的原因之一。(《中国青年报》2021年8月13日)

虚拟世界"拉满"沉浸感，受众的"数字分身"也能走进新立方数字发布厅当下，"虚拟现实"大火，演播室团队思考维度是否也能"同""跨""融"？(新华社2022年3月9日)

[按] "数字分身"也叫数字人分身、AI数字分身、分身数字人，是虚拟数字人的一种细分形式。"数字分身"可以快速复刻真人形象，高度还原人物相貌、表情和行为。

数字化障碍（shù zì huà zhàng ài）　指中老年群体因不会使用数字化软件而造成生活障碍的情况。

[例]　日前，中国青年报社社会调查中心联合问卷网发布的一项有1533名受访者参与的调查显示，71.1%受访者感觉父母在生活中面临诸多"数字化障碍"。（中国经济网2021年12月9日）

数字化时代，老年人面临哪些"数字化障碍"？（新华网2022年5月16日）

[按]　2022年5月17日是一年一度的世界电信和信息社会日，主题为"面向老年人和实现健康老龄化的数字技术"。"数字化障碍"一词由此产生，特指老年人在数字化时代所面临的诸多生活不便的情况，如手机移动支付、线上挂号预约、网络购票、扫码出行等。

数字人（shù zì rén）　也称"虚拟人"或"虚拟数字人"，是运用数字技术创造出来的与人类形象接近的数字化人物形象。

[例]　中国电子学会副理事长兼秘书长陈英在本届服贸会数字贸易发展趋势和前沿高峰论坛上这样介绍数字人，在Web1.0时代，大家要有一个邮箱；在Web2.0时代，可能需要一个QQ号或微信号；在Web3.0时代，可能大家还需要一个数字人来代表你的形象。（《中国青年报》2022年9月5日）

其中，5G个人应用在用户规模、新型终端、新型应用等方面取得积极进展，覆盖超高清视频、体育赛事、居住服务、购物等多个领域，虚拟数字人、5G消息、5G新通话等个人应用迅速发展，给消费者带来全新体验。（《光明日报》2022年9月22日）

[按]　狭义的"数字人"是信息科学与生命科学融合的产物，即利用信息科学的方法对人体不同水平的形态和功能进行虚拟仿真。广义的"数字人"是指数字技术在人体解剖、物理、生理及智能各个层次，各个阶段的渗透。"数字人"是正在发展阶段的相关领域的统称。中国在2001年和2003年两次香山科学会议后，启动了数字人领域的研究工作，中国"数字人"知识产权存证保护平台于2023年6月17日正式上线。

数字身份（shù zì shēn fèn）　指在网络空间中，个人、组织或实体用来代表自身的一系列信息集合。

[例]　经过几次"水冰转换"测试，"冰立方"在结构搭建过程中，每根

（块）钢梁和混凝土预制板都有了自己的"数字身份"。(《人民日报》2021年4月10日)

雄安新区4月1日起尝试"数字身份"新模式，在雄安政务服务中心可扫码取号。(《北京日报》2022年4月11日)

[按] "数字身份"是大数据战略重点实验室全国科学技术名词审定委员会研究基地收集审定的第一批108条大数据新词之一。"数字身份"可以形成通过网络、相关设备等查询和识别的公共密钥。"数字身份"不仅包含出生信息、个体描述、生物特征等身份编码信息，也涉及多种属性的个人行为信息。

数字碳中和（shù zì tàn zhōng hé） 指数字化路径和碳中和目标的结合。

[例] 加强生态文明建设，确保实现2030年前二氧化碳排放达到峰值、2060年前实现数字碳中和的目标。(《全球速报》2021年1月25日)

大同云冈数字碳中和峰会与"游山西·读历史"大同文化旅游体验活动、大同特色商品展销活动一同举行。(《人民日报》2021年5月21日)

[按] 2021年9月7日，以"数字助力，绿色发展"为主题的首届中国数字碳中和高峰论坛在成都开幕。论坛上，中国互联网发展基金会发布了四项成果，宣布"数字碳中和"专项基金正式启动筹备工作。

数字咸菜（shù zì xián cài） 指一种微短剧。

[例] 微短剧"短、平、快"等属性，恰好契合"缩时社会"网络受众的文化心理需求，成了"数字咸菜"。(《光明日报》2022年2月23日)

微短剧既然已经被定义为"数字咸菜"，也不必非得将其主流化。(新华网2022年4月12日)

[按] 随着媒介技术的不断发展，网络视听形式不断翻新，微短剧具有碎片化的形式、简单"上头"的剧情。因此，网友通过隐喻机制将此视为具有下饭属性的"数字咸菜"，"咸菜"一词隐喻比较适合数字时代的文化消费。

数字形式主义（shù zì xíng shì zhǔ yì） 指数字化基建、电子政务、基层数字化办公等领域出现的形式主义新变种。

[例] 数字化工具背后的"数字形式主义"问题越来越引起社会关注。(《光明日报》2021年10月27日)

梳理媒体报道发现，在数字化基建、电子政务、基层数字化办公等领域，"数字形式主义"已有所抬头，此风当刹。（新华网 2022 年 2 月 16 日）

［按］ 自 2020 年党的十九届五中全会强调"数字政府"建设以来，地方政府纷纷出台数字政府建设方案。但在治理数字化转型过程中，一些地方政府出现了仅仅流于形式的"面子工程"，因此一些"数字治理"异变成"数字形式主义"。

数字员工（shù zì yuán gōng） 指通过算法和机器学习建立的机器人智能化工具。

［例］ 据介绍，针对合同管理，讯飞数字员工能够提供从起草、审核、审批、比对、履约到建档的全周期自动化解决方案，让合同拟稿效率提高 80%，法务审核时长缩短至 10 分钟/份，合同比对时长缩短至 5 分钟/份。（《经济日报》2022 年 7 月 28 日）

RPA 是以软件机器人及人工智能为基础的业务过程自动化技术，现在人们更喜欢把它叫做"数字员工"。（人民网 2022 年 9 月 24 日）

［按］ "数字员工"也叫"数字机器人"，是对智能软件机器人形象化的称呼，实质是机器人流程自动化。2022 年 5 月，中国铁建第一个全部由机器人组成的"数字员工"办公室，也是中国铁建第一个无人化办公室在中铁十二局集团财务共享服务中心建成投用。

数字足迹（shù zì zú jì） 指人们在使用互联网时留下的痕迹。

［例］ 这些"大数据"基于数亿人在互联网中的社会行为、社会互动，也即庞大的"数字足迹"而形成，具有规模迅速扩大、来源愈发多样、价值不容小觑等特征。（《中国社会科学报》2022 年 7 月 4 日）

随着数字化进程的加快，企业对于数字风险防护管理的需求与日俱增，其数字足迹、数字资产，甚至高管的个人形象都可能成为不法分子的攻击目标。（光明网 2022 年 8 月 18 日）

［按］ "数字足迹"是数字化时代的产物。人们在社交网络、数字货币等平台上会留下各种数字记录，包括社交网络足迹、交易记录、浏览记录等。这些数字足迹反映了个人的行为偏好、活动轨迹等信息。

刷简历（shuā jiǎn lì） 指虚假地增加或夸大自己的工作经历、

技能或成就。

[例] 若是过早地执着于"刷简历",也可能错过很多积累专业知识、参与校园活动的机会。(《中国青年报》2022年8月13日)

"刷简历"不是目的,能力提升才是。(央视网2022年9月8日)

[按] "刷简历"为动宾结构,"刷"本义为"刮扫",后因中国外交部发言人洪磊使用的"刷存在感"衍生出"充斥"义,指反复实施某行为达到自己被关注的目的,此后"刷×"流行开来,形成构式,其中"×"多为名词性成分,如之前流行的"刷题""刷分"等。"刷简历"一词也受"刷×"结构的影响,"刷"在这里表示充斥、过分之义,带有贬义色彩。

刷脸办电(shuā liǎn bàn diàn) 指通过人脸识别直接办理电力业务的服务。

[例] 实现居民"刷脸办电"、企业"一证办电"联合过户所有市县全覆盖,工程建设项目供电接入联办、施工许可证照信息在线获取,完成了工程建设项目电力外线工程线上并联审批。(《光明日报》2022年7月16日)

国网浙江电力深化线上线下"零跑腿"服务,探索搭建政企协同办电信息共享平台,推进"刷脸办电""一证办电"常态化应用。(《人民日报》2022年8月24日)

[按] 2021年8月,贵州在西部地区率先实现居民"刷脸办电"。"刷脸"验证成功获取客户证照信息后,无须客户再提供实体证照证明或纸质复印件。

刷酸(shuā suān) 一种皮肤保养方法。

[例] "刷酸"虽然可以改善痤疮问题,但可能出现不良反应,操作不当还会损伤皮肤,高浓度"刷酸"需要在医疗机构进行。(《中国医药报》2021年1月26日)

熬夜、皮肤炎症护理等急救场景,医美、刷酸场景,以及孕期等生理场景,都容易引发肌肤敏感问题。(东方网2022年12月22日)

[按] "刷酸"为动宾结构,是一种"化学换肤术",又称"化学剥脱术",是将酸性化学制剂涂在皮肤表面,导致皮肤可控的损伤后促进新的皮肤再生。此处的"刷"是由其基本义衍生出来的一种特殊新义,意义空泛,表示使用的意思。

刷掌支付（shuā zhǎng zhī fù）　一种移动支付方式。

［例］　不过，从当事方回应来看，刷掌支付距离推出仍有一段不小的距离。（《北京商报》2021年8月17日）

刷掌设备由微信支付提供，设备上设有显示屏和掌纹识别区，用户开通微信刷掌支付功能后，只需要在掌纹识别区进行扫描，即可完成商品的支付。（凤凰新闻2022年10月14日）

［按］　2021年8月17日，有媒体报道微信内测"刷掌支付"，2022年10月14日，微信上线"刷掌支付"小程序，用户需在刷掌设备中开通。用户需要先在设备上绑定个人微信账号，录入手掌纹样，消费时将手掌对准支付设备的扫描区，确认后即可完成支付。

甩手家长（shuǎi shǒu jiā zhǎng）　指不关心孩子的行为与学习，很少管教孩子的家长。

［例］　家庭教育促进法今年起施行，更利促进"甩手家长"依法带娃。（新华网2022年3月9日）

"通过家庭教育令督促甩手家长'依法带娃'""防治中小学生欺凌和暴力"……今年的最高法、最高检"两高"报告显示，近年来司法机关通过细致的工作，将未成年人保护的法网越织越密，为控辍保学作出了积极贡献。（《北京青年报》2022年3月12日）

［按］　"甩手家长"整体为定中结构，定语由动宾结构"甩手"充当，"家长"作为中心语。针对"甩手家长"现象，2021年8月17日，十三届全国人大常委会第三十次会议听取了"关于家庭教育法草案修改情况"的汇报，草案二审稿将法律名称修改为《家庭教育促进法》，同时鼓励社会力量在家庭教育中充分发挥作用。

双奥（shuāng ào）　夏季奥运会和冬季奥运会的合称。

［例］　在首次特别设立的"双奥"航空公司形象展示专区，国航通过大量实物展示与多媒体互动，向现场观众讲述国航"双奥"故事。（《中国青年报》2021年9月16日）

北京将于2022年2月4日至20日举办第二十四届冬季奥林匹克运动会，3月4日至13日举办第十三届冬季残疾人奥林匹克运动会，届时将成为全球首座"双奥"之城。（《人民日报》2021年10月23日）

双奥　双被保人　双冰场馆　双城三圈

[按]　"双奥"因 2022 年北京冬奥会的举办而被大家所熟知。延伸出来的有"双奥人""双奥之城""双奥精神"等词。其中"双奥人"指既参加了夏季奥运会又参加了冬季奥运会的人,"双奥之城"指既举办过夏季奥运会又举办过冬季奥运会的城市;"双奥精神"是指夏季奥运会和冬季奥运会中展现的精神。

双被保人（shuāng bèi bǎo rén）　"双被保险人"的简称,指一份保单允许同时有两个被保险人。

[例]　此外,"双被保人"还可设定为夫妻、亲子或者多子,可更加精准匹配客户财富增值等个性化需求。(光明网 2021 年 11 月 8 日)

今年,双方再次联合推出双被保人保单可装入的家族信托。双被保人模式,即一份终身寿险合同里可以有两位被保险人。(东方网 2022 年 8 月 26 日)

[按]　"双被保人"的保单可以为两个人提供保障,直到最后一个被保人身故,合同终止。

双冰场馆（shuāng bīng chǎng guǎn）　指国家游泳中心和国家速滑馆两个场馆。

[例]　国家速滑馆"冰丝带"、国家游泳中心"冰立方"和北京电子科技职业学院进行校企合作,开创"双冰场馆"制冰人才订单班。(央视网 2021 年 12 月 19 日)

学校精准对接冬奥会制冰人才需求,与国家速滑馆、国家游泳中心合作开设"双冰场馆制冰人才订单班",培养了中国第一批科班制冰师。(《光明日报》2022 年 8 月 14 日)

[按]　"双冰场馆"因 2022 年北京冬奥会的举办而被大众所熟知。

双城三圈（shuāng chéng sān quān）　指香港和深圳联合打造的都市圈。

[例]　同时北部都会区还会与深圳形成"双城三圈"格局,有利于港深政府共同促进经济等合作。(搜狐网 2021 年 10 月 8 日)

香港特区行政长官林郑月娥 10 月 6 日在特区立法会发表其任期内的第五份施政报告中提出,即将构建"双城三圈"的发展格局,以促进深港密切合作。(《中国青年报》2021 年 10 月 22 日)

[按] "双城三圈"源于香港特别行政区时任行政长官林郑月娥于2021年10月6日公布的最后一份施政报告。报告以"齐心同行,开创未来"为主题,并提出建设"香港北部都会区"。"双城"指的是香港和深圳,"三圈"由西至东分别为深圳湾优质发展圈、港深紧密互动圈和大鹏湾印洲塘生态康乐旅游圈,"双城三圈"的打造将给香港未来的规划发展带来新格局。

双减(shuāng jiǎn) "有效减轻义务教育阶段学生过重作业负担和校外培训负担"的简称。

[例] 要落实"双减"措施,提高义务教育教学水平和质量,推动义务教育均衡发展。(《人民日报》2021年5月27日)

减负是为了让孩子更好地学习,回归学习的本质,"双减"将带来更多教育公平,也为家长带来心态上的放松。(《新华日报》2021年9月1日)

[按] 2021年7月24日,中共中央办公厅、国务院办公厅印发《关于进一步减轻义务教育阶段学生作业负担和校外培训负担的意见》,要求切实提升学校育人水平,持续规范校外培训(包括线上培训和线下培训),有效减轻义务教育阶段学生过重作业负担和校外培训负担。

双碳(shuāng tàn) "碳达峰"与"碳中和"的合称。

[例] 实现"双碳"目标,关键在于推动能源清洁低碳安全高效利用,在能源供给侧构建多元化清洁能源供应体系,在能源消费侧全面推进电气化和节能提效。(《人民日报》2021年2月10日)

"十四五"时期,北京将打造"高精尖"产业2.0升级版,加快布局生物技术与生命科学、双碳技术等一批未来产业。(《光明日报》2021年8月29日)

[按] 2020年9月22日国家主席习近平在第七十五届联合国大会上首次提出"双碳",在大会上宣布"中国力争于2030年前二氧化碳排放达到峰值,努力争取于2060年前实现碳中和目标"。2021年5月26日,碳达峰碳中和工作领导小组第一次全体会议在北京召开;7月16日,全国碳市场正式开市。"双碳"一经提出便流行至今。与之相关的还有"双碳时代",指社会进入"碳达峰"和"碳中和"的时代。

双碳新周期(shuāng tàn xīn zhōu qī) 指在"碳达峰、碳中

和"顶层设计目标下的低碳全产业链的发展和投资逻辑。

[例] 除能源体系外,工业、制造业等领域也是我国碳排放的主要来源,为实现"碳中和、碳达峰"目标,需要传统产能碳效率进一步提升,因此"低碳化改造"也将是"双碳新周期"中必不可少的一环。(新浪网2022年1月20日)

第三,"双碳新周期"买什么？——基于"胜率—赔率"框架。(新浪财经网2022年1月26日)

[按] "双碳"目标提出时间是2020年9月22日,"双碳新周期"紧随其后被提出,在2021年为大家所熟知。与"双碳新周期"对标的是贯穿过去20年的以地产和基建为主的"地产基建周期"。

双向奔赴(shuāng xiàng bēn fù)　形容爱情中的两人互相爱慕,也指双方为做同一件事而努力。

[例] 开展青年发展型城市建设试点,就是一场关于青年与城市关系的讨论,就是一场推动青春和城市双向奔赴的实践。(《中国青年报》2022年6月6日)

这种"双向奔赴",拉动了山海之间的农旅消费,促进了两地之间的文化交流,让成都和洪泽有了更多的良性互动。(人民网2022年10月28日)

[按] "双向奔赴"出自西蒙·波伏娃的《越洋情书》:"我渴望能见你一面,但请你记得,我不会开口要求见你。这不是因为我骄傲,你知道我在你面前毫无骄傲可言,而是因为,唯有你也想见我的时候,我们见面才有意义。"后因中国台湾地区电视剧《想见你》在剧中引用了这段话,而衍生出"双向奔赴"一词。

双助推(shuāng zhù tuī)　指助推巩固拓展脱贫攻坚成果和全面推进乡村振兴。

[例] 2021年5月以来,云南政协系统接续组织开展助推巩固拓展脱贫攻坚成果、助推乡村振兴"双助推"行动,上下联动,为农村群众办成了许多实事,创建了履职新品牌。(《光明日报》2022年1月17日)

组织动员全市3000多名政协委员,主动参与到助推巩固拓展脱贫攻坚成果、助推乡村振兴"双助推"行动中。(中国新闻网2022年2月3日)

[按] "双助推"源于2020年12月16日中共中央、国务院提出的《关

于实现巩固拓展脱贫攻坚成果同乡村振兴有效衔接的意见》。2021年3月，《意见》公开发布。"双助推"要求各级政协组织和全体政协委员，围绕党委政府中心工作，以助推乡村产业发展、助推脱贫群众就业、助推集体经济壮大、助推群众素质提升、助推人居环境改善的"5项助推"为重点。

水花消失术（shuǐ huā xiāo shī shù）　指中国跳水运动员全红婵的技能。

［例］　比赛中，全红婵再现"水花消失术"，并有4位裁判打出10分。（网易新闻2021年9月7日）

火遍全网上演"水花消失术"的女孩，我们找到了！（腾讯网2022年10月19日）

［按］　2021年9月，在东京奥运会跳水女子10米台决赛中，中国运动员全红婵在跳水比赛中，因为控制好了身体姿态和速度，入水时溅起的水花非常小而被称赞拥有"水花消失术"。

水务大脑（shuǐ wù dà nǎo）　指通过信息技术和人工智能等技术手段，对水务系统进行智能化管理和优化的系统。

［例］　以数字孪生、云计算、大数据、人工智能、物联网和5G等新一代信息技术为支撑，构建泉州"水务大脑"整体平台架构。（东方网2021年4月30日）

气象、水文、交通管理等等，跨部门的数据融合在一起，实现全方位的感知，这是北京市海淀区城市大脑的水务模块，也被称作水务大脑。（央视网2022年8月25日）

［按］　"水务大脑"的概念和技术起源于近年来的科技发展和水资源管理的需求。2021年，我国各省市陆续开始使用"水务大脑"系统。"水务大脑"可以利用传感器和监测设备收集水资源、水质、水量、水压等各种数据，并进行实时监测和分析，还可以通过数据分析和算法优化水务系统的运行，提高水资源的利用效率，预测和预防水质问题以及设备故障，并提供智能化的决策支持。

思劳创（sī láo chuàng）　指将高校思政、劳动和创新创业三门课程融合成三位一体的必修大课程。

思劳创　送药链　素颜和解　随缘社交

[例]　高校"思劳创"三位一体体现了教育路径与辅导员的核心作用。(《中国青年报》2022年2月17日)

江西科技学院艺术设计学院打造"思劳创"三位一体暑期社会实践课堂。(江西新闻2022年7月18日)

[按]　"思劳创"这一说法出现于2022年2月。思政教育、劳动教育和创新创业教育是党和国家既定的高校教育方针，鉴于三者在理论上和实践上的内在统一性，极有必要以"三位一体"的形式实施。

送药链（sòng yào liàn）　指根据居民用药需求形成的一条从社区到药房的点对点的链条。

[例]　记者日前从共青团上海市委员会获悉，目前，上海活跃着一个由青年突击队串起的"送药链"。(《中国青年报》2022年4月22日)

我们将辖区内10家药房纳入社区服务矩阵，组成居民购药"服务圈"，形成从社区到药房再到特殊人群的"送药链"，解决药品配送"最后一公里"难题。(《人民日报》2022年12月12日)

[按]　2020年以来，药品"派单难"成为社区药品流通环节中的核心难点。共青团上海市委员会、上海市青年联合会发起，复星健康和国大药房共同参与的社区代配药品专项志愿行动解决了中心城区药品订单多、配送慢的困难，打通了药品配送的"最后一公里"难题。

素颜和解（sù yán hé jiě）　指愿意从心里坦诚地接受自己素颜的样子。

[例]　穿越千年，东施效颦被笑话了几千年，可今天想来，她或许只是一个不想"与素颜和解"的小姐姐。(《中国青年报》2022年4月12日)

最近"与素颜和解"的话题冲上了各大社交平台的热搜榜，许多"纯天然"的美女帅哥们纷纷晒出自己的素颜照，引发了一轮模仿的风潮。(《科技日报》2022年8月29日)

[按]　"素颜和解"出自2022年抖音短视频平台上非常火爆的一个流行风视频拍摄特效内容。"素颜和解"常与介词"与"联合使用，构成"与素颜和解"。"与素颜和解"意味着接受自己脱离美颜和化妆之后的真实样貌。

随缘社交（suí yuán shè jiāo）　指一种顺其自然的社交方式。

[例]　社交—随缘社交模式是：你找我说话，我就和你说话，你不找我说话，我就沉默。(东方网 2021 年 1 月 3 日)

随缘社交只是他们生活的一个维度，关键要引导他们树立积极的三观，将个人兴趣、情感需求与社会交际、时代责任相结合，找到健康、合宜的处世方式。(新华网 2022 年 3 月 15 日)

[按]　"随缘社交"为状中结构。"随缘"，佛教语，指顺应机缘，任其自然。"随缘社交"是当代年轻人的一种生活态度，不主动去建构新的社会关系，不愿意打破舒适圈，而热衷于按照自己喜欢的生活方式度日。

狲大娘（sūn dà niáng）　指中国首个人工繁育兔狲。

[例]　据了解，兔狲是猫科兔狲属的唯一动物，也是国家二级重点保护野生动物，"狲大娘"所属的高原亚种主要在青藏高原及其周边地区生活。(光明网 2022 年 7 月 11 日)

"狲思邈"与 2019 年救护的雌性兔狲"狲尚香"诞下一"女"，名为"狲大娘"。(《北京青年报》2022 年 10 月 11 日)

[按]　2022 年 7 月 7 日，西宁野生动物园对外宣布，该园人工繁育的兔狲"狲大娘"已经一岁两个月大，这意味着中国首次成功实现兔狲人工繁育。

笋盘（sǔn pán）　指房地产市场不景气或低迷时期，出现的一种性价比较高的房产。

[例]　在一些法拍咨询微信群里，证券时报记者看到气氛十分活跃，"群主"每天都会更新看似"笋盘"的房源以及成交数据。(《证券时报》2022 年 7 月 22 日)

至于市场火热的原因，罗勇提到，除了需求的释放、政策的利好，主要还是许多"笋盘（指低于市场价的优惠房子）"入市，定价比较合理。(中国新闻网 2022 年 12 月 15 日)

[按]　"笋盘"的说法来源于粤语，形容很好，有利可图。"笋嘢"在粤语里是"好东西"，而且是赶紧要抓住时机把握的好东西。"笋盘"就是指低于市场价，性价比高的房子，在租赁中"笋盘"的意思就是租金便宜、房源优质的好楼盘。

【T】

太空冰箱（tài kōng bīng xiāng） 指航天冰箱，特别定制的适用于太空环境的冰箱。

［例］ 科学手套箱的下方是低温存储装置，相当于实验样本的"太空冰箱"，可以提供包括零下8摄氏度、零下20摄氏度、4摄氏度的温度存储条件，满足不同实验样本的低温存储需求。（《环球时报》2022年10月13日）

有为科学实验提供密闭洁净操作空间的科学手套箱、被誉为"太空冰箱"的低温存储装置。（《法治日报》2022年10月19日）

［按］ 2021年至2022年，我国航天事业取得进一步成功，"太空冰箱"得以流行。"太空冰箱"是用于太空环境的低温储存设备，根据用途又分为医用冷储箱和食品冷藏箱。相关词语有"太空讲台""太空画展""太空教室"。

太空画展（tài kōng huà zhǎn） 指在太空举行的画展。

［例］ 同时，空间站上还首次举办了"太空画展"，航天员们现场展示和介绍20余幅中西部地区青少年创作的太空主题绘画作品。（《人民日报》2022年1月24日）

在指令长翟志刚的镜头下航天员乘组带领大家参观了一场以"青春与星空对话"为主题的特殊画展，这是在中国空间站首次举行的"太空画展"。（光明网2022年6月29日）

［按］ 2022年1月1日，新年第一天，"元旦京港澳天宫对话"活动举行。来自中国空间站的3名航天员通过视频连线的方式，和来自北京、香港、澳门的青年学子展开互动交流。在交流中，航天员王亚平，介绍起了中国空间站举办的第一次"太空画展"。相关词语有"太空讲台""太空冰箱""太空教室"。

太空会师（tài kōng huì shī） 指在太空中，不同的航天器或宇航员相遇和汇合。

［例］ 除了中国空间站将首次形成三舱三船的构型之外，还有一个重要的首次，就是神舟十五号和神舟十四号两个乘组将实现"太空会师"，共同完成中国航天史上首次航天员乘组的在轨轮换。（央视网2022年11月28日）

即将与神舟十五号航天员"太空会师"的神舟十四号航天员乘组陈冬、刘洋、蔡旭哲,在地球上空近400公里轨道的中国空间站里,向青年发出了"中国空间站等你来出差"的邀请。(《中国青年报》2022年11月29日)

[按] 2022年11月29日23时08分,我国在酒泉卫星发射中心使用长征二号F遥十五运载火箭,将神舟十五号载人飞船和3名中国航天员送入太空。在神舟十五号载人飞船与已形成T字基本构型的空间站交会对接后,神十五航天员费俊龙、邓清明、张陆与神舟十四号航天员陈冬、刘洋、蔡旭哲"换班",这也是我国首次实现航天员乘组在轨轮换,6名航天员将同时在轨驻留,在中国空间站完成历史性"握手",称为"太空会师"。

太空讲台(tài kōng jiǎng tái) 指中国载人航天史上第一次在轨开展的教育应用类任务。

[例] 作为进行了三次太空授课的"太空教师",王亚平曾表示,能够3次站在"太空讲台",和大家分享科学的乐趣与奥秘,我感到特别满足与欣喜。(搜狐网2022年8月28日)

从"最美太空教师"到中国首位进驻空间站、首位出舱活动的女航天员,王亚平数十年如一日艰苦训练,两度飞天圆梦、三上"太空讲台",时刻准备着为祖国出征太空!(北青网2022年10月12日)

[按] "太空讲台"是中国载人航天史上第一次面向全国、全世界开展科普教育活动。中国女航天员王亚平(女飞行员)在中国首个目标飞行器天宫一号上为青少年授课,站上"太空讲台",成为中国首位"太空教师"。相关词语有"太空教师""太空冰箱""太空教室"。

太空教室(tài kōng jiào shì) 指问天实验舱,中国空间站大型实验舱段之一。

[例] 相比于上一个"太空教室"天和核心舱,问天实验舱拥有更大的教学空间。(中国日报网2021年10月13日)

和前两次"天宫课堂"不同,这次太空授课是在全新的"太空教室"——问天实验舱举行。(环球网2022年10月13日)

[按] 2008年9月25日,神舟七号成功发射,此次任务中神舟七号上搭载了一个"太空教室"装置,用于进行科普教育和实验室课程演示,这是中国在太空中建立的第一个教室。2022年12月16时01分,航天员"解锁"了

太空教室　太空贫血　探日　碳捕手

全新的"太空教室"——问天实验舱，这是全世界现役最大单体载人航天器，也是中国空间站首个实验舱段。相关词语"太空讲台""太空冰箱""太空教室"。

太空贫血（tài kōng pín xuě）　指人在太空中出现的红细胞流失现象。

[例]　据外媒17日报道，自从人类首次开启外太空生活以来，研究人员便注意到宇航员们出现了一种"奇怪且持续"的红细胞流失现象。他们将这种现象称为"太空贫血"，其原因一直成谜。（红星新闻2022年1月18日）

在这项研究之前，太空贫血被认为是宇航员第一次到达太空时对体液流入上半身的一种快速适应，宇航员的血管因此损失10%的体液。（《科技日报》2022年1月19日）

[按]　根据2022年1月14日发表在《自然医学》上的一项研究，宇航员在到达太空后，体内更多的红细胞被破坏，而且这种情况在整个太空任务期间都在持续。研究中，科学家对14名宇航员在6个月太空任务中红细胞数量变化的分析显示，在太空中，他们体内红细胞会持续被破坏，被破坏的数量比在地球上多54%。相关词语"太空讲台""太空冰箱""太空教室"。

探日（tàn rì）　指人类太阳科学探测活动。

[例]　近年来，我国"探月""探火"工程逐步推进，不断取得重大突破，我国"探日"工程也提上日程。（央视网2021年3月16日）

此次发布的探日成果，以太阳科学探测和新型卫星技术为主，创下5个国际首次，对于后续开展太阳空间探测任务以及提升我国在空间科学领域国际影响力等具有重要意义。（《光明日报》2022年8月30日）

[按]　2021年10月14日18时51分，我国在太原卫星发射中心采用长征二号丁运载火箭，成功发射首颗太阳探测科学技术试验卫星"羲和号"，该星将实现国际首次太阳Hα波段光谱成像的空间探测，填补太阳爆发源区高质量观测数据的空白，提高我国在太阳物理领域研究能力，对我国空间科学探测及卫星技术发展具有重要意义，实现了我国太阳探测零的突破。这标志着我国正式步入"探日"时代。

碳捕手（tàn bǔ shǒu）　指从工业或其他碳排放源中捕集二氧

化碳，并将其运输到特定地点加以利用或封存的技术。

[例] CCUS是指将二氧化碳从工业或其他碳排放源中捕集，并运输到特定地点加以利用或封存的技术，具有减排规模大、减排效益明显的特点，被形象地称为"碳捕手"。（腾讯网2022年7月29日）

建好"碳捕手"，唱响"用碳调"。（人民网2022年10月26日）

[按] "碳捕手"也称"CCUS"（Carbon Capture Utilization and Storage）。二氧化碳捕集、利用与封存技术被形象地称为"碳捕手"，具有减排规模大、减排效益明显的特点。2022年8月29日，我国最大的碳捕集利用与封存全产业链示范基地、国内首个百万吨级CCUS项目——"齐鲁石化－胜利油田百万吨级CCUS项目"正式注气运行，"碳捕手"一词得以流行。

碳汇计量评估师（tàn huì jì liàng píng gū shī）　指运用碳计量方法学，从事森林、草原等生态系统碳汇计量、审核、评估的人员。

[例] 碳达峰、碳中和是实现经济社会更高质量可持续发展的必要路径，正在悄然改变能源与经济结构，推动产业转型升级，"碳汇计量评估师""综合能源服务员"等新职业应运而生。（光明网2022年6月15日）

碳汇计量评估师、综合能源服务员、建筑节能减排咨询师，是着眼"双碳"战略的新兴"绿色"岗位。（《光明日报》2022年7月6日）

[按] 2022年6月，人社部向社会公示18个新职业信息，其中包括"碳汇计量评估师"。2022年9月30日，国家市场监督管理总局认证认可技术研究中心发布《市场监管总局认研中心关于开展人员能力验证工作（第二批）的通知》，面向社会正式开展人员能力验证工作，其中包含"碳汇计量评估师"人员能力验证。

碳排放管理师（tàn pái fàng guǎn lǐ shī）　又称"碳排放管理员"，指从事事业单位的二氧化碳等温室气体排放监测、统计核算、核查、交易、咨询等工作的专业技术人员。

[例] 不少培训机构"种草"称，"碳排放管理师"人才缺口大，"钱景"光明。（光明网2022年3月2日）

据官方消息，目前并没有"碳排放管理师"这个专属职业，只有2021年3月纳入职业分类大典的"碳排放管理员"。（新浪财经2022年3月15日）

[按] 2021年3月，"碳排放管理员"被正式列入国家职业序列，并下

设 6 个工种。

碳票（tàn piào）　指林地林木碳减排量收益权的凭证。

[例]　而对于想要共同富裕的朋友，将来你选择创业，或者现在正在创业，就更要了解碳减排，因为未来"碳票"就是企业的另一张生产经营许可证。（腾讯网 2021 年 8 月 18 日）

"我们的 33056 亩林木固碳释氧的量是 13.573 万吨，按照近几年碳汇交易的平均最低单价每吨 22.5 元来计算，这张碳票可实现碳交易价值 305 万元左右。"彭骁补充说道。（中国日报网 2022 年 7 月 20 日）

[按]　"碳票"是一片森林的固碳释氧功能资产交易的"身份证"。2021 年 7 月 16 日，全国碳市场正式启动交易。"碳票"代表了一种新的价值形态，即生态价值，可将空气中的碳减排量转化为一种可交易、可质押的有价证券，使得生态资源不再是免费的公共品，而具有了市场价值和金融属性。

碳手印（tàn shǒu yìn）　指通过应用信息与通信技术助力其他行业减少碳排放量。

[例]　这种使能效应被称为碳手印，"碳手印"的价值让我们更加坚定地发展 ICT 基础设施。（中国网 2022 年 2 月 28 日）

为更好发挥"碳手印"使能效应，华为今年发布《绿色发展 2030》报告指出，ICT 技术使能绿色发展的三大创新方向：提升数字基础设施能效，加大可再生能源占比，使能行业绿色发展。（搜狐网 2022 年 7 月 19 日）

[按]　"碳手印"与"碳足迹"相关，是随着"碳足迹"的兴起而出现的新概念。"碳手印"是指在生活、工作和生产过程中消耗的能源和排放的二氧化碳等温室气体所留下的印记。为此，可以简单得到一个等式："碳手印"－"碳足迹"＝碳减排量。

碳中和战略（tàn zhōng hé zhàn lüè）　指 2060 年前通过植树造林、节能减排等形式抵消产生的二氧化碳以实现零排放的国家发展战略。

[例]　今年，对标国家"碳达峰""碳中和"战略目标，绿色低碳循环经济和清洁能源示范省建设被摆在更加突出位置。（《四川日报》2021 年 8 月 22 日）

中国科学院启动了"科技支撑碳达峰碳中和战略行动计划",提出突破若干支撑碳达峰的关键技术,探索支撑碳中和目标的颠覆性、变革性技术。(《人民日报》2022年9月26日)

[按] "碳中和"是一个"节能减排"相关术语,一般是指国家、企业、产品、活动或个人在一定时间内直接或间接产生的二氧化碳或温室气体排放总量,通过植树造林、节能减排等形式,以抵消自身产生的二氧化碳或温室气体排放量,实现正负抵消,达到相对"零排放"。2021年3月5日,国务院政府工作报告中指出,扎实做好碳达峰、碳中和各项工作,制定2030年前碳排放达峰行动方案,优化产业结构和能源结构。

唐宫夜宴(táng gōng yè yàn)　指郑州歌舞剧院舞蹈作品。

[例]　在舞蹈造型上,《唐宫夜宴》虽脱胎于隋唐,带来的却是谐趣风,尽显少女的娇憨逗趣。(《人民日报》2021年5月5日)

从央视春晚的《只此青绿》到河南春晚的《唐宫夜宴》,中华文化创造性转换和创新性发展的电视呈现每每令人耳目一新。(光明网2022年8月23日)

[按]　2021年2月10日,河南卫视春晚首播之后,《唐宫夜宴》在当地引发盛赞。随着节目视频在网络端的二次传播、电视台的重播,其精致诙谐的舞蹈编排、雍容大气的高科技特效,乃至于圆润讨喜的"唐宫少女"形象,均获得了文化学者、文博爱好者以及其他观众的好评,"唐宫夜宴"一词迅速登上热搜榜。

躺平(tǎng píng)　网络用语,指人们在社会上的一种不作为、不反抗、不努力的生存状态。

[例]　难得拥有毫无压力的假期,我舍不得"躺平",可同时也排斥"内卷"。(《中国青年报》2021年7月21日)

可以说,"躺平"不是躺赢,只是因为赢不了,干脆不想赢,选择懒惰地活下去。(网易新闻2022年10月12日)

[按]　"躺平"原指身体呈平躺状态,现大多指人们的一种生存状态,即表现出不作为、不反抗、不努力的生活态度。网络流行语"躺平"大致诞生于2016年,来源于"躺平任嘲"一词,该词为娱乐圈粉丝的一种表达,指的是"这次我洗不动了,躺下了任由人们嘲讽"。而该词的火爆与贴吧中的一位"躺平大师"有关,2021年该网友发布了一则题为《"躺平"即正义》的贴文自述个人的生活,宣扬"躺平哲学",该说法得到广大网友的认同,从而流传开来。

躺平　躺平族　淘菜菜　天才一小时

自从2021年这篇引起社会热议的帖子《"躺平"即是正义》的出现，"躺平"的形式和意义逐渐发生改变。"躺平"作为"内卷"文化的解构，使得不少网友十分认同其所代表的"不再奋斗、无欲无求"的生活态度，于是"躺平"一词在网络上迅速传播。随着"躺平"这一词组在特定语境中愈发频繁的使用，人们逐渐缩短"躺"和"平"两个语素间的语法距离，使得传统意义上的"躺平"从词组固化为词，从之前表示"平躺着的状态"转变为一种"无欲无求、随遇而安"的生活态度。这样的转变使"躺平"一词的意义扩大，表示动作的语义特征减弱，行为态度义增强。

躺平族（tǎng píng zú）　网络流行语，指以"不作为、不反抗、不努力"作为生活理念的群体。

[例]　台湾青年争做"躺平族"舆论：全台湾都在"沉沦内耗"。（央视网2022年3月26日）

新一代青年不做"躺平族"，争做"奋进族"。（人民网2022年11月16日）

[按]　"躺平族"是"躺平"的派生词，属于"××族"词群，整体为名词性成分，其中"××"词性多样，可以为动词、名词等成分。"躺平族"是因"躺平"一词的频繁使用而形成的一个特有的群体，该词在2021年和2022年十分流行。

淘菜菜（táo cài cài）　指阿里社区电商的一个品牌。

[例]　比起更受大家关注的多多买菜和美团优选，淘菜菜升级以来的优势同样无法忽视。（搜狐网2022年7月15日）

12月20日，河南省农业农村厅致信淘菜菜，对其在河南菜农困难时刻及时伸出援手、参加公益助农行动、采购滞销蔬菜、促进河南省蔬菜促销工作的行动表达谢意。（中国日报网2022年12月23日）

[按]　2021年3月，阿里巴巴社区电商事业群成立。2021年9月14日，阿里社区电商官宣整合"盒马集市"与"淘宝买菜"，统一升级为新品牌"淘菜菜"，主要提供蔬菜、水果、休闲食品、日常百货等产品。

天才一小时（tiān cái yī xiǎo shí）　指一种激发学生自主学习的新型学习方式。

天才一小时　天宫对话　天宫课堂

[例]　谷歌发起"天才一小时"计划的初衷是,员工在好奇心和激情激励下,会更加快乐地工作,同时更富有活力和创造力地生活,最终促进公司在生产力、业绩、作风等方面的发展。(搜狐网2021年10月14日)

"天才一小时"对自主发展、合作参与、创新实践的注重,契合我国学生发展核心素养的理念、文化,突出强调个人修养、社会关爱、家国情怀。(《中国青年报》2021年12月16日)

[按]　"天才一小时"概念最早起源于互联网巨头谷歌公司:为了鼓励创新,公司允许员工将每周20%的时间用于策划、实施正常工作以外自己感兴趣的项目。Gmail、Google News等产品都是富有激情的开发者在"天才一小时"时段中创造出来的。现在的"天才一小时"以激发学生的学习热情和兴趣为目的,是一种培养学生创造力、引导学生从事探究性学习和进行自我激励的活动,并赋予学生"学我所爱、爱我所学"的选择权。

天宫对话（tiān gōng duì huà）　指神舟十四号航天员乘组与上海合作组织国家的青少年问答活动。

[例]　"天宫对话"展示的是梦想,彰显的是国家科技的实力。(光明网2022年1月2日)

正在中国空间站执行任务的神舟十四号航天员昨天(1日)与东盟国家的青少年们进行了一场"天宫对话"。(环球网2022年11月2日)

[按]　2022年11月1日,"天宫对话"——神舟十四号航天员乘组与东盟青少年问答活动成功举行。活动在北京王府学校设立主会场,在文莱、马来西亚、缅甸、菲律宾、泰国、越南等地设立分会场。

天宫课堂（tiān gōng kè táng）　指首个太空科普教育品牌。

[例]　10月12日,"天宫课堂"第三课在中国空间站开讲,新晋"太空教师"陈冬、刘洋、蔡旭哲为广大青少年带来一场精彩的太空科普课。(人民网2022年10月24日)

2022年4月16日,在完成了2次出舱活动、2次"天宫课堂"太空授课以及多项科学技术实(试)验等工作后,神舟十三号载人飞船采用"快速返回"方式,在东风着陆场成功着陆。(新华网2022年10月30日)

[按]　"天宫课堂"结合载人飞行任务,贯穿中国空间站建造和在轨运营,系列化推出,由中国航天员担任"太空教师",以青少年为主要对象,采取天地协同互动方式开展。同时,"天宫课堂"逐渐成为中国太空科普的国家

品牌。2021年12月9日15时40分,"天宫课堂"第一课在中国空间站开讲,神舟十三号乘组航天员翟志刚、王亚平、叶光富在中国空间站进行太空授课。2022年3月23日15时40分,"天宫课堂"第二课在中国空间站开讲,神舟十三号乘组再次进行了太空授课。2022年10月12日16时01分,"天宫课堂"第三课在中国空间站开讲,由新晋"太空教师"陈冬、刘洋、蔡旭哲授课,这是中国航天员首次在问天实验舱内授课。

天和核心舱(tiān hé hé xīn cāng) 中国空间站大型舱段之一。

[例] 此前,空间站天和核心舱、天舟二号货运飞船已经顺利通过出厂评审,标志着空间站建造即将转入任务实施阶段。(《中国青年报》2021年2月2日)

梦天舱与天和核心舱侧向对接口对接捕获,转臂解除与基座连接,梦天舱与核心舱锁紧,完成转位。(央视网2022年11月4日)

[按] 2021年4月29日11时23分,天和核心舱由长征五号B遥二运载火箭搭载发射,在中国文昌航天发射场点火升空。12时36分,天和核心舱的太阳能帆板两翼展开且工作正常,发射任务取得成功。天和核心舱是中国空间站发射入轨的首个舱段,由天和号实验船和天宫二号组成,这是中国空间站的核心,其建设标志着中国宇航事业进入一个新阶段。

天鲲二号(tiān kūn èr hào) 中国用于开展空间环境探测技术试验验证的卫星。

[例] 如今,借助首飞的长征六号改运载火箭,天鲲二号卫星成功进入太空,这标志着中国航天科工卫星研制能力日趋成熟,正向着既定的探索目标稳步前行。(《中国航天报》2022年3月30日)

3月29日17时50分,我国在太原卫星发射中心成功发射长征六号改运载火箭,搭载发射的浦江二号和天鲲二号卫星顺利进入预定轨道,发射任务获得圆满成功。(中国网2022年3月30日)

[按] 北京时间2022年3月29日17时50分,中国在太原卫星发射中心成功发射长征六号改运载火箭,搭载发射的浦江二号和天鲲二号卫星顺利进入预定轨道,发射任务获得圆满成功。

天量罚单（tiān liàng fá dān）　　指一些滥设乱设"电子眼"抓拍交通违法行为，从而产生大量罚单的事件。

［例］　这几日火爆的话题必然是广东佛山高速路"天量"罚单一事，一时之间被推上风口浪尖！（搜狐网 2021 年 4 月 15 日）

即将施行的新行政处罚法对非现场执法进行了规范，有望避免交通违法"天量罚单"重现。（中国青年网 2021 年 7 月 13 日）

［按］　2021 年 4 月，广东佛山高速路"天量"罚单一事引发了大众的关注。在通过"电子眼"进行非现场执法的过程中，有时存在设置地点不合理、不公开，监控设备不合格、不达标，记录违法信息不规范、不告知的现象，从而导致了大量的罚单。

天网 2021（tiān wǎng 2021）　　指中央反腐败协调小组国际追逃追赃工作办公室部署的行动。

［例］　今天（24 日），中央反腐败协调小组国际追逃追赃工作办公室启动"天网 2021"行动。（央视网 2021 年 2 月 24 日）

"天网 2021"行动强化追逃追赃高压态势，2021 年 1 至 11 月共追回外逃人员 1114 人，追回赃款 161.39 亿元人民币。（《中国纪检监察报》2022 年 1 月 18 日）

［按］　2021 年 2 月 24 日，中央反腐败协调小组国际追逃追赃工作办公室启动"天网 2021"行动。"天网"来源于汉语成语"天网恢恢，疏而不漏"，比喻作恶者逃不出上天的惩罚。

天舟（tiān zhōu）　　向中国空间站及空间实验室运送物资的货运飞船。

［例］　如今，神话传说从梦想走进现实，中国空间站被称为"天宫"，中国货运飞船是"天舟"，西昌卫星发射中心文昌航天发射场是中国空间站建造母港……（《中国青年报》2022 年 5 月 12 日）

后续，"天舟"将保持每半年一次的发射频率，形成常态化发射。（人民网 2022 年 11 月 14 日）

［按］　中国载人航天工程办公室对外正式发布中国载人航天工程标识及中国载人空间站、货运飞船名称，载人空间站命名为"天宫"，货运飞船命名为"天舟"。其中"天舟"的名称经征集得来，寓意天地间往来的星汉之舟。

"天舟"系列货运飞船包括天舟一号、天舟二号、天舟三号、天舟四号、天舟五号、天舟六号等,其中,天舟二号、天舟三号于2021年发射,天舟四号、天舟五号于2022年发射。

调饮师(tiáo yǐn shī) 指一种新兴职业。

[例] 比如智能出茶机让调饮师不用记忆产品配方,告别了用量杯手工添加原料的过程,加料更加精准,保障了产品的口感更统一。(《人民日报》2021年3月20日)

全面追求美好生活,培育新职业,如民宿管家、调饮师、研学旅行指导师等。(光明网2022年12月1日)

[按] 近年来,出现了将茶叶、奶、果蔬汁等融合开发出的新式可口健康饮品,广受消费者特别是年轻人的喜爱,推动了奶茶行业的发展。而奶茶行业的蓬勃发展催生了调饮师这种新型职业,2021年3月,调饮师入选人力资源社会保障部、国家市场监督管理总局、国家统计局联合发布的新职业信息名单。

铁路快通(tiě lù kuài tōng) 指"铁路进出境快速通关"的模式。

[例] 11月5日,江西首列通过"铁路快通"模式报关的中欧班列在南昌海关监管下,缓缓从南昌国际陆港驶出,将从二连浩特口岸出境,最终抵达俄罗斯莫斯科,这是江西中欧班列首次通过"铁路快通"模式出境。(《中国日报》2021年11月6日)

11月5日,江西首列"铁路快通"中欧班列顺利开行的新闻登上各大新闻平台热搜。(搜狐网2022年11月9日)

[按] "铁路快通"是海关总署为进一步畅通国际物流通道而开通的一种模式。在此模式下,火车入境后无须停留口岸另行申报并办理转关手续。运用铁路快通模式通关,能提升货运通关及运输效率,节约运输成本,为畅通国内国际双循环、促进中老经济走廊建设发挥积极作用。

童语同音(tóng yǔ tóng yīn) 指聚焦各地区尤其是农村地区,旨在抓住幼儿时期的语言学习关键期,着力加强学前儿童普通话教育的计划。

童语同音　头部账号　突击式尽孝

[例]　"童语同音"有利于建设中华民族共有精神家园。(光明网2021年10月10日)

推动落实"童语同音"计划，培育学前儿童具备基本的普通话交流能力，形成普通话思维习惯，将为其进入义务教育阶段学习奠定良好语言基础。(中国教育新闻网2021年10月17日)

[按]　2021年7月23日，教育部发布《关于实施学前儿童普通话教育"童语同音"计划的通知》。提出为加大国家通用语言文字推广，加强学前儿童普通话教育，决定实施学前儿童普通话教育"童语同音"计划。

头部账号（tóu bù zhàng hào）　指具有相当社会传播力的互联网账号。

[例]　作为长期关注新经济领域的头部内容平台，36氪正在切入"泛商业短视频"这一细分视频赛道，在半年的时间里完成了建号、卡位到成为B站和抖音等平台知识分享类、泛商业领域头部账号的搭建。(消费日报网2021年3月22日)

如果把依法查处问题"头部账号"比作"拔烂树"，那么"治树""正歪树"的工作也应当紧紧跟上。(人民资讯网2021年12月24日)

[按]　"头部账号"也称"头部大号"，包括微信公众号、微博账号等账户中排名顶尖的大营销号。"头"在现代汉语中既可以指人的头部，也可以指各种动物的头部，表示人身体的最上部分或动物的最前部分，即长着口、鼻、眼等器官的部分。"头"可以用来表示次序或时间上优先的事物，如"头号""头车"等。而"头部账号"中的"头部"经过词义的发展，引申出"顶尖"的意思。

突击式尽孝（tū jī shì jìn xiào）　网络流行语，指在节日期间对父母进行短暂爆发式的关爱行为。

[例]　但当"网购式尽孝""突击式尽孝"成为主流，孤独的"留守老人"越来越普遍，养儿防老还能信吗？(网易新闻2021年5月11日)

比如2020年某机构评选的年度流行语榜单中，"爷青回""上海名媛""打工人""突击式尽孝""七夕蛤蟆"等成为网民搜索热度最高的十大流行语。(《光明日报》2021年7月5日)

[按]　该词在2020年被评选为十大流行语之一，2021年、2022年依旧

147

流行，频繁出现在各大网络媒体、新闻报道、微博评论中，相关的衍生词语还有"网购式尽孝""突击式孝顺"等。

土坑酸菜（tǔ kēng suān cài）　指在土坑中腌制的用于老坛酸菜包的酸菜。

［例］　在今年的315晚会中，曝光了直播打赏骗局，翡翠直播的江湖骗术，被操纵的口碑，免费Wi-Fi藏着什么样的陷阱，"土坑酸菜"，变味的粉条，变味的粉条，软件下载被强制"搭车"等10类问题。（澎湃新闻2022年3月16日）

央视"3·15"晚会曝光"土坑酸菜"食品卫生安全事件以来，多家食品企业发声明道歉，有关执法部门叫停土法腌制酸菜，对涉事企业的相关人员予以控制。（《中国青年报》2022年3月17日）

［按］　2022年3月15日，湖南插旗菜业有限公司的土坑腌制酸菜被2022年中央广播电视总台3·15晚会曝光，该企业所谓的老坛酸菜是地地道道的"土坑酸菜"。

推辞学（tuī cí xué）　指倡导拒绝、回绝、推辞的逻辑或方法。

［例］　豆瓣上有一个名为"推辞学"的神奇小组，近20万年轻人聚集于此，每天因为生活和工作中各种难以摆脱、难以拒绝的琐事而感到焦头烂额、力不从心。（腾讯网2021年10月20日）

据统计，"推辞学"小组成员想要婉拒的对象主要是联系较少的亲戚、同事、同学等。（新浪财经2022年2月18日）

［按］　2021年在豆瓣上近20万年轻人聚集在一个名为"推辞学"的神奇小组。优雅地拒绝这件事已经成为一门深刻的学问——这种新型"学科"主要研究的是如何优雅地推辞一切不合理的要求。这些要求大多出于社交关系的捆绑，使得人们在各种人情往来时经常感到力不从心。

脱单盲盒（tuō dān máng hé）　指一种盲盒交友游戏。

［例］　在个人信息保护法刚刚落地的背景下，形成产业链的"脱单盲盒"显得格外刺眼。（《工人日报》2021年11月23日）

一些城市还出现了售卖脱单盲盒的"脱单便利店"，更为常见的是线上的脱单盲盒小程序，并形成产业链，在社交平台上招揽代理商。（《中国青年报》

2021年12月7日）

[按] 2021年8月，长沙的一名大学生化身"一元月老"在地摊摆盲盒，此后"脱单盲盒"迅速走红网络，在全国多地陆续出现。相关的还有"宠物盲盒""礼盒盲盒""游戏盲盒"等。

【W】

外卷（wài juǎn） 大多指通过向外拓展新的资源的方式进行竞争，现也指大家互相拉着一起停止"内卷"的行为。

[例] 新的一年，期待重庆本土品牌有更多的联动，越来越多的重庆本土品牌能够抱团"外卷"，以更优质的产品服务回馈消费者。（人民网2022年2月9日）

内卷变"外卷"，国内游戏公司纷纷瞄准海外市场。（网易新闻2022年9月12日）

[按] "外卷"和"内卷"一词相对，"内卷"指在现有资源没有增加的情况下，参与竞争的人纷纷更加努力以获取资源，最终获取资源的人没有增多，但每个人付出的努力都增多了，而"外卷"是指通过向外扩张，开拓新的资源或停止内卷的行为。"外卷"一词由"内卷"衍生而来，符合人们造词的认知基础，"内"与"外"相对，由此产生了符合语言的对称性的词语。

万物皆可钝角（wàn wù jiē kě dùn jiǎo） 指所有的事情都可以"钝角"形式表达。万物都可以跳出常规，随性而为。

[例] 钝角这个梗其实是没有具体的意思的，它是抽象文化的具现，是对既定框架的打破，是一种带有韵味的词语，它代表着无也代表着所有，万物皆可钝角，是一种荒诞式的艺术。（腾讯网2022年2月11日）

抽象派艺能人金广发的一句"万物皆可钝角"，听起来有些无厘头，实际上却是对既定框架的打破、对传统范式的叛离，甚至是某种新奇的艺术或技术。（搜狐网2022年4月21日）

[按] "万物皆可钝角"出自金广发在2021年11月14日发布的视频。他经常发布一些反映抽象文化的视频，很多人都表示看不懂，"钝角"的新词义也是在这些反映抽象文化的视频中孕育的。"钝角"为几何学名词，原指大于直角（90°）小于平角（180°）的角。而"万物皆可钝角"指一种抽象的文

化现象，象征着对传统规则的突破和对既定框架的挑战。

万亿之城（wàn yì zhī chéng）　国内生产总值（GDP）达到万亿元的城市。

［例］　上述地区中，重庆、上海、北京、广州、深圳、成都、天津、武汉、西安、苏州、郑州、杭州等均是GDP万亿之城。（《人民日报》2021年6月8日）

数据显示，在这砥砺奋进的十年里，南通经济总量连续跨越7个千亿级台阶，占全省比重提升1个百分点，2020年历史性突破万亿大关，成为江苏全省第四座"万亿之城"。（中国日报网2022年10月15日）

［按］　2021年中国有24座"GDP万亿之城"，分别为上海、北京、深圳、广州、重庆、天津、苏州、武汉、成都、杭州、南京、青岛、无锡、长沙、宁波、郑州、佛山、福州、泉州、南通、合肥、西安、济南、东莞。

王心凌男孩（wáng xīn líng nán hái）　网络用语，指歌手王心凌的男性粉丝。

［例］　热度居高不下，微博热搜榜更是几乎霸榜，占去了一半还多。还产生了一个新的现象级流行词"王心凌男孩"。（搜狐网2022年5月25日）

万万没想到的是，40岁的甜心教主王心凌率先翻红，"王心凌男孩"也迅速出圈。（搜狐网2022年6月9日）

［按］　在《乘风破浪的姐姐》第三季中，"甜心教主"王心凌凭借着初舞台的一首《爱你》在全网掀起了一阵浪潮，在短视频平台上涌现男性粉丝跟着音乐唱跳的视频，这些粉丝被称为"王心凌男孩"。

网课爆破（wǎng kè bào pò）　指伴随网络课堂兴起的一些恶意入侵网课、进行捣乱的违法行为。

［例］　"网课爆破"绝非简单的恶作剧，而是一种突破道德和法律底线的新型网络暴力行为，轻则违法，重则犯罪，依法应当予以制裁。（《中国青年报》2022年11月11日）

例如，近期就有媒体曝光，有人恶意侵入正在直播的网课实施所谓"网课爆破"，这种行为不仅严重扰乱了教学秩序，更给人带来实际的心理创伤。（《人民日报》2022年11月24日）

[按] "网课爆破"通常表现为网课参与者泄露网课会议号和密码，随后捣乱者有组织地"入侵"在线课堂，通过强行霸屏、骚扰信息刷屏，乃至辱骂师生、播放不雅视频等极端方式恶意扰乱教学秩序等行为。

危险作业罪（wēi xiǎn zuò yè zuì） 指在生产、作业中违反有关安全管理的规定，具有发生重大伤亡事故或者其他严重后果的现实危险的罪行。

[例] 随着"危险作业罪"入刑，各地应急管理部门加大行刑衔接力度，强化与司法部门沟通协作，依法严惩安全生产犯罪行为。（《光明日报》2021年3月20日）

对此，浙江靖霖律师事务所权益合伙人、律师吕博雄认为，从目前情况看，杭州野生动物世界负责人的行为，相对较接近的罪名是危险作业罪和不报、瞒报安全事故罪。（新华网2021年5月11日）

[按] 危险作业罪自2021年3月1日起施行。其属于刑法罪名，是《刑法修正案（十一）》新增罪名。"危险作业罪"入刑，是我国刑法首次对安全生产领域未发生重大伤亡事故或未造成严重后果，但有现实危险的违法行为追究刑事责任。

微火火炬（wēi huǒ huǒ jù） 指奥运会主火炬使用"微火"方式，以"不点火"代替"点燃"。

[例] 北京冬奥会上，开幕式首次呈现出以清洁氢能作为燃料的"微火火炬"。（人民网2022年2月21日）

"一朵雪花""微火火炬""折柳相送""光影留声"，从北京冬奥会、冬残奥会的开闭幕式中，世界看到了新时代中国的自信从容。（央视网2022年4月8日）

[按] 北京2022年冬奥会开闭幕式上，熊熊燃烧的奥运之火幻化成雪花般圣洁、灵动的小火苗，"微火火炬"成为奥运会历史上一个经典瞬间。这一创意来自低碳环保理念，从过去熊熊燃烧的大火炬到今天绿色环保的"微火"设计，这种材料耐高温轻量化，能够满足火炬的多次使用，充分体现了"绿色冬奥"和"科技冬奥"的理念。

巍巍巨轮（wēi wēi jù lún） 特指2021年天安门城楼、长安街、中轴线与广场的核心元素构成的"巍巍巨轮"造型，也常指中国特色社会主义事业。

[例] 新时代党和国家事业取得彪炳史册巨大成就，中华民族伟大复兴的巍巍巨轮乘风破浪、行稳致远，根本在于总书记作为党中央的核心、全党的核心掌舵领航。(《广西日报》2022年10月18日)

坚定信心、同心同德，埋头苦干、奋勇前进，为全面建设社会主义现代化国家、全面推进中华民族伟大复兴而团结奋斗，中国特色社会主义巍巍巨轮一定能乘风破浪、行稳致远，亿万中国人民一定能在人类的伟大时间历史中创造中华民族的伟大历史时间！(《人民日报》2022年10月20日)

[按] "巍巍巨轮"原指巨大的车轮，载重量很大的轮船。2021年天安门城楼、长安街、中轴线与广场的核心元素构成的"巍巍巨轮"造型引人注目，这一设计主题寓意中国共产党从上海石库门、嘉兴南湖起航，历经百年航程，成为领航中国行稳致远的"巍巍巨轮"。因此，"巍巍巨轮"也寓意着穿越时代的浪潮扬帆再启航，体现出新时代的进取精神，后多用该词来形容我国中国特色社会主义事业。

围村收费（wéi cūn shōu fèi） 指一些村庄为了维护公共设施、改善环境或管理外来车辆而收取一定费用。

[例] 7月20日，广东省交通厅上线广东"民声热线"，其中就关注到东莞"围村收费"问题，节目组暗访了黄江镇社贝村，村里租户和部分村民都不能理解"围村收费"。(《南方都市报》2021年7月21日)

近日，来自广州市白云区的杨先生报料称，他所在的滘心村将从2022年2月16日重新恢复围村收费，每月每车需交350元，这让村里的有车一族倍感"压力山大"。(腾讯网2022年2月17日)

[按] 围村收费是一个复杂的问题，涉及多方利益，存在较大争议。

唯颜值（wéi yán zhí） 指把颜值（外貌）作为评价人的唯一标准。

[例] 北京市广播电视局将严格管理调控选秀类网络综艺节目，抵制跟风扎堆、题材雷同、唯颜值流量、过度娱乐化等不良倾向。(《北京青年报》2021年5月11日)

就行业内部而言，配角天团的出现意味着曾经那种"唯流量""唯颜值"

的盲目选角的做法，已经不再适用于当前的影视创作。（《文汇报》2021年9月7日）

[按] "唯颜值"中的"颜值"一词的产生和流行可以追溯到2015年，在2015年《青年亚文化研究年度报告》中"颜值"被选为年度流行词。随着"颜值"一词的使用范围不断扩大，它逐渐脱离了表示人面容美丽程度的单一意义，意义变得更加多样、抽象，也可以用来指称非人类的事物。

伪多边主义（wěi duō biān zhǔ yì） 指一些国家借"多边主义"之名，行"拉帮结派"之实，对与其存在理念和利益分歧的其他国家进行打压。

[例] 当前，国际上一些力量热衷于搞"本国优先"的伪多边主义，试图建立各种封闭排他的"小圈子"，给国际秩序稳定和世界和平发展带来严重威胁。（《人民日报》2022年9月18日）

拜登上台后，美国继续挥舞霸权大棒，施行伪多边主义，大搞集团政治，拉拢一众"小伙伴"组建各种以美国为圆心的小圈子和高墙深院，陆续推出"印太战略""奥库斯"等集团来强化遏华"合作"。（《光明日报》2022年9月25日）

[按] "伪多边主义"一词由"多边主义"一词发展而来。真正的多边主义应是一种基于全人类共同利益，具有普遍意义、开放理念，秉持平等、合作精神，追求互利共赢结果的国际协调。但在当前形势下，国际上产生了对多边主义的歧义和假用，这种所谓的"多边主义"具有集团性、排他性、对抗性、利己性和不平等性等特征，这与多边主义的真正含义和性质背道而驰，是一种伪多边主义。

卫国戍边英雄（wèi guó shù biān yīng xióng） 中央军委（中国共产党中央军事委员会）颁发的荣誉称号。

[例] 中心各媒体平台产品产生了强大的舆论震慑威力，诋毁贬损卫国戍边英雄官兵的某网民、恶意诋毁抗美援朝英雄先烈的某网络大V相继受到法律严惩。（《解放军报》2022年7月8日）

"大好河山，寸土不让！"字字铿锵，新时代卫国戍边英雄群体誓死捍卫祖国领土的赤胆忠诚和一不怕苦、二不怕死的战斗精神深深感染着前来参观的人们。（新华网2022年10月20日）

[按] "卫国戍边"是指保卫国家、守卫边疆，常用于描述军队在边境地区的守卫工作。

为家乡上分（wéi jiā xiāng shàng fēn） 指人们为故乡进行宣传和推广的行为，大多数表现为利用短视频这种工具。

[例] 你为家乡"上分"了吗？洗脑短视频《我是云南的》火遍全网，原创者是……（《云南信息报》2022年5月14日）

乡愁是中国人普遍的情感，这很容易引起集体共鸣，因此才有那么多网友加入了这场为家乡"上分"大战。（中国经济网2022年5月18日）

[按] "为家乡上分"中的"上分"一词源于游戏中的"上分"行为，多指带着队友逐步提高自己的等级，而后该词的使用范围逐渐扩大，多用来形容增加好感度的行为。

温暖一平方（wēn nuǎn yī píng fāng） 中国青年报社发起与优质线下实体空间联动的合作计划，旨在实践"优质线下实体空间＋央媒公信力传播＋公益联动"的合作模式。

[例] 站立的地方，就是温暖一平方；祈福的地方，就是温暖一平方；奋斗的地方，就是温暖一平方。（中国青年网2021年12月10日）

打卡青年小店、唱响青春歌曲，走进"温暖一平方"……直播处处体现着青年积极进取、蓬勃奋斗的身影。（《中国青年报》2022年5月20日）

[按] 为进一步将《中国青年报》"服务青年成长、推动社会进步"的办报宗旨落地生根，打通服务青年"最后一平方"，中国青年报社在"温暖的BaoBao"文化核心IP基础上，推出了"温暖一平方"项目。

文具刺客（wén jù cì kè） 指表面看起来比较普通，但实际价格却十分昂贵的文具。

[例] 而那些"文具刺客"往往更新迭代也较快，在给家长造成经济负担的同时，也因使用率过低造成浪费。（大众网2022年8月30日）

一个笔袋109元，一支笔35元，动辄几十元甚至上百元的"文具刺客"，你遇到过吗？（环球网2022年9月1日）

[按] 文具刺客的造词最开始是由"文具盲盒"发展出来的，后来还受到了爆红的"雪糕刺客"一词的影响，形成了一种"××刺客"的构式。这种

结构的生成机制，与概念的隐喻性、整合性和语言的类推性相关。通过隐喻产生了"雪糕刺客"一词，价格高得离谱的雪糕带给购买者被"刺"之感，而后隐喻用法不断扩展，可以用在许多方面，不断类推，如"鲜花刺客""水果刺客""钢笔刺客"等。

文字讨好症（wén zì tǎo hǎo zhèng）　　指人们线上聊天时会字斟句酌地修改聊天词汇，使得对方读起来更加舒适的行为。

[例]　这个说法一看就是网络文化的产物，9月上旬，因为脱口秀演员杨蒙恩的一条动态，"文字讨好症"上了热搜，引起不少人的共鸣。（网易新闻2022年10月5日）

继"社交恐惧症""热度排斥症"之后，社交媒体上又造出了一种新"病"——"文字讨好症"。（《文摘报》2022年10月29日）

[按]　"文字讨好症"的出现可能更多是由于聊天情境多元化，社会语言更新较快，各个群体之间无形中形成"无法言说的规则"。这是一种新型社交礼仪，同时也是人际交往当中，获取对方信任、建立良好人际关系基础的一种方法。相似的词语有"社交恐惧症""热度排斥症"等。

问海一号（wèn hǎi yī hào）　　也称"问海1号"，是我国首台交付工程应用的6000米级自主遥控水下机器人。

[例]　"问海一号"是面向海洋领域前沿科技发展需求，基于全面自主可控的高性能处理器等核心器件打造的世界领先的高性能计算设备。（《青岛日报》2022年7月19日）

据科研人员表示，"问海1号"是中科院沈阳自动化研究所为中国地质局所定制研发的6000米级深海探测机器人，它具备了一体化高技术装备、大范围自主巡航、定点遥控取样等先进的技术，同时它还支持了自主、遥控、混合，三合一的工作模式。（网易新闻2022年7月20日）

[按]　2022年，中国科学院沈阳自动化研究所研制的"问海一号"6000米级自主遥控水下机器人完成海上试验及科考应用，通过验收并交付用户。"问海一号"由青岛超级计算与大数据中心牵头，联合清华大学、中国科学技术大学、中国海洋大学等国内高校、科研机构和企业研发制造。

我 emo 了（wǒ emo le）　　指伤心难过等负面情绪涌上心头，多用于自嘲。

[例]　四六级过不了线，我emo了。(《中国日报》2021年10月11日)

只要看球的气氛够嗨，就没有什么emo是不能冲散的。(东方网2022年11月28日)

[按]　早在20世纪90年代，"emo"就已经被提出，那时其含义比较单一，是Emotional Hardcore的简写，指情绪硬核或情绪化硬核。在新兴的互联网语境下，它成为"有情绪"的代名词，且此情绪大多为负面情绪。2021年12月30日，"emo"入选中国新闻周刊"年度十大热词"。同时，"我emo了"一词还可以理解为"我不开心了""我抑郁了""我颓了""我傻了"等含义。由此，衍生出的"emo文学"也被解读为：一个人在默默哭泣时写出的文字。

我不李姐（wǒ bù lǐ jiě）　"我不理解"的谐音，表示对某事的不认同，多用于吐槽。

[例]　此外，讯飞输入法和瑞幸咖啡、Soul APP、酷狗音乐联合公布了2021年度"十大职场热词""十大社交热词""十大音乐热词"：上班族能有什么坏心思呢、针不戳、蚌埠住了、气氛组、我不李姐、你礼貌吗、上头、格局打开、破防、夺笋呐、送你一朵小红花等榜上有名。(东方网2021年12月29日)

"我不李姐"（"我不理解"的意思）"尊重，祝福""社恐社牛社懒"等，这类表达情绪的流行语多以"我"为主语，虽然是表达个人情感，但是这种个人情感用统一词语表达，会输出一种无差别的集体情绪，呈现了个体被集体包裹的社会现状。(《光明日报》2022年1月5日)

[按]　"我不李姐"中"李姐"源自"起夜急李姐"，即"企业级理解"的谐音，当想要表示对事情的不同看法或调侃式理解，大家就会用"企业级理解"来表达。而罗永浩在坚果新品发布会上，演示语音输入功能时，表示如果演示过程中出现了bug也请观众们高喊"理解万岁"，所以当他出现了多次失误后，观众就调侃"李姐万岁"，"我不李姐"也就逐渐流传开来。

我的眼睛就是尺（wǒ de yǎn jīng jiù shì chǐ）　前短道速滑国家队成员王濛对自身专业素养的评价。

[例]　"不用看回放，我的眼睛就是尺，肯定赢了！"(《新民晚报》2022

年2月6日）

当中国队成员武大靖冲过终点后，王濛拍着解说台说："肯定赢了，首金诞生了！我的眼睛就是尺，不用看回放了！"（澎湃新闻2022年2月13日）

[按] "我的眼睛就是尺"，出自王濛在2022冬奥会短道速滑混合团体接力决赛的解说。在这场比赛中，她和黄健翔担任解说嘉宾。她不但以极高的专业素养分析比赛，而且语言感染力十足，妙语频出，接连登上微博热搜榜。2023年8月16日，"我的眼睛就是尺"当选2022年度中国媒体十大流行语。

乌克兰牌（wū kè lán pái） 美国将乌克兰问题作为大国竞争的有力工具和国内两党政治斗争的牺牲品。

[例] 埃尔多安对俄打"乌克兰牌"，但土乌不会结成真正盟友。（新华社2021年4月13日）

美国频打"乌克兰牌"意欲何为？分析指出，拜登政府频频渲染俄"入侵"威胁，这背后有三重盘算：进一步挤压俄罗斯的地缘政治空间、以安全威胁为由控制欧洲国家、为今年中期选举造势。（京报网2022年1月22日）

[按] 2022年，乌克兰和俄罗斯的关系加速恶化，双方在两国边境地区部署了大量军事人员和装备。拜登政府近来在乌克兰问题上对俄罗斯保持高压态势，频频渲染俄"入侵"威胁。除了频繁对俄放狠话，美国还通过多种手段对俄施压。美国国务院高级官员日前证实，将向乌克兰提供2亿美元的防御性军事援助，意图利用乌克兰来打压俄罗斯，被戏称为"乌克兰牌"。

无障碍环境（wú zhàng ài huán jìng） 指一个既可通行无阻而又易于接近的理想环境，包括物质环境、信息和交流的无障碍。

[例] 今年《政府工作报告》提出，有序推进城市更新，加强市政设施和防灾减灾能力建设，开展老旧建筑和设施安全隐患排查整治，再开工改造一批城镇老旧小区，支持加装电梯等设施，推进无障碍环境建设和公共设施适老化改造。（《经济日报》2022年5月17日）

残疾人基本康复服务覆盖率、辅助器具适配率均超过80%，将无障碍环境建设纳入国民经济和社会发展规划，各级残疾人职业培训基地服务水平愈发加强……8500万残疾人融入社会的路径更加宽广。（中国共产党新闻网2022年5月24日）

[按] 1974年召开的联合国残疾人生活环境专家会议正式提出了"无障

碍设计"（barrier free design）的概念，自此"无障碍"（barrier-free）这个词在国际社会被广泛使用。2022年北京冬残奥会再次把"无障碍环境"这个过去很多人不太熟知的词语带进了大众视野。

五项管理（wǔ xiàng guǎn lǐ）　教育部推出的政策，由手机管理、作业管理、睡眠管理、读物管理、体质管理五项组成。

〔例〕　通知提出，各地要指导学校进一步强化中小学生手机、作业、睡眠、读物、体质五项管理，改善视觉环境。（新华网2022年8月26日）

要抓住"五项管理""双减"等政策机遇，做优做强课后延时服务，开展中华经典传诵、传统文化传延、翰墨书画传习、经典戏曲传唱等活动，让每一个学生"学全面、长才干、能出彩"。（中国日报网2022年9月14日）

〔按〕　2021年5月，国务院教育督导委员会办公室印发《关于组织责任督学进行"五项管理"督导的通知》，要求各省（区、市）教育督导部门组织当地中小学校责任督学开展"五项管理"督导工作。

【X】

希壤（xī rǎng）　百度发布的首个国产元宇宙产品，一个平行于物理世界的沉浸式虚拟空间。

〔例〕　通过百度元宇宙，基于百度希壤，百度VR产业化平台全面升级，品牌可连接未来场景，抢占元宇宙带来的新机遇。（光明网2021年12月23日）

置身桂林象鼻山元宇宙景区，基于百度希壤平台，用户可以跨越时空限制一键抵达景区，自主设定数字化身沉浸式感受山清水秀的象鼻山，真正实现"足不出户走世界"。（《人民日报》2022年11月17日）

〔按〕　"希壤"的命名源自中国古老的神话传说《山海经》，晋代郭璞所著的《山海经注》曾言，"息壤者，土自长息无限"，表达了无限生长、代表未来的愿景。"希壤"于2021年12月21日正式开放定向内测，2021年12月27日面向所有用户开放。

羲和号（xī hé hào）　中国首颗太阳探测科学技术试验卫星。

〔例〕　随着"羲和号"成功入轨，我国太空探测迎来"探日时代"。（人

民网 2021 年 10 月 15 日)

8 月 30 日，国家航天局在京正式发布中国首颗太阳探测科学技术试验卫星"羲和号"取得的系列新成果。(新华社 2022 年 9 月 5 日)

[按]　"羲和号"是"太阳 Hα 光谱探测与双超平台科学技术试验卫星"的简称。"羲和"是中国上古神话中的太阳女神与制定时历的女神，以此命名寓意中国对太阳探索的源起与拓展。2021 年 10 月 14 日 18 时 51 分，我国在太原卫星发射中心采用长征二号丁运载火箭，成功发射首颗太阳探测科学技术试验卫星"羲和号"。

洗房（xǐ fáng）　婚后一方通过一些方式和手段，将另一方的婚前财产转化为夫妻的共同财产的行为。

[例]　最近，上海出现了一个新名词——"洗房"。(新浪网 2022 年 9 月 14 日)

"洗房"这个词在 2022 年一度被热议，但是"洗房"这种现象其实由来已久了。(搜狐网 2022 年 9 月 15 日)

[按]　该词仿照"洗钱"造词，其中"洗"的意义相同。"洗房"这个词虽然是在 2022 年一度被热议，但是这种现象由来已久。2022 年上海江阿姨为儿子提前购置了婚房，儿子结婚后，儿媳提出置换婚房、增添名字的想法，遵从女方的想法后，几年后女方却提出了离婚，分走财产的一半，成功完成"洗房"。

洗衣液奶茶（xǐ yī yè nǎi chá）　指包装神似洗衣液的奶茶。

[例]　"洗衣液奶茶"的出现，也引来了诸多争议，有网友认为，不是所有的新意都值得提倡，创新也要有底线，因为这种奶茶包装酷似洗衣液，会不会误导孩子误食真的洗衣液？(澎湃新闻 2022 年 5 月 18 日)

再如"洗衣液奶茶"，因包装酷似洗衣液，被消费者质疑会误导儿童。(人民网 2022 年 7 月 21 日)

[按]　洗衣液奶茶最早火爆于南京，是一家名为"南椰里"的餐饮店推出的，由于其包装既有新意又好玩，被其他商家效仿。2022 年 5 月 17 日，洗衣液奶茶通过红星新闻的报道在网上引发广泛关注和热议，并登上微博热搜榜，与此同时，也引发了人们对包装可能引发的后果的担忧。

喜迎二十大（xǐ yíng èr shí dà）　指各地区、各部门以优异成绩和昂扬精神风貌为迎接党的二十大而做出的实际行动。

［例］　在各地新时代文明实践中心，喜迎二十大主题文明实践活动正如火如荼开展。（《人民日报》2022年10月12日）

2022年，完美世界控股集团与内蒙古科右前旗巴日嘎斯台中学、乌兰毛都小学建立教育帮扶链接，并在这两所学校分别开展航天知识竞赛、"童画中国·筑梦未来"绘画比赛活动，喜迎二十大胜利召开，并以实际行动助力教育事业与乡村振兴建设。（中国经济网2022年11月18日）

［按］　党的十九届六中全会决定，党的二十大于2022年下半年在北京召开，2022年是中国共产党成立101周年。一百年来，党带领全国人民谱写了中华民族自强不息、顽强奋进的壮丽史诗。

戏曲＋（xì qǔ ＋）　利用舞台空间、全媒体架构的网络空间以及各类平台与接收终端相通互联的跨界戏曲模式。

［例］　今年的戏曲文化周在继续编织"园林中的戏曲"与"戏曲中的园林"情境的同时，打开了更多的可能性，以"戏曲＋"的多种形式不断创新，将戏曲与多元表现形式相融合。（央广网2021年10月5日）

上海社科院文学研究所副研究员曾澜撰文表示，如今，大小屏媒体的发展，长短视频的流行，使得"戏曲跨界"极大跨越了以戏曲作为主体的表达边界，形成更加差异化、多样化的"戏曲＋"跨界模式，成为戏曲艺术圈粉、戏曲文化"出圈"传播的一个重要手段。（《杭州日报》2022年3月22日）

［按］　该词仿照"互联网＋"造词，"戏曲＋"意味着从不同角度打破戏曲自身艺术门类的边界，把构成戏曲的基本要素从戏曲框架中剥离出来，与其他艺术门类的艺术因子进行混搭、叠加乃至深度融合，使戏曲艺术形态的外延得以拓展，实现戏曲艺术的"另类"创新。

下田青年（xià tián qīng nián）　投身田野、心系"三农"，肩负"藏粮于地、藏粮于技"的使命，懂农民、懂技术、懂市场的青年们。

［例］　肩负"藏粮于地、藏粮于技"的使命，懂农民、懂技术、懂市场的新时代"下田青年"们，在这个春天再次出发了。（《光明日报》2022年3月15日）

从作物高产抗病基因育种到病虫害防治，从植物生理生化研究到植物营养诊断，从农业生产资源利用到土壤改良，"下田青年"每一个研究的方向都与我国农业现代化发展息息相关。（光明网 2022 年 3 月 15 日）

［按］ "下田青年"一词由"下田"和"青年"两部分组成，"青年"的称呼大多流行于 1919 年五四运动前后，因杂志《新青年》而出名。而投身田野，下地耕种的青年们，为词语增加了"下田"的修饰成分。"下田青年"肩负"藏粮于地、藏粮于技"的使命，投身田野，播下了被视为国计民生压舱石的中国粮的种子，他们对土地真挚、深沉的热爱打动了每一个人。

县中困境（xiàn zhōng kùn jìng） 县级地区面临的中学教育发展困境。

［例］ 这些新体制学校，借助优质高中学校的品牌、良好的办学条件、雄厚的财力、特殊的招生政策，吸引优秀教师和生源，致使不少地方出现了"县中困境"。（《中国教育报》2021 年 3 月 11 日）

义务教育真正实现高质量发展的县域，很少出现"县中困境"现象。（《光明日报》2022 年 8 月 1 日）

［按］ "县中教育困境"的简称。2022 年不少地方县域普通高中优秀教师、学生不断流失，导致县中教育质量下滑，在不少地方出现了"县中教育困境"，受到了广泛的关注。

县中提升计划（xiàn zhōng tí shēng jì huà） 教育部等九部门发布的"十四五"县域普通高中发展提升行动计划。

［例］ 教育部等九部门发布"县中提升计划"，强调推进基于初中学业水平考试成绩，结合综合素质评价考试招生录取模式。（新华社 2021 年 12 月 21 日）

我们将牢牢抓住国家"县中提升计划"政策机遇，提升学校办学水平，努力让更多农村孩子接受优质教育，为全面推进乡村振兴提供更强大的人才和智力支撑。（《光明日报》2022 年 10 月 21 日）

［按］ 为进一步提高学前教育普及普惠水平，加强县域普通高中建设，推进基础教育高质量发展，2021 年 12 月 16 日教育部等九部门印发了《"十四五"县域普通高中发展提升行动计划》（简称"县中提升计划"）。

线上演唱会　乡村书场　乡村掌墨师

线上演唱会（xiàn shàng yǎn chàng huì）　指观众可以在线上同步观看直播或回放录像的演唱会。

[例]　最近，多场线上演唱会引爆社交网络，在释放满满怀旧感之余，也为我们提供了观察时代变化新的切片。(《光明日报》2022年7月11日)

现如今，线上演唱会已走过了它的第三个生命周期，以视频号＋品牌主买单的形式业已有了模式，极狐汽车作为最早入局者和最大受益者，也完成了它从打知名度破圈到收集销售线索的品牌成长史。(北青网2022年8月17日)

[按]　线上演唱会在2000年就已经出现，麦当娜便是第一个举办线上演唱会的歌手。而"线上"真正成为"演唱会"的重要方式之一，则是在2020年以后。

乡村书场（xiāng cūn shū chǎng）　加强曲艺人才队伍建设，开展书场表演活动的场所。

[例]　建设"乡村书场"旨在加强苏北琴书、苏北大鼓、工鼓锣等地方曲艺保护和传承，进一步弘扬地方优秀传统文化，深入推进文化惠民。(宿迁网2022年4月21日)

瞄准"中国曲艺名城"创建目标，宿迁创新实施"乡村书场"建设三年行动计划，进一步加速曲艺创作、传承培训、团队建设、品牌打造，推进宿迁曲艺立足江苏、挺进全国，曲艺事业焕发勃勃生机。(《光明日报》2022年10月27日)

[按]　"周末书场""运河书场""春节书场"等各类"书场"是宿迁市知名文化惠民活动品牌，目前已连续开展10余年。为弘扬地方优秀传统文化，进一步加强苏北琴书、苏北大鼓、工鼓锣等地方曲艺保护和传承，2022年宿迁市委宣传部、宿迁市文化广电和旅游局联合制定印发了《宿迁市"乡村书场"建设三年行动计划（2022—2024年）》，在全市推进"乡村书场"建设。

乡村掌墨师（xiāng cūn zhǎng mò shī）　指农村的技能型、工匠型乡土人才。

[例]　今年来，为打破乡村振兴中面临的人才困境，该县立足自身资源优势，创新实施"乡村掌墨师"人才工程，用好本土乡贤人才，激活乡村振兴人才活力。(人民网2021年6月30日)

侯廷胤说，"乡村掌墨师"人才振兴工程可有效盘活乡土人才，也可进一

步激发农村发展的内生动力，为乡村振兴提供智力支撑。(新华网2022年1月15日)

[按] 中国民间建房修屋时，手持墨斗、心有全局，提供意见或决定选址、设计到施工的"总设计师"就是"掌墨师"，备受人们的礼遇和尊敬。2021年、2022年涌现出一批特别的"乡村掌墨师"，其特长不是建房子，而是养牛、种茶、做手工艺等，是有知识、有思想、有能力、愿奉献、能实干的技能型、工匠型乡土人才。

消博会（xiāo bó huì） "中国国际消费品博览会"的简称。

[例] 首届中国国际消费品博览会（简称"消博会"）将于5月7日至10日在海口举办，预计将成为亚太地区规模最大的消费精品展。(人民网2021年5月6日)

改革开放力度加大：消博会、服贸会如约而至，第四届进博会筹备正忙，正式提出申请加入《全面与进步跨太平洋伙伴关系协定》（CPTPP）……(新华网2021年10月1日)

[按] 消博会是商务部和海南省人民政府共同主办的中国首个以消费精品为主题的国家级展会，于2021年5月首次举办。消博会旨在围绕建设海南国际消费中心的定位，集聚全球消费领域的资源，打造国际消费精品的全球展示和交易平台。

消费刺客（xiāo fèi cì kè） 指商品价格违法违规的一种消费欺瞒现象。

[例] 继"雪糕刺客"后，各种"消费刺客"不断出现。(人民网2022年8月4日)

而这些"消费刺客"之所以盛行，根源在于没有严格落实明码标价，商家以各种手法玩弄价格猫腻，导致消费者被蒙蔽，遭到价格欺诈而利益受损。(光明网2022年9月16日)

[按] 该词仿"雪糕刺客"造词，因其出现时令人措手不及，如同刺客袭击，故称。网络流行语"雪糕刺客"的出现使"刺客"引申出了新义，网民便在"刺客"前加上各类名词，形成了一种"××刺客"的构式，通过语言的类推作用造出了许多新词，如"鲜花刺客""水果刺客""钢笔刺客"等。

小丑竟是我自己（xiǎo chǒu jìng shì wǒ zì jǐ）　当代年轻人自我调侃、自我发泄时常用的一种表达。

[例]　如果交谈者在描述自己的困境和无助时，用"小丑竟是我自己"调侃自嘲，而另一方恰好懂得这个"梗"，这种不言自明的默契，的确让表情包用起来很"上头"。(《光明日报》2022年5月30日)

比如说，被许多人称为"行走的金句王"的余华在一堂公开课采访中，挑战了目前网络上常用的流行词，"我'emo'了什么意思，'小丑竟是我自己'"是自嘲的意思吗？(《扬子晚报》2022年7月26日)

[按]　"小丑竟是我自己"引申自2020年网络流行语"高人竟在我身边"，用于形容一厢情愿的付出或努力没有得到预期的回报，或是发生意料之外事情时的尴尬自嘲。

小哥驿站（xiǎo gē yì zhàn）　可供快递员和外卖员等短暂停靠和补给的服务站点。

[例]　线上打造"指尖上的课堂"，将学习资料发送至党员从业者的手机，确保"流动不流学"；线下依托快递网点、小哥驿站等，建设"流动中的阵地"，确保"随处可以学"。(《人民日报》2022年11月15日)

寒潮袭来，北京中国职工之家饭店设立了"小哥驿站"，专门为外卖和快递骑手们提供售价10元的盒饭，并免费为"小哥"们提供热水，让他们在冬日里感受到关爱和温暖。(新华网2022年12月7日)

[按]　近年来，以平台经济为代表的新业态快速发展，涌现出一大批快递员、外卖送餐员、网约车司机等新就业群体。为把他们团结起来、组织起来、动员起来，让他们更好地融入城市、建设城市，政府领头推动建设"小哥驿站"，2021年7月"小哥驿站"开始运营，各区发挥酒店、园区、公共文化场所等空间作用，建设符合要求、形式多样的"小哥驿站"，解决配送寄递人员饮水、就餐、休息等实际困难。

小狗文学（xiǎo gǒu wén xué）　一种通过比喻自己为小狗来表达情感的网络流行文体。

[例]　正如先前的"凡尔赛文学""废话文学"等流行风向一样，"小狗文学"也只是滚滚网络大潮中转瞬即逝的浪花一朵。(《南方日报》2022年4月22日)

小狗文学，我愿称之为一场关于爱的拨乱反正，或者一场关于爱的拨乱反正的尝试。（网易新闻2022年5月12日）

[按] "小狗文学"是"××文学"构式的变体之一。"××文学"作为典型的网络流行语构式，衍生出"废话文学""凡尔赛文学""发疯文学"等多个词语，以一种类似"模因"的形式不断复制与传播。而"小狗文学"其本质是情感上的一种文学表达方式，将自己喻为小狗，围绕着"治愈"的宗旨，用貌似"卖萌"或者"装可爱"的"小狗文风"，表达对爱与纯真的渴望，鼓励我们热爱生活，珍惜身边人。

小金盾（xiǎo jīn dùn）　儿童化妆品的标志。

[例] 化妆品包装上标注"小金盾"，仅说明这个产品属于儿童化妆品，并不代表该产品已经获得监管部门审批或者质量安全得到认证。（人民网2022年3月7日）

"小金盾"是儿童化妆品区别于成人化妆品的区别性标志，其他化妆品不得标注这个标志。（中国政府网2022年5月24日）

[按] 2022年1月1日实施的《儿童化妆品监督管理规定》规定，儿童化妆品应当在销售包装展示面标注国家药监局规定的儿童化妆品标志（"小金盾"）。"小金盾"是儿童化妆品区别于成人化妆品、消毒产品、玩具等其他易混淆产品的区别性标志，非儿童化妆品不得标注。

小康宝鼎（xiǎo kāng bǎo dǐng）　一尊青铜鼎，为铭记"全面建成小康"伟大历史时刻所铸。

[例] 在中国共产党历史展览馆三楼第九展厅，有一尊"小康宝鼎"庄严矗立，鼎上所镌刻的32字铭文，记录下中国共产党带领中国人民所取得的举世瞩目的"中国奇迹"："以民为本，吾党所向。民族复兴，百年担当。摆脱贫困，全面小康。惠此中华，以利四方。"（《人民日报》2021年12月29日）

小康宝鼎通高3221毫米，由鼎身、鼎禁和底座组成，其中鼎身和鼎禁为青铜铸造，其余部分材质为汉白玉。（中国共产党新闻网2022年5月13日）

[按] 2021年7月15日起，"小康宝鼎"亮相中国共产党历史展览馆三层第九展厅。"小康宝鼎"通高2221毫米，由鼎身、鼎禁、底座三部分组成，其中鼎身、鼎禁材质为青铜铸造、着栗红色，其余部分材质为汉白玉。鼎身高2021毫米，底座（含鼎禁）高度为1000毫米。此鼎象征着2021年中国共产党成立一百周年之际，全面建成小康社会。

小猫咪能有什么坏心思（xiǎo māo mī néng yǒu shén me huài xīn si）　网络用语，一般用于人或动物轻微的恶作剧之后，对自己略显矫情的维护和辩解。

　　[例]　雪豹走到镜头前，留下了一个"大猫之吻"，好像在说，小猫咪能有什么坏心思呢？（央视网 2021 年 3 月 30 日）

　　小猫咪能有什么坏心思呢，想气死主人罢了。（网易新闻 2023 年 1 月 1 日）

　　[按]　该词爆红于 2021 年，作为一种新的网络用语引发网友们的争相模仿。"××能有什么坏心思"原话是"小猫这种动物能有什么坏心思呢"，而后形成一种类似构式的结构，使得句子中的"小猫咪"可以随意替换，可以用来指代人类。从大多数使用情况来看，这是一句正话反说，"小猫咪能有什么坏心思"，因小猫咪给人的印象都是很温柔乖巧的，不会有什么坏心思。而根据场合不同，其指代的意思也有所不同。

小作文（xiǎo zuò wén）　网络用语，指社交平台中用来攻击某些人或组织的短篇文章，也指人际交往中发布的短篇文字内容。

　　[例]　在步入 35 岁的第一天，他用一段"小作文"总结了自己的职业生涯。（《北京晚报》2022 年 4 月 3 日）

　　作为网络新词汇的"小作文"指一些人在微博或朋友圈等社交平台发布的主观色彩非常浓重的大段记叙中夹杂议论抒情的文字，用以表达对某人某类人某种现象某件事的批判，博取其他人的同情，使自己立于道德高地之上。（中华网 2022 年 11 月 26 日）

　　[按]　"小作文"原指短文练笔或者微型作文，这是经过人的思想考虑和语言组织，通过文字来简短表达一个主题意义的记叙方法。而作为网络新词汇的"小作文"则有新的意义，在不同的语境中带有不同的感情色彩，作为一种网络文案，多指某些人在微博或朋友圈等社交平台发布的带有强烈主观色彩的大段记叙并夹杂议论抒情的文字，用以批判某人、某种现象、某件事等，带有贬义色彩。同时，该词也可以用于人际交往中发给他人或自己的短篇文字内容，不带有强烈的感情色彩，可以算一个中性词。

歇脚屋（xiē jiǎo wū）　为户外劳动者提供服务的场所。

[例] 一年来，我们设立"暖蜂驿站""歇脚屋"，让快递小哥、外卖骑手、环卫工人等人员累了能歇脚、渴了能喝水、饭凉能加热、心烦能倾诉、闲时能充电。(《光明日报》2021年10月15日)

党群服务V站里的"歇脚屋"为灵活就业群体提供多样化暖心服务。(澎湃新闻2021年11月5日)

[按] 2021年，深圳市龙华区出台《龙华区"歇脚屋"建设指引》，在全区党群服务站全覆盖建设歇脚屋。歇脚屋配备了桌椅、沙发、微波炉、饮水机、消毒液、洗手液、洗洁精、纸巾、免费Wi-Fi等，有利于解决灵活就业群体如厕难、饮水难、吃饭难、休息难等各种问题，为城市文明增添温度和亮色。

携手行动（xié shǒu xíng dòng） 中国十一个部门为"推动产业链上中下游、大中小企业融通创新"而开展的行动。

[例] 11个部门印发《关于开展"携手行动"促进大中小企业融通创新（2022—2025年）的通知》，指出要提升现代化产业体系效能。(新华社2022年9月13日)

促进专精特新发展，实施优质中小企业梯度培育计划，开展大中小企业融通创新"携手行动"，实施中小企业知识产权战略工程，支持专精特新企业参与制造业强链补链稳链，激发涌现更多专精特新中小企业。(《中国日报》2022年11月9日)

[按] 2022年5月12日，工业和信息化部联合11个部门印发了《关于开展"携手行动"促进大中小企业融通创新（2022—2025）的通知》，立足构建新发展格局，发挥中央企业科技引领和带动作用，支持创新型中小企业成长为创新重要发源地。

芯片荒（xīn piàn huāng） 指芯片紧缺的现象。

[例] "芯片荒"已经使日本车企今年面临着大量减产的冲击。(光明网2021年9月7日)

除让台湾花费巨款对美军购、缴纳高额"保护费"外，美方还不顾岛内民众强烈反对，要求台湾开放含瘦肉精的美猪进口、购买美国民航客机；为解决"芯片荒"，要求台积电赴美建厂，交出库存、客户名单等资料。(新华社2022年8月7日)

[按] 2021年，大量的芯片需求对上游的芯片供应产生了巨大的压力，

芯片荒 芯屏汽合 新"东坡号"

"芯片荒"出现了。"芯片荒"在汽车行业表现较为明显,随着车企纷纷复工复产,整体汽车市场的消费需求也出现回升,这就导致汽车芯片的供需出现失衡。

芯屏汽合(xīn píng qì hé) 指芯片产业、新型显示企业、新能源汽车及智能网联汽车产业、人工智能和制造业加快融合。

[例] 据悉,2020 年,合肥规上工业增加值增长了 8.3%,单月增长 18.2%,创九个月以来的新高,芯屏汽合、集终生智、产业聚合强势呈现,全年过万亿的奋斗目标成功实现。(《中国日报》2021 年 2 月 8 日)

从"靠创新起家"到"靠创新当家",近年来,合肥的战略性新兴产业布局在全国"出圈","芯屏汽合、集终生智"成为其现象级的产业新地标。(《中国青年报》2022 年 5 月 17 日)

[按] "芯屏汽合"是"心平气和"的谐音。该词最早出现在 2021 年 1 月 18 日《激活区域发展新引擎,合肥开启奋进新征程》一文中,该文章阐述了合肥的产业基础。在此之前,合肥的重点产业被合称为"芯屏器合","芯"指的是芯片产业,"屏"指的是新型显示产业,"器"指装备制造和机器人等产业,"合"指的是以人工智能和制造业融合为代表的新兴产业等。而后,合肥重点产业发生了变化,由"汽"取代了"器",故称"芯屏汽合"。

新"东坡号"(xīn dōng pō hào) 龙舟名,指车陂村百年"老龙王"东坡号的传承。

[例] 5 月 14 日 9 时许,上漖村龙舟制造基地吸引了不少慕名而来的看客,大家都在等待着记录新"东坡号"骏水的历史一刻。(光明网 2022 年 5 月 17 日)

点睛仪式过后,伴随着鼓声与呐喊声,乌黑亮泽的新"东坡号"被合力从船厂推出,正式骏水,经由珠江河道缓缓驶向车陂村。(新华网 2022 年 6 月 3 日)

[按] 2022 年 5 月 14 日早上,新"东坡号"正式下水亮相。新制作的"东坡号"在外形上复刻了老"东坡号",船总长度 39.2 米,比老龙舟长 10 厘米左右,船身最宽处 1.22 米,船体厚度在老船的基础上增加了一倍,重量也增加了一倍,达 5.5 吨,全部用坤甸木打造,总价约 45 万元,是上漖村龙船厂有史以来单船造价最高、重量最重的一条龙舟。

新八级工（xīn bā jí gōng） 指我国正在为技能人才探索建立的"新八级"职业技能等级制度。

［例］ 此次构建"新八级工"，是为进一步改善技能人才职业前景、激励更多劳动者依靠技能成长成才。（新华网 2022 年 2 月 1 日）

虽然这家企业已经推行"新八级工"制度，最高级别的首席技师也实行了年薪制，但是技能人才的总体收入依然偏低。（《工人日报》2022 年 3 月 8 日）

［按］ 2022 年 3 月，人力资源和社会保障部印发《关于健全完善新时代技能人才职业技能等级制度的意见（试行）》，将原有的技能人才职业技能等级从五级延伸为八级，向上增加特级技师、首席技师，向下增设学徒工——形成由学徒工、初级工、中级工、高级工、技师、高级技师、特级技师、首席技师构成的"新八级工"职业技能等级序列。

新电商（xīn diàn shāng） 指实体企业以数字化工具打通营销链和供应链，创造独特价值，传播独特价值，建立多场景成交价值的商业行为。

［例］ 日前，江苏省商务厅、南京市商务局与苏宁易购集团签署合作协议，围绕数字新商业、促进新消费、跨境新模式、农村新电商、便民新服务等"五新"领域，明确了 20 个重点事项共同推进、深化合作。（光明网 2021 年 3 月 19 日）

2020 年，古蔺面迎来了转型的契机，在以拼多多为代表的新电商平台助力之下，古蔺面搭上电商"快车"卖往全国各地。（人民网 2022 年 7 月 22 日）

［按］ 在 2021 年举行的首届中国新电商大会上，我国首个《新电商研究报告》首次给出"新电商"的定义。近年来，随着新电商的不断发展，其内涵演变更加丰富，特征更加显著。新电商是随着新一代信息技术的发展，以用户为中心，对传统电商的"人""货""场"进行链路重构，产生的电商新形态新模式，主要类型有直播电商、社交电商、社区电商等。

新风 2021（xīn fēng 2021） 全国"扫黄打非"办公室部署的一项专项行动名称。

［例］ "新风 2021"集中行动旨在筑牢让人民群众满意的"民心工程"，欢迎广大群众积极参与支持，踊跃举报线索。（上游新闻 2021 年 4 月 6 日）

2021 年以来，昌平区高度重视开展"新风 2021"集中行动，研究制定工作方案,下发专项通知,明确工作重点,落实属地管理责任,加强督查检查,形成打击治理工作合力,有效推进工作落实。(中国扫黄打非网2021年7月21日)

[按] 全国"扫黄打非"办公室作出安排部署,2021年3月起至11月底开展"新风2021"集中行动,"新风"行动的宗旨是筑牢民心工程、高举"护苗"大旗,以"护苗2021""净网2021""秋风2021"专项行动为开展平台,目的是大力扫除淫秽色情低俗、暴力恐怖迷信等有害信息和出版物,深入打击假媒体、假记者站、假记者及侵权盗版等违法违规活动,积极营造健康向上的社会文化环境。

新疆棉(xīn jiāng mián) 特指2021年3月以来,西方国家以"强迫劳动"为由发起的抵制新疆棉花的舆论运动。

[例] 3月下旬,"新疆棉"事件发酵后,部分国际品牌潮鞋市场遇冷,很多炒鞋客便将手伸向了国产品牌,有的国货品牌瞬间"身价倍增"。(《中国青年报》2021年4月13日)

"90后卖国贼"许秀中,"新疆棉"事件制造者,如今她落得什么下场?(网易新闻2022年9月10日)

[按] 该词原指产自新疆的优质棉花,以绒长、品质好、产量高著称于世,而在2022年3月24日上午,服装品牌H&M的一则官方声明拉开了已酝酿两天的"声明战"。其称将"禁用新疆棉花和相关外包工厂",理由是新疆存在人权问题。该不实言论一石激起千层浪,不仅京东淘宝两大电商的H&M线上店铺即刻遭到下架,该品牌在整个国内市场都遭到抵制。除此以外,抵制新疆棉花的其他品牌耐克、阿迪达斯、匡威等都纷纷遭到了国内市场的抵制。

新三包(xīn sān bāo) 指国家市场监督管理总局发布的《家用汽车产品修理、更换、退货责任规定》。

[例] "新三包"对经营者提出更加严格的责任要求,扩大了家用汽车三包范围,降低了退换车条件的"门槛",对车辆售前售后、使用、退换等相关规定也更加细化。(中国新闻网2021年12月30日)

依法带娃、"天价药"降价、法拍房全面限购、"新三包"施行……与你我的生活息息相关。(光明网2022年1月1日)

[按] 在旧的《家用汽车产品修理、更换、退货责任规定》实施近八年

的基础上，市场监管总局发布了新版《家用汽车产品修理、更换、退货责任规定》，该规定于 2022 年 1 月 1 日起正式实施。

新三大件（xīn sān dà jiàn）　指洗碗机、智能马桶和电竞椅三种物品。

［例］　洗碗机，当之无愧成为"家的新刚需"新三大件之一。（互联网 2022 年 5 月 31 日）

《2022 年天猫 618 新消费趋势》显示，洗碗机、智能马桶和电竞椅成为诸多家庭的"新三大件"。（光明日报 2022 年 6 月 20 日）

［按］　"三大件"是中国人较为熟悉的词汇，它随着时代的变迁，也代表着不同的生活用品。从繁重的家务劳动中解放双手，满足工作、娱乐双面需求——洗碗机、智能马桶和电竞椅三种物品成为当代年轻人心中呼声较高的"新三大件"。

新三科（xīn sān kē）　戏剧、影视、舞蹈等新加入艺术课程的学科。

［例］　当前社会对人才培养提出了更高的要求，艺术新课标构建出一个把音乐美术和"新三科"放到一起的体系，突出"加强融合、注重关联、协同育人"的功能导向。（南方网 2022 年 7 月 21 日）

将音乐与美术学科统一放置到艺术课程标准之中，并且还加入了"新三科"，也就是舞蹈，戏剧（包含戏曲），影视（含数字媒体艺术）。（《光明日报》2022 年 7 月 22 日）

［按］　2022 年版"新课标"实施后，艺术课程方面进行较大的改革，由原来两科变为五科，以音乐、美术、舞蹈、戏剧（含戏曲）、影视（含数字媒体艺术）形成中小学艺术课程科目，遵循了学生发展核心素养的相关准则和要求。

新新农人（xīn xīn nóng rén）　指具备高学历，拥有新技术、新理念，有农业情怀，有抗风险能力且能熟练运用新媒体的新型现代农业经营者。

［例］　在"新新农人"涌现最多的地区中，山东省排名全国第一，数量达 1.8 万人。（《经济参考报》2021 年 12 月 9 日）

根据拼多多发布的《2021新新农人成长报告》,过去两年,平台上"新新农人"的数量快速增长,2019年是29700人,2021年达到126000人,增长近10万人。(《中国新闻周刊》2022年7月28日)

[按] "新新农人"的称呼脱胎于"新农人",将"新"作为一个形容词进行重叠,从而形成一个不同于原有的"新农人"的词。新型农民(新农人)的称呼出现在我国政府制订的第十个五年计划期间。自党的十九大报告以来,"乡村振兴战略"一直引起社会各界的广泛关注,"新农人""新新农人"便在这一战略部署下应运而生。

馨可宁(xīn kě níng) 我国首个获批上市的宫颈癌疫苗。

[例] 国家药监局称:"馨可宁"通过预认证标志着中国疫苗产品的监管、研制和生产体系及产品质量获得了国际的广泛认可。(腾讯网2021年10月26日)

此次爱心捐赠通过厦门万泰沧海生物技术有限公司向壤塘县和越西县20—30岁的育龄期女性捐赠戊肝疫苗(益可宁)和HPV疫苗(馨可宁),用于及时预防戊肝和宫颈癌带给育龄期女性的危害。(中国日报网2022年6月29日)

[按] 2021年10月26日,厦门万泰沧海生物技术有限公司生产的国产双价人乳头瘤病毒疫苗(馨可宁)正式通过世界卫生组织的预认证,成为第六个通过预认证的中国国产疫苗,可供联合国系统采购。

星火·链网(xīng huǒ·liàn wǎng) 利用区块链自主创新能力而谋划布局的数字经济"新型基础设施"。

[例] 纸贵科技与新华网、央视网、浙江省文投集团、浙江文交所、雅昌文化、灵境藏品、知音数藏、蓝色光标、上海泰砥、溪塔科技、布比等作为第一批合作伙伴,共同接入"星火·链网"数字原生资产(DNA)服务网络。(京报网2022年5月21日)

"星火·链网"作为区块链基础设施,自发布以来始终致力于构建面向全球服务的、可信任的"数字底座"。(东方网2022年11月18日)

[按] 2022年,"星火·链网"是由中国信通院牵头建设运营,基于现有国家顶级节点的建设,为持续推进产业数字化转型,进一步提升区块链自主创新能力而谋划布局的面向数字经济的"新型基础设施"。

虚拟手办（xū nǐ shǒu bàn）　指存在于网络世界中的手办模型。

［例］　近日，漫画 IP《镇魂街》和游戏《旅行青蛙》纷纷推出虚拟手办，引发热议，甚至有网友吐槽"花钱买了个寂寞"。（《北京青年报》2021年9月29日）

从广义上说，任何以"虚拟手办"名义营销都会面临一个问题，虚拟手办的存在意义是什么？（《南方日报》2021年9月30日）

［按］　"手办"指的是一种收藏模型，也指日本动漫的周边。而后，经不断发展，"手办"也指人形，即所有收藏性人物模型，具有收藏、装饰的价值。"虚拟手办"一词则由"手办"衍生而来，主要存在于虚拟网络世界当中，为迎合少部分玩家的兴趣和需求而产生。

选择性退休（xuǎn zé xìng tuì xiū）　个人结合自身情况自主选择退休时间。

［例］　他认为应当实施包括"选择性退休"、支持生育、养育、教育的结构性政策与制度安排、积极就业的结构性政策与制度安排等措施促进生育。（《中国日报》2021年9月26日）

三是以家庭为单位统筹推进养老育幼的公共服务供给，将选择性退休与鼓励生育统筹考虑，有效整合民政、人保、税收、卫健等方面的资源，精准提升家庭的抗风险能力和福利输送能力。（《经济参考报》2022年1月11日）

［按］　2021年，中国（海南）改革发展研究院提出"选择性退休"的政策建议，即以延迟退休为目标，在一定年龄区间内由个人自主选择退休年龄。"退休"是指根据国家有关规定，劳动者因年老或因工、因病致残，完全丧失劳动能力（或部分丧失劳动能力）而退出工作岗位，具有强制性。而"选择性退休"则更强调一种自由度，不具有强制性。

学转非（xué zhuǎn fēi）　学科类的培训机构转型为非学科类的培训机构。

［例］　为进一步加强校外培训机构的全面规范管理，"学转非"和现有的非学科类校外培训机构将于11月底，全部调整至体育、科技和文广旅部门，严格落实分类管理目标。（《河南商报》2021年11月10日）

"双减"政策落地以来，学科类培训机构面临三种选择，注销、"学转非"、"营转非"，其中从学科类培训转型为非学科类培训成为大部分机构的选择。

(《青岛日报》2022年2月8日)

[按] 2021年9月7日，教育部发布《教育部办公厅等三部门印发通知部署将面向义务教育阶段学生的学科类校外培训机构统一登记为非营利性机构工作》的通知，明确提出：面向义务教育阶段学生的学科类校外培训机构将统一登记为非营利性机构，完成登记前，应暂停招生及收费行为。

雪飞燕（xuě fēi yàn） 国家高山滑雪中心的别称，因形似燕子而得名。

[例] 跟着航拍镜头俯瞰北京延庆小海陀山，国家高山滑雪中心的7条雪道沿着山势盘旋，整体轮廓宛若一只振翅欲飞的"雪飞燕"。(《人民日报》2021年3月4日)

巍然屹立的海陀山下，展翅欲飞的"雪飞燕"，是目前世界上冰雪项目难度最大的比赛场地之一；飞腾于山脊之上的"雪游龙"，是全球第17条、亚洲第三条符合奥运竞赛标准的雪车雪橇赛道。(《中国日报》2021年4月30日)

[按] 为顺利举办第24届冬季奥林匹克运动会，北京赛区承办所有的冰上项目和自由式滑雪大跳台，延庆赛区承办雪车、雪橇及高山滑雪项目，"雪飞燕"场地属于延庆赛区。与此相关的还有："雪游龙"（国家雪车雪橇中心）、"雪如意"（国家跳台滑雪中心）、"雪飞天"（首钢滑雪大跳台）、"冰丝带"（国家速滑馆）。

雪糕刺客（xuě gāo cì kè） 指那些隐藏在冰柜里面，看着其貌不扬但付钱时会用它的价格"刺"你一下的雪糕，即价格超出预期的昂贵雪糕。

[例] 不少网友将这样的高价雪糕调侃为刺伤钱包的"雪糕刺客"，与之相对的低价雪糕、平价雪糕则被称为"雪糕护卫"，相关话题近来引发热议。(京报网2022年7月8日)

近日，社交媒体中各式"雪糕刺客"一次次出现在人们的视线之中。各大耳熟能详的雪糕品牌，以其"花式包装"赢得人们的注意力，又以其"高端价位"冲击人们内心的承受力。(搜狐网2022年7月14日)

[按] "天价雪糕"的代名词。2022年夏天，"雪糕刺客"在互联网上引发热议。

雪糕护卫（xuě gāo hù wèi） 指那些口味不错、价格适中的老品牌雪糕。

[例]　目前对于价格标示不清、不同雪糕混放的行为，已有多地市场监管部门担当"雪糕护卫"出手，守护我们的夏天。（光明网 2022 年 7 月 8 日）

老品牌平价雪糕正受到越来越多消费者青睐，被网友亲切地称为"雪糕护卫"。（中央纪委国家监委网 2022 年 7 月 11 日）

[按]　随着 2022 年夏天关于雪糕的火爆讨论，不少网友将高价的雪糕调侃为刺伤钱包的"雪糕刺客"，与之相对的低价雪糕、平价雪糕则被称为"雪糕护卫"，该词的出现符合语言的对称性原则。

雪晶宫（xuě jīng gōng）　2022 年北京冬残奥会延庆赛区颁奖广场的别称。

[例]　该广场一位负责人告诉记者，"雪晶宫"是一座承载荣誉的"宫殿"，也是一个充满温暖和爱意的大家庭。（中国新闻网 2022 年 3 月 2 日）

昨晚，张梦秋第 5 次来到"雪晶宫"颁奖广场领奖，相比前 4 次领奖时的"麻花辫""爱心辫""六小辫儿"和"蝴蝶结"，这次她指了指头顶上的两个"猫耳朵"说，自己继续走"可爱风"，做个了"小猫发型"。（《北京日报》2022 年 3 月 13 日）

[按]　"雪晶宫"一词采用比喻法的造词方式。颁奖广场的设计灵感来源于雪花和冰晶，且其整体上呈现出宫殿的形象。这个别称既是对广场设计的形象化描述，也是对冬残奥会的象征性称呼，体现了冰雪运动与冬季奥林匹克精神的结合。

雪游龙（xuě yóu lóng）　国家雪车雪橇中心的别称。

[例]　而作为中国唯一的雪车雪橇场馆，位于延庆赛区的"雪游龙"赛后不仅能承接各类高级别相关赛事，为国家队提供专业训练场地，更早已在赛道预留大众体验出发口，兼顾大众在专业安全保障情况下体验该项运动。（《中国青年报》2021 年 7 月 6 日）

2022 年北京冬奥会和冬残奥会上，延庆赛区"雪飞燕""雪游龙"两座竞赛场馆和延庆冬奥村惊艳世界。（新华网 2022 年 4 月 29 日）

[按]　北京 2022 年冬奥会和冬残奥会上，"雪游龙"竞赛场馆惊艳世界。"雪游龙"因设置了角度和坡度不同的弯道，俯瞰正如一条蜿蜒的游龙盘踞在山脊之上，故称。

【Y】

亚太奇迹（yà tài qí jì）　形容亚太地区人口占比较大，经济发展迅速的现象。

［例］　亚太地区曾饱受冲突战乱之苦，正是因为摆脱了冷战阴霾，亚太地区特别是中小经济体步入奔向现代化的快车道，"亚太奇迹"才应运而生。（新华网 2022 年 11 月 18 日）

这四点建议，与习（近平）主席前一天在亚太经合组织工商领导人峰会书面演讲中提出的六点主张一脉相承，既是对过去创造"亚太奇迹"的经验总结，也体现出对当前局势的精准把握与战略谋划，具有很强的现实针对性与深远意义。（光明网 2022 年 11 月 19 日）

［按］　亚太地区占世界人口三分之一，占世界经济总量逾六成、贸易总量近一半。过去几十年，亚太区域经济合作蓬勃发展，创造了举世瞩目的"亚太奇迹"，亚太合作早已深入人心。

研考（yán kǎo）　全国硕士研究生统一招生考试的简称。

［例］　近日，教育部会同中央网信办、公安部、国家疾控局召开 2023 年研考工作调度会，全力确保研考平稳顺利实施。（《法治晚报》2022 年 12 月 23 日）

今天上午，2022 年研考正式拉开帷幕，全国各地备考已久的考研学子们正式走进考场，向目标院校进发。（《广州日报》2021 年 12 月 25 日）

［按］　又称"考研""统考"。近年来，随着报考研究生的人数逐年上涨，"研考"也成为一个热词。

颜值打分师（yán zhí dǎ fēn shī）　电商平台中专为顾客评价外貌或气质的人。

［例］　颜值打分师是一部分拥有容貌焦虑之人寻求的"镜"，他们期望在"镜"中得到缓解这份焦虑的缓冲剂，当然也可能适得其反。（《南方日报》2021 年 6 月 29 日）

花上数十元乃至近千元钱，根据提示发去自己的多张自拍照，该 APP 的"颜值打分师"就会通过五官、妆容、风格、气质等具体方面进行打分评价，

并根据付费的多少提出或多或少的建议。(《中国青年报》2021年7月7日)

[按] "颜值打分师"一词由"颜值"一词衍生而来,该词多流行于电商平台,商家声称以美术生、化妆师或仅仅是陌生人的视角,通过照片对顾客的五官和身材给出评价。"颜值"一词的产生和流行可以追溯到2015年,其在2015年《青年亚文化研究年度报告》中被选为年度流行词。随着"颜值"一词的使用范围不断扩大,它逐渐脱离了表示人面容美丽程度的单一意义,意义变得更加多样、抽象,也可以用来指称非人类的事物。

焰火民警(yàn huǒ mín jǐng) 指为焰火燃放安全默默护航的公安民警。

[例] 所谓"焰火民警",就是指朝阳分局治安支队中队长冯雷和他的同事们,他们的主要任务就是保护阵地的安全。(《新京报》2022年2月4日)

自1月中旬起,"焰火民警"为了烟花顺利绽放,必须寸步不离地守护焰火架和被运到鸟巢的烟花,还要时刻观察周边情况,防止有行人和车辆误闯进烟花燃放的区域,并在每一天的巡逻中及时发现并消除安全隐患。(《中国青年报》2022年2月5日)

[按] "焰火民警"来源于2022年北京冬奥会开幕式,"焰火民警"并不是一个正式的警种名称,而是与他们的工作职责有关。2022年北京冬奥会开幕式上,绚烂的焰火点亮了夜空,而在人们看不到的地方,则是一个个公安民警夜以继日值守岗位的身影,为焰火燃放安全默默护航,他们被称为"焰火民警"。

羊了个羊(yáng le gè yáng) 由北京简游科技有限公司开发的休闲类益智游戏。

[例] 乍一看似乎没有什么特别,"羊了个羊"为何成为短期内市场上最赚钱也最赚流量的游戏?(央视网2022年9月20日)

警方介绍,这款小游戏的火爆,让一些不法分子看到了"赚钱"的机会,比如售卖辅助过关的外挂服务,冒充"羊了个羊"的客服人员,通过销售游戏道具、增加复活次数等手段进行诈骗。(光明网2022年9月24日)

[按] "羊了个羊"这款游戏于2022年6月13日正式发行。该游戏以极低的通关率和"魔性"的背景音乐吸引了大量玩家。从"1+1"水平的第1关开始,"极难"的第2关让玩家们"欲罢不能",纷纷与游戏"死磕",由此

羊了个羊　养号控评　野性消费　医保药价通

"筛选"出了玩家中的"倔驴",游戏也因此被戏称为"驴了个驴"。

养号控评（yǎng hào kòng píng）　指专门用非常规手段提高等级及活跃度的注册账号。

[例]　据新华社报道,靠"养号控评"虚增流量的灰黑产业链,现在已经大行其道,看似操作简单、小打小闹的虚假流量"生意",整体规模已达千亿之巨,遍及各大互联网平台。(《北京青年报》2021年1月21日)

还有一些经营者通过APP收集闲散用户流量,靠"养号控评"虚增流量,运用技术手段模拟人工操作,批量转评赞,利用黑客"暗链"技术非法引流,进行流量劫持等等。(《人民日报》2021年5月13日)

[按]　"养号控评"的现象最初出现在社交媒体平台,如微博、微信等,这表现为一些艺人粉丝会对艺人微博中某些好的评论连续点赞,使其成为热评,将不好的评论删除或者举报,由此来控制相关事件的评论走向。2021年以来,随着互联网的发展,这种现象也逐渐扩散到了其他领域,如电商、游戏等,一些人试图通过"养号控评"的方式来引导舆论走向,掩盖事情真相,从而干扰公众的正确判断。

野性消费（yě xìng xiāo fèi）　指消费者不受控制地、非理性地购买某种商品或服务。

[例]　再回看一时激情转化为购买力的"野性消费","把你们最贵的鞋子拿来""穿不了就拿给朋友穿,必须支持"……野性消费热潮背后,是无法抑制的、不理性的消费欲望。(光明网2021年12月8日)

人们把这种消费叫做"野性消费",有种不管不顾的味道。消费是很容易冲动的,但它是最应该理性的,于个体它牵扯到每元每角的计算,于大局它关系到整个链条能否顺畅运行。(《中国青年报》2022年3月23日)

[按]　"野性消费"一词出现于鸿星尔克直播间,2021年河南郑州遭遇特大暴雨灾害,鸿星尔克向灾区捐献5000万元物资,引得大众狂热地在鸿星尔克直播间消费。主播因此呼吁大家理性消费,但有网友留言表示"不,我要野性消费"。

医保药价通（yī bǎo yào jià tōng）　指医疗保障局面向社会公众推出的一项公益性服务。

医保药价通　一墩难求　依法带娃

[例]　"医保药价通"主要依托医保信息系统掌握的数据，综合利用人工智能、大数据等新一代信息技术，实现对定点零售药店医保药品价格的多维度监测、预警以及信息披露。(人民网2021年11月11日)

"医保药价通"依托国家医保信息平台，综合利用互联网、大数据新一代信息技术，连通珠海全市669家医保定点零售药店、覆盖7766万多个医保药品。(《广州日报》2022年3月21日)

[按]　"医保药价通"是深圳市医疗保障局于2021年11月面向社会公众推出的一项全市定点零售药店药品价格、药店位置以及购药路径地图导航掌上实时查询的公益性服务，旨在便利群众的同时充分运用社会公众监督的力量调节市场治理。该平台覆盖全深圳所有定点零售药店，涵盖20万余种医保药品，对医保药价进行实时动态监测，实现医保药价"掌上查"。

一墩难求（yī dūn nán qiú）　网络流行语，指奥林匹克官方旗舰店"冰墩墩"不断售罄的情形。

[例]　奥林匹克官方旗舰店"冰墩墩"周边一再售罄，各冬奥官方特许商店外排起长队，"一墩难求"，成了冬奥赛场外的另一场冰雪浪漫和全民狂欢。(《新京报》2022年2月6日)

冰墩墩作为北京冬奥会的吉祥物，自冬奥会开幕以来引发公众追捧，出现了"一墩难求"的情况。(中国日报网2022年2月15日)

[按]　"一墩难求"一词出自2022年北京冬季奥运会期间。"冰墩墩"是2022年北京冬季奥运会的吉祥物，一经上架瞬间销售一空，故有了"一墩难求"的说法。相关的词语还有"冰墩墩自由""一户一墩"等。

依法带娃（yī fǎ dài wá）　指家长教育孩子时，要遵守相关法律法规。

[例]　当家庭教育从"家事"上升到"国事"，如何"依法带娃"，成为不少家长的关注。(《人民日报》2022年1月4日)

记者检索发现，自今年1月1日《家庭教育促进法》实施以来，"法院责令家长依法带娃"的消息层出不穷。(央视网2022年12月14日)

[按]　"依法带娃"的产生与家庭教育有关。2021年10月23日，十三届全国人大常委会第三十一次会议表决通过了《中华人民共和国家庭教育促进法》。《家庭教育促进法》的制定，将家庭教育由旧时期的传统"家事"上升为

新时代的重要"国事"。与此同时，也催生了网络热词"依法带娃"。

一户一墩（yī hù yī dūn）　网络流行语，指2022年北京冬季奥运会期间"一户家庭一个冰墩墩"的愿望。

[例]　在2月6日，北京冬奥组委新闻发言人赵卫东回应网友提出的"一户一墩"："目前，北京冬奥组委正协调'冰墩墩'供应，另外也想提醒大家，除了'冰墩墩'，还要关注'雪容融'哦。"（《潇湘晨报》2022年2月6日）

随着冰墩墩的热度不断攀升，好多厨房界的好手们为了达成"一户一墩"的美好愿望，纷纷发挥自己的聪明才干，用一副巧手达成自己的"冰墩墩自由"。墩墩馒头、墩墩汤圆、墩墩大福、墩墩面包、墩墩橙子、墩墩蛋黄酥……大家为了拥有一支冰墩墩，可谓是"无所不用其极"了。（上观新闻2022年2月12日）

[按]　该词的出现与2022年北京冬季奥运会的吉祥物冰墩墩有关。自冰墩墩亮相后，其周边商品一上架便瞬间销售一空。由于冰墩墩的创意玩偶在官方旗舰店中迅速售罄，网友们对此表示出了强烈的兴趣，希望能够实现每户家庭拥有一个冰墩墩的愿望，由此，产生了"一户一墩"一词。同时，该词采用了说明法的造词方式，言简意赅。

一键防护（yī jiàn fáng hù）　指新浪微博为了避免博主遭受大量不友善言论攻击而设立的一项功能。

[例]　为有效减少和预防用户遭受言论攻击的情况，微博平台于3月11日正式上线"一键防护"功能，该功能测试阶段仅针对部分用户开放，后续将面向全站用户开放。（《半岛都市报》2022年3月11日）

为减少和预防用户遭受言论攻击，微博上线"一键防护"功能。（澎湃新闻客户端2022年3月11日）

[按]　新浪微博为有效减少和预防用户遭受言论攻击，于2022年3月11日正式上线了"一键防护"功能。这项功能可以让正在遭受不友善言论攻击的博主用于自我保护，该功能开启期间，博主将不接收未关注人的私信，未关注人将无法评论转发博主的微博内容。

一码畅行（yī mǎ chàng xíng）　指公交码、地铁码等多码合一。

[例] 打开基于可信数字身份的"峰会码",不论是抵达机场后的通行、报到后的酒店入住,还是到峰会观展、参与活动,都能享受一码畅行的高效便捷。(光明网 2022 年 7 月 24 日)

"铁路畅行"码将旅客所乘列车相关信息高效整合在一起,让人民群众可以深刻感受到铁路行业在服务旅客方面的用心……既减少了近距离接触的风险,又提高了服务效率,真正做到了"一码畅行、安全畅行"。(中国日报网 2022 年 8 月 18 日)

[按] "码"的出现为出行带来了很大的便利。该词在发展中逐渐形成一种类似"一码××"的构式,与此相关的还有:一码申报、一码亮证、一事一码、一站一码、一码通行、一码就医、一码缴费、一码助残、一码通办、一码入园、一码检验。

一起向未来(yī qǐ xiàng wèi lái) 2022 年北京冬季奥运会口号。

[例] 剧院内的声乐演出以"逐梦新时代,一起向未来"为主题,围绕"我们心目中的英雄""我们的生活充满阳光""我们的祖国是花园""我们的梦想在远方"四大篇章开展,主题鲜明、形式丰富,将多种形式的合唱、朗诵、舞蹈、艺术融入爱党爱国爱社会主义教育,用艺术化的形式推动党史、团史教育深入人心、落地生根。(人民网 2022 年 7 月 8 日)

北京冬奥会已经成为人们的集体记忆,更重要的是,那句"一起向未来"的口号也给徒步前行的追梦人心中,注入了温暖的力量。(《中国青年报》2022 年 12 月 28 日)

[按] "一起向未来"是 2022 年北京冬季奥运会的口号。"一起"展现了人类在面对困境时的坚强姿态,指明了战胜困难、开创未来的成功之道;"向未来"则表达了人类对美好明天的憧憬,传递了信心和希望。

一起云支教(yī qǐ yún zhī jiào) 由共青团中央青年发展部作为指导单位,中国光华科技基金会作为主办单位的社会实践公益活动。

[例] 2021 年 1 月,"一起云支教"大学生服务乡村教育公益行动在北京正式启动,来自清华大学、复旦大学、上海交通大学、中国人民大学、北京

一起云支教　一网协同　一芯

师范大学等十余所高校代表和大学生加入此次行动中。(中国青年网2022年1月19日)

该公益活动由中国光华科技基金会、北京市援疆和田指挥部主办，中国传媒大学校团委、洛浦县教育局、"一起云支教"项目组、新疆阔恰文化科技有限公司支持。(光明网2022年4月15日)

[按]　"一起云支教"是由中国光华科技基金会发起、各高校和各级共青团参与的青少年"互联网＋公益"项目。2021年1月，"一起云支教"大学生服务乡村教育公益行动在北京正式启动，致力为欠发达地区提供更好的教学条件和教育资源。

一网协同（yī wǎng xié tóng）　指面向省级党政机关工作人员，满足其日常办公过程中跨层级跨单位沟通、共享、协作需求的平台。

[例]　我们通过业务流程的优化和再造，加快政府运行"一网协同"，建设集约高效的城市智能中枢，标准统一的城市数字底座，让深圳这座超大型城市实现全域感知、全网协同、全业务融合和全场景智慧，让人民群众获得感成色更足，幸福感更可持续，安全感更有保障。(《深圳特区报》2021年7月11日)

莽琦表示，2022年是沈阳市推动数字政府建设的攻坚之年，在接下来的"一网统管""一网协同""一码通城"建设工作中，将以大数据思维、信息化手段，通过"三个强化"助推沈阳市城市治理数字化加速转型。(中国新闻网2022年7月27日)

[按]　"一网协同"中的"一网"泛指政务云、政务网、政务大数据中心等，"协同"指在提倡办公过程中各层级之间实现信息互通、共享、协同的平台。2022年7月25日上午，在第五届数字中国建设成果展览会成果发布会上，重磅发布了一网协同平台"党政通"、城市体征平台、隐私计算一体机三大技术产品。与此相关的词语还有"一网统管"。

一芯（yī xīn）　指湾东智芯，旨在打造大湾区综合性国家科学中心的重要支撑平台。

[例]　为抢抓发展机遇，龙岗围绕区委"一芯两核多支点"发展战略，精心梳理了55项重点攻坚任务，明确从大面积产业空间土地整备、城区规划建设、重大项目建设、城市品质提升、产业高质量发展、教育高质量发展等6

个方面实施集中攻坚。(光明网 2021 年 8 月 9 日)

据了解,龙岗区作为深圳都市圈东部文化中心,正深入实施"一芯两核多支点"区域发展战略,着力创建国家级文化产业示范项目龙岗数字创意产业走廊。(《深圳晚报》2022 年 7 月 25 日)

[按] "一芯"是深圳市龙岗区的一个科技创新区域,其出现将促进龙岗区的产业转型升级,推动民生福祉增进,为龙岗建设"湾东智芯"核心区蹚出高质量发展"新路"。

一员制(yī yuán zhì)　　指在一个领域内,由一个部门或者一个人负责该领域的综合监管。

[例] 王玉平说,通过推行绿水青山"一员制"综合智慧监管,贵池区构建了"面上统一管""小事有人做""事事能闭环"的乡村治理体系,让村居治理实现了从自治、共治到智治的治理变迁。(新华网 2022 年 4 月 24 日)

为保障建成的民生项目持久发挥效益,贵池区棠溪镇整合交通、环保、林业、水利、农业等多部门资源要素,并将基层的环境监督员、巡河员、护林员、巡田员、护路员等整合为综合监管网格员,推行"一员制"综合智慧监管。(澎湃新闻 2022 年 12 月 30 日)

[按] 2021 年 3 月,中共中央办公厅、国务院办公厅印发了《关于进一步深化税收征管改革的意见》,该意见的第二部分提出了在阶段性目标上,以 2022 年、2023 年和 2025 年三个时间节点来划分阶段并确立目标,即 2022 年基本实现法人税费信息"一户式"、自然人税费信息"一人式"智能归集,2023 年基本实现税务机关信息"一局式"、税务人员信息"一员式"智能归集,2025 年实现税务执法、服务、监管与大数据智能化应用深度融合、高效联动、全面升级。

一整个爱住(yī zhěng gè ài zhù)　　网络用语,表示人们全身心地爱上某个人或事物。

[例] 高能反转的剧情亮眼吸睛,让观众大呼过瘾,收获一众好评:"剧情、演员都一整个爱住,港剧就是满满情怀!"(中国新闻网 2022 年 1 月 11 日)

国潮元素的设计,让网友直呼"一整个爱住"。(东方网 2022 年 12 月 2 日)

一整个爱住 一指减负 乙里乙气

[按] "一整个"意为"完全""彻底""全身心";"爱住"意为"爱上"。该词相较于"完全爱上""非常喜爱"等正式表达具有更强的口语色彩,显得更加活泼生动,更契合当代年轻人在网络空间中的表达习惯,后来衍生出如"一整个爱住""一整个大无语""一整个绷不住"等网络用语。

一指减负(yī zhǐ jiǎn fù) 一个数字化改革场景应用,企业可以登录查看当前已享受的减负政策及明细。

[例] 过去,企业减负降本面临"政策看不全、流程看不到、结果感知弱"的痛点,"一指减负"应用让企业在手机上点一点,就能知道"减什么、减多少、怎么减"。(《人民日报》2022年9月9日)

此外,为方便企业享受政策,浙江还打造了"一指减负"应用,打通了税务、财政等18个部门系统。(央视网2022年12月11日)

[按] 根据有关减负降本的工作精神,结合2021年浙江数字化改革大会有关工作部署和要求,浙江省经信厅(省减负办)会同有关部门推动出台《关于进一步深化企业减负担降成本改革的若干意见》,在全国首创"一指减负"数字化改革场景应用。"一指减负"中的"减负"一词于1955年7月在《关于减轻中小学生过重负担的指示》中提出,后来,其使用范围不断拓展,使用方式也更加灵活。

乙里乙气(yǐ lǐ yǐ qì) 指说话和做事完全按照"乙方"的思维方式,与"甲方"相对应。

[例] 充满谦卑恭敬语气的语言,仿佛乙方回应甲方的样子,被网友创造了一个新词用以形容——"乙里乙气"。(《中国青年报》2021年12月15日)

据媒体报道,网络上因此创造出一批新词汇:"乙里乙气""乙德报怨""恐乙己",等等。不少年轻人自嘲:"我们是乙掉的一代!"(《光明日报》2022年5月7日)

[按] "乙里乙气"流行于2022年,出自新浪微博。在合同式的商业语境下,乙方属于供应方,甲方属于业主,因此甲方的地位要强势一些,可以制定需求,乙方则要满足甲方提出的合理需求。因此网友依据乙方所处的职场地位,造出"乙里乙气"这一新词,表示人说话做事抱有谦卑、恭敬的态度,但并非完全出自礼貌,而是害怕得罪其他人,将自己包装起来,以卑微的姿态示

人。"乙里乙气"是以"×里×气"为构式的词语，此类词语多带有贬义色彩，为形容词。

以数治税（yǐ shù zhì shuì）　指以数据为基础，用数据来管税。

［例］　税务部门认真贯彻落实《关于进一步深化税收征管改革的意见》，着力推动税收征管方式从"收税"到"报税"再到"算税"升级，税收征管流程从"上机"到"上网"再到"上云"转变，税收征管效能从"经验管税"到"以票控税"再到"以数治税"提升。（《中国青年报》2021年12月31日）

在稳市场主体方面，上海市探索打造"以数治税"优化服务企业新模式。（《人民日报》2022年9月29日）

［按］　"以数治税"是指数字经济时代下，税收征管体系的数字化升级和智能化改造。2021年3月，《关于进一步深化税收征管改革的意见》提出到2023年实现从"以票管税"向"以数治税"分类精准监管的转变。这种方法可以提高税收征管效率，减轻纳税人负担，促进经济发展。

以薪留工（yǐ xīn liú gōng）　指通过提高员工的薪资水平来留住员工的行为。

［例］　一些地方出台激励措施，提供消费券、补贴房租，以岗留工、以薪留工，发放节日礼包，丰富业余生活……实惠多多、诚意满满的新春"礼包"，让在外的人感受到"家"的温馨。（《人民日报》2021年2月18日）

当地出台了在建项目外来务工人员就地过年服务保障措施，做到以岗留工、以薪留工、以情留工。（央视网2022年2月10日）

［按］　节假日期间，一些订单多、生产任务较重的企业会通过增加工资、提供奖金、加班费或其他形式的薪酬激励，留住员工，保证生产。

易惠全球（yì huì quán qiú）　指出口银行推出的4.0版进博会专项金融服务方案。

［例］　中国进出口银行为第四届进博会量身定制了"易惠全球"服务方案，组合进口信用证、进口信贷等30余种贸易金融产品，形成多维度金融支持体系。（《人民日报》2021年11月1日）

据悉，为更好发挥自身职能作用，进出口银行将依托"易惠全球"专项金融服务方案，积极满足不同类型企业的差异化融资需求，畅通国内国际双循环。（中国一带一路网2021年11月7日）

[按] "易惠全球"出现于第四届中国国际进口博览会上。中国进出口银行于2021年10月26日在新闻发布会上提出为第四届中国国际进口博览会量身定制的"易惠全球"专项金融服务方案。

易货师（yì huò shī） 指从事非货币交换货物和服务，管理易货企业的易货账户，为易货公司提供易货交易和咨询服务的人员。

[例] 调饮师、易货师、碳排放管理员……日前，我国发布了第四批18个新职业。（《中国青年报》2021年6月16日）

绿色发展和食品安全领域，像食品安全管理师、碳排放管理员等专门人才，缺口很大；与人民群众对美好生活的向往相适应，易货师、调饮师、二手车经纪人等行业人才，很受欢迎。（《解放军报》2022年1月22日）

[按] 2022年，"易货师"作为新职业被纳入新修订的《中华人民共和国职业分类大典》，被定义为"从事货物、服务等非货币互换及策划、咨询和管理工作的人员"。据不完全统计，全国易货从业者已逾百万，并呈上升的趋势。

疫苗巴士（yì miáo bā shì） 指移动式的疫苗接种车辆。

[例] 她说，疫苗巴士将于本周开始行驶，以方便为更多的人接种。（中国日报网2021年9月14日）

德国柏林在市内多地分批部署"疫苗巴士"，每辆巴士每小时最多可为20人进行接种。（新华网2021年11月23日）

[按] "疫苗巴士"作为流动疫苗接种站，通常配备有专业的医疗人员和必要的设备，可以前往人口密集地区、偏远地区或者特定场所，提供疫苗接种服务。

疫苗互认（yì miáo hù rèn） 各国之间互认的通用疫苗核查接种机制。

[例] 他还进一步提出了全球疫苗合作行动倡议，6方面内容涵盖疫苗科研合作、疫苗互认、疫苗及原辅料贸易等多个关键环节。（新华网2021年

12月27日）

2021年10月，在二十国集团领导人第十六次峰会第一阶段会议上提出全球疫苗合作行动倡议，包括支持同发展中国家联合研发，加大向发展中国家提供疫苗，支持世界贸易组织就疫苗知识产权豁免早作决定，加强疫苗及原辅料跨境贸易合作，依据世界卫生组织疫苗紧急使用清单推进疫苗互认，为发展中国家获取疫苗提供金融支持等6个方面重要举措。（《人民日报》2022年1月20日）

[按] "疫苗互认"指不同国家或地区之间对彼此接种的疫苗予以承认，这意味着如果一个人在一个国家或地区接种了一种被另一个国家或地区认可的疫苗，那么他可以被视为已经接种了有效的疫苗。

印太经济框架（yìn tài jīng jì kuàng jià）　美国总统拜登提出的经济框架。

[例]　美国变本加厉地组建封闭排华的"小圈子"合作，发起美日韩台"芯片联盟"和"印太经济框架"。（中国日报网2022年10月13日）

美国妄图以意识形态和社会制度画线，联合盟友推动"印太经济框架""芯片四方联盟"等排他性小圈子。（光明网2022年11月19日）

[按] "印太经济框架"（Indo-Pacific Economic Framework，IPEF），提出于2022年。2022年5月22日，时任美国总统国家安全事务助理杰克·沙利文称，美国总统乔·拜登的政府将启动所谓"印太经济框架"，作为地区接触的关键工具。

赢麻了（yíng má le）　网络用语，表示赢了很多次，已经习以为常，以至于都麻木了。

[例]　崔健线上演唱会的累计观看量达到了6370万，不少圈内人士推测，品牌方已经"赢麻了"。（中国新闻网2022年5月31日）

从体育场建设到电力保障，从新能源客车到草坪灌溉，"中国队"彻底赢麻了。（东方网2022年11月29日）

[按] "赢麻了"是"想赢就赢，说赢就赢，赢到麻木"的简称。通常用于表达屡战屡胜或胜算很大的意思，表示一种习以为常的胜利姿态。同样，"输麻了"也是类似的表达方式。

影子股东（yǐng zi gǔ dōng）　　指不实际出资或用不符合法定出资形式的要素出资，而占用公司一定比例股份的股东。

［例］　深入整治"影子公司""影子股东"等新型腐败和隐性腐败。（新华网2022年10月27日）

综合运用政治、纪律、法治方式，查处一批多年积累的领导干部子女亲属严重违纪违法案件，防范形成利益集团、权势团体、特权阶层。深入整治"影子公司""影子股东"等新型腐败和隐性腐败。（《光明日报》2022年10月28日）

［按］　"影子股东"是一种隐性腐败，其本质是以权谋私。一些领导干部通过非正常政商关系，利用职权或者职务影响力，以他人名义代持公司股份或依据代持股比例约定享受企业分红、股权转让等收益。

优师计划（yōu shī jì huà）　　指教育部等9个部门下发的《中西部欠发达地区优秀教师定向培养计划》。

［例］　近年来，随着高考综合改革的持续推进，已经形成了分类考试、综合评价、多元录取的考试招生模式，而像优师计划、免费医学生、面向农村和脱贫地区学生招生专项计划等一系列多元录取方式，不仅增加了农村考生的选择机会，也为乡村振兴提供了教育助力。（央视网2022年11月21日）

9月7日，习近平总书记给北京师范大学"优师计划"师范生回信，对他们寄予殷切期望，并在北京师范大学建校120周年和第三十八个教师节来临之际，向全校师生员工、广大校友表示祝贺和问候，向全国广大教师致以节日的祝福。（《人民日报》2022年11月29日）

［按］　"优师计划"于2021年启动，是为从源头上解决欠发达地区教师短缺、素质不高的问题，推动巩固拓展教育脱贫攻坚同乡村振兴有效衔接而实施的一项关键举措。

忧婚族（yōu hūn zú）　　对结婚抱有焦虑和担忧情绪的群体。

［例］　"结婚？要考虑彩礼、酒席、房、车、孩子，这八个字就把我难倒了。"网友戏谑的发言道出了这些"忧婚族"的忧虑。（《光明日报》2021年10月8日）

被现实障碍所困，"忧婚族"不在少数。（中国新闻网2021年10月9日）

［按］　"忧婚族"流行于2021年。近几年，青年结婚意愿呈现下降趋势，

部分低婚恋意愿青年为现实障碍所困，对婚姻带来的责任、经济压力、生活方式的改变等感到担忧，成为"忧婚族"。该词属于"××族"词群，与此相关的词语还有"懒婚族""不婚族""缓婚族"等。

油茅（yóu máo）　"油中茅台"的简称，指金龙鱼粮油食品股份有限公司。

　　[例]　其中"油茅"金龙鱼的股价一举拿下 145.62 元股的历史新高后便一路下挫，午后开盘大幅跳水超 13%。（央视财经 2021 年 1 月 11 日）

　　春节过后，以贵州茅台为首的"茅系家族"日子有点难过："免税茅""药茅""防水茅"……纷纷大跌。2 月 23 日，又轮到了"油茅"，金龙鱼下跌 9.5%，报 99.48 元。（《中国证券报》2021 年 2 月 24 日）

　　[按]　"×茅"这一结构多指在消费、医药以及科技制造等领域出现的有较强成长性及较强技术实力的龙头公司，由此产生了一系列的称呼。如贵州茅台被称为"酒茅"，爱尔眼科被称为"眼茅"，金龙鱼被称为"油茅"。

宇宙厨房（yǔ zhòu chú fáng）　指超现代、高科技的厨房，具备智能化、自动化和高效能的特点。

　　[例]　本次发布会，格兰仕亮出了宇宙厨房概念，并全新发布了 DR 空气炸微波炉、RL 微蒸烤一体机、高端嵌入式微蒸烤公爵系列、智能扫拖一体扫地机器人等产品。（光明网 2021 年 7 月 29 日）

　　本届广交会，格兰仕集团带来全新的"宇宙厨房"科技场景及配套航天品质产品，通过空气炸微波炉、微蒸烤一体机、洗碗机等炙手可热的"宇宙厨房"系列健康家电，为全球客商与消费者展示无明火、无油烟的低碳烹饪与可持续的健康生活方式。（《中国青年报》2022 年 10 月 18 日）

　　[按]　"宇宙厨房"场景的兴起来源于在中国航天事业飞跃发展、获得卓著成就的大背景下众多厨电企业想通过打造"航天 IP"来为产品赋能"高品质、精科技"等属性。

宇宙中心曹县（yǔ zhòu zhōng xīn cáo xiàn）　网络流行语，指一位博主用山东方言口音喊出的口号"山东菏泽曹县 666 我们勒宝贝"的口号，使曹县成为网络焦点。

　　[例]　曹县，位于山东省西南部，菏泽市下辖县，原本是一个名不见经

传的小县城，如今已然成为网友口中的"宇宙中心"。(《新华日报》2021年5月19日)

彼时，"宇宙中心曹县"还没火爆出圈，但产业发展已经相当成熟。(光明网 2022年10月3日)

[按]　2021年，一位博主用山东方言口音喊出"山东菏泽曹县 666 我们勒宝贝"的口号，此举不仅让曹县成为"网红"县城，也让更多的人了解曹县。

雨露计划＋（yǔ lù jì huà ＋）　指中国国务院扶贫开发领导小组办公室在"雨露计划"基础上推出的一项就业促进行动。

[例]　他告诉记者，技能培训激发了自己对烹饪的喜爱，培训结束后，他通过"雨露计划＋"就业促进专项行动，继续在重庆市长江职业培训学校完成了为期两年的中职学习。(新华网 2022年9月22日)

实施"雨露计划＋"就业促进行动，做好脱贫人口稳岗拓岗转岗工作，9月底脱贫劳动力务工规模达到 3268.7 万人，超额完成年度目标。(《光明日报》2022年10月30日)

[按]　"雨露计划＋"就业促进行动于 2022 年 6 月起正式启动，是雨露计划的"后半篇"。"雨露计划＋"将帮扶对象由脱贫家庭扩展到脱贫家庭和防止返贫监测对象家庭，将支持范围由职业教育环节延伸到就业帮扶环节。

预制菜（yù zhì cài）　指已经在工厂加工好的菜，消费者购买回来后只需要加热就能食用。

[例]　近年来，许多人家选择在饭店订上一桌年夜饭，只需简单烹调或直接开封食用的预制菜也逐渐被端上百姓家的餐桌。(人民网 2022年1月26日)

不需买菜、洗菜、配菜，撕开包装直接就能下锅的预制菜成为今年春节年轻人的"新宠"。(光明网 2022年1月28日)

[按]　"预制菜"这一概念兴起于 2020 年，流行于 2021 年和 2022 年。随着生活节奏的加快、工作压力的加大，很多年轻人没有足够的时间和精力做饭，导致"懒人经济"兴起，这也是预制菜兴起的原因之一。

冤种（yuān zhǒng）　网络用语，指做了傻事的人，多用于自嘲。

[例]　文创铜奔马造型憨态可掬，整体呈绿色，一眼望去，马龇着大白牙，"笑"得非常快乐，被踩着的"飞燕"则翻着白眼，活脱脱一个大"冤种"。（《中国青年报》2022年7月8日）

上世纪英国外相哈默斯顿有句名言"没有永恒的朋友，只有永恒的利益"，在自己的利益一次次被美国收割之后，欧洲是时候想想还要不要做山姆大叔的冤种朋友了。（澎湃新闻2022年12月10日）

[按]　"冤种"源于东北方言，指"蒙受冤屈而闷闷不乐的人"，被网络上一些东北博主带火而成为流行语。冠以"大"字，则更突显郁闷情绪的强烈。根据犯傻的程度可以依次叠加形容词：大冤种、纯纯大冤种。这个词带有比较浓厚的自嘲色彩，附带老实憨厚的感觉，多数情况下用于形容自己或者关系密切的亲友。"冤种"词性多变，可作名词、形容词等。

元宇宙（yuán yǔ zhòu）　指由现实世界映射或超越现实世界，可与现实世界交互的虚拟世界，具备新型社会体系的数字生活空间。

[例]　有学者认为，"元宇宙"是一个平行于现实世界，又独立于现实世界的虚拟空间，是映射现实世界的在线虚拟世界，是越来越真实的数字虚拟世界。（澎湃新闻2021年11月10日）

同时，企业目前有迫切的数字化转型需求，也希望在文博会上寻找到更多在元宇宙、AI伴游等方面的合作伙伴。（《河北日报》2022年12月30日）

[按]　"元宇宙"一词诞生于1992年的科幻小说《雪崩》。小说中提到"Metaverse"（元宇宙）和"Avatar"（化身）两个概念。人们在"Metaverse"里可以拥有自己的虚拟替身，这个虚拟的世界就叫作"元宇宙"。近年来，随着自媒体的兴起，网友们对"元宇宙"也高度关注。2022年1月4日《中国名牌》评出2021年度品牌十大热词，"元宇宙"一词入选。

圆梦奶奶（yuán mèng nǎi nǎi）　指那些在晚年，通过各种方式帮助年轻人实现梦想的人。

[例]　她是"圆梦奶奶"，自掏腰包，长期资助贫困学生，圆了孩子们的大学梦；她是"民族工艺传承人"，自学民族工艺品制作，免费传授给年轻人；她是"科技助农先行者"，推广农业领域新技术，帮助五指山乡亲们走上共同富裕的小康之路。（《光明日报》2021年7月15日）

圆梦奶奶　源流之火　源网荷储

她是"圆梦奶奶"，自掏腰包，长期资助贫困学生，圆了孩子们的大学梦；她是"民族工艺传承人"，自学民族工艺品制作，免费传授给年轻人；她是"科技助农先行者"，推广农业领域新技术，帮助五指山乡亲们走上共同富裕的小康之路。（澎湃新闻2021年7月16日）

[按]　"圆梦奶奶"属于"××奶奶"构式。其中"圆梦"作为该词的定语成分，修饰"奶奶"，为偏正结构。这类人以各种方式帮助他人实现梦想或愿望。

源流之火（yuán liú zhī huǒ）　2022年北京冬残奥会火种之一。

[例]　国内的8处城市火种分别为采集自天坛公园的"夏奥之火"、采集自北京市盲人学校的"光明之火"、采集自北京市望京街道温馨家园的"互助之火"、采集自中国盲文图书馆的"希望之火"、采集自大运河漕运码头的"源流之火"、采集自延庆古长城的"和平之火"、采集自张家口创坝园区的"氢洁之火"和张家口黄帝城的"文明之火"。（澎湃新闻2022年1月21日）

大运河漕运码头采集"源流之火"体现北京城的历史与传承。2日下午，该火种将在天坛公园与其他火种一起举行汇集仪式，共同汇聚生成北京2022年冬残奥会官方火种。（新京报网2022年3月2日）

[按]　"源流之火"是2022年北京冬残奥会火种之一。"源流之火"——采集自大运河漕运码头，由4名肢残采火人分执从长江、黄河、永定河、大运河采集的水，共同汇入采火器水槽，启动采火装置。

源网荷储（yuán wǎng hè chǔ）　指一种新型电力运行模式。

[例]　据介绍，智慧能源小镇用户类型齐全，既涵盖工业、服务业用户，同时也涵盖政府和居民用户；融入基础设施广泛，全面融入了供电、供水、供气、供热、交通、通讯、绿化、文化和体育等城市基础设施；应用场景丰富，涵盖电气冷热多能源、源网荷储多环节、生产生活多场景智慧能源应用。（中国新闻网2021年3月17日）

在配置端，加强"源网荷储"衔接，提高特高压输电通道利用率，加快抽水蓄能电站建设和新型储能技术规模化应用。（新华网2021年3月23日）

[按]　"源网荷储"是"源网荷储一体化"的简称。2021年3月，国家发展改革委、国家能源局联合印发的《关于推进电力源网荷储一体化和多能互补发展的指导意见》中首次提出了"源网荷储一体化"这个概念。

云村晚（yún cūn wǎn）　基于网络服务，为村里群众提供大规模共享的线上春晚。

[例]　除了"云村晚"，衢江区还开展了视觉艺术展、书画展、摄影展等各类云展览，传递别样年味，让村民过一个文化年。(《人民日报》2021年2月16日)

这场"云村晚"，六运中心村各族群众在"云端"畅享"文化年"，这个春节，年味不淡、人情不减。(《新疆日报》2022年2月12日)

[按]　"云村晚"基于网络服务，由各村村民本色出演，结合当地的乡土风情和人文底蕴，为广大人民群众和远在他乡的游子献上一场充满乡土味、人情味的文化盛宴。相关词语有"云花市""云改签"。

云端植树（yún duān zhí shù）　指一种通过互联网和数字技术来实现的植树行动。

[例]　如今，"云端植树""码上尽责"，义务植树的尽责形式扩展到抚育管护等八大类50多种，让"随愿、随处、随时植树"变成现实。(《人民日报》2022年6月5日)

从绿色低碳出行到落实生活垃圾分类，从厉行"光盘行动"到节水节纸节电节能，从义务植树、"云端植树"到担任民间河长湖长，低碳生活就在身边，点滴行动就能为美丽中国、低碳中国出一把力。(人民网2022年6月15日)

[按]　"云端植树"流行于2022年上半年，是一种创新的环保行动，它利用云计算和科技手段来支持植树造林的工作。

云改签（yún gǎi qiān）　一种线上车票改签服务。

[例]　如果没赶上火车怎么办：1月27日铁路局发布消息称，1月28日起，火车票将实施"云改签"，可改签当日其他列车，使出行更便捷。(《人民日报》2021年1月27日)

2021年1月28日起，如果没赶上车，在开车当日24时之前其他列车尚有余票的情况下，旅客可通过12306网站（含手机App和小程序）自助办理当日车票"云改签"。(《光明日报》2021年1月28日)

[按]　2021年1月28日，铁路部门为了满足旅客车票改签的实际需求，推出了"云改签"这一优化车票改签的服务。在新兴网络背景下，"云"一词具有了"线上""网络"的意义，逐渐形成了"云××"词群。相关词语有

云改签　云过年　云航展　云花市

"云花市""云过年"。

云过年（yún guò nián）　指通过互联网和数字技术的方式远程与家人一起过春节的方式。

［例］　若再深挖消费的潜力，剖析鲜活的数据，"开门红"使我们信心更加坚定。快递行业"不打烊"，让流动的年货催生新的消费需求，激活庞大的内需市场；新技术广泛应用，越来越多的人随时随地"云"过年。（《经济日报》2021年2月20日）

金苇杭是在B站上拥有20多万粉丝的美食视频博主，他在网上分享做饭视频，教更多人学习制作美食。每逢过年，他都会用自己独特的方式来庆祝，在互联网上与网友"云过年"。（《光明日报》2022年2月7日）

［按］　由于各种原因，总有一些人不能回家过年。但如今，在科技的加持下，人们通过互联网和数字技术的方式远程和家人一起庆祝春节的到来。

云航展（yún háng zhǎn）　指在线上参观中国航展航空馆。

［例］　本届中国航展首次推出"云航展"，创新"线上＋线下""展台＋推介"的展览模式，突破时间、空间、数量限制，通过云展示、云对接、云体验、云签约等功能，实现360度全方位"云观展"，打造"永不落幕的航展"。（《光明日报》2021年9月29日）

美国、法国、德国等国家以展团形式带来航空航天技术的最新成果，荷兰、日本、韩国企业首次参与"云航展"，波音、空客、巴航工业等80家航空航天国际知名企业在本届航展上展示了"看家本领"。（《人民日报》2022年11月18日）

［按］　2021年9月28日至10月3日，第十三届中国国际航空航天博览会在珠海举行。这次航展首次推出"云航展"，利用5G、VR、AR等高新技术，让观众在线上了解展会现场情况。

云花市（yún huā shì）　依托互联网的花市电商平台。

［例］　本次"云花市"是东莞第一次举办线上的花市，凭借东莞完整的线下购花网络，在市民定位附近的3公里之内都有花店提供货源，满足市民需求。（凤凰网2021年2月1日）

云赛事、云旅游、云花市等线上文化活动，丰富了百姓的假日休闲需求。

云花市　云会晤　云聚餐　云赏剧

（央视新闻 2021 年 2 月 18 日）

[按]　2020 年以来，岭南多地陆续宣布取消或压缩线下花市，不按传统方式开展迎春花市活动。各部门全力搭建数字平台，将花市搬到网上，打造"云上花市"，开展直播推介、直播带货、线上展览展示、产销对接等数字化营销。

云会晤（yún huì wù）　指通过云计算和网络技术进行的线上会议或虚拟会晤。

[例]　自从乌克兰危机爆发以来，习近平主席已先后同俄罗斯总统，法国、德国领导人和美国总统通话或举行"云会晤"，表明中方立场，积极推动各方以谈判解决问题。（新华网 2022 年 4 月 3 日）

面对日益攀升的出入境车流量和疫情防控形势，阿拉山口出入境边防检查站巩固提升中哈边检机关常态化会晤合作机制，采取"云会晤"交流合作方式。（光明网 2022 年 6 月 27 日）

[按]　"云会晤"通常依托视频会议软件或平台进行，参与者可以通过电脑、手机等设备参与会议，实现面对面的交流和互动。

云聚餐（yún jù cān）　一种通过云计算和网络技术实现的虚拟聚餐活动。

[例]　高清摄像头、智慧屏、麦克风阵列……2021 年春节，北京一家火锅店的"云包间"火了。在这里，顾客可与亲友异地"云聚餐"。（《光明日报》2021 年 3 月 7 日）

隔屏放烟花、手游"云聚餐"、视频拜大年、APP 开"单间"K 歌……如今，通过手机，人们似乎可以走完春节的所有流程。借助 5G 技术的发展和推广，视讯画面更加高清流畅。（《大众日报》2022 年 2 月 10 日）

[按]　"云聚餐"的具体实现方式有多种。一种常见的方式是通过手机或平板打开视频通话功能，与家人或朋友进行视频聚餐。此外，一些餐厅如海底捞提供了"云包间"服务，用户可以通过包间内的华为云会议和华为企业智慧屏组合，体验与异地的家人远程视频吃火锅的乐趣。这种方式不仅提供了高清、流畅的视频体验，还能通过互动游戏增加聚餐的趣味性。

云赏剧（yún shǎng jù）　指通过云计算和网络技术，为观众提供线上观看或欣赏各种戏剧表演、演艺节目的形式。

云赏剧　云上展　云团圆

[例]　上海、广东、湖南、重庆、贵州等地举办了丰富多彩的线上线下联动活动，民众可以足不出户"云旅游""云看展""云赏剧"。（光明网2021年10月8日）

云旅游、云赏剧、云看展等成为休闲娱乐消费新时尚。（中国经济网2022年5月8日）

[按]　"云赏剧"这种利用线上传播、观赏戏剧的非主流方式早已悄悄潜入年轻人生活，哔哩哔哩、优酷等视频网站越来越被众多戏剧爱好者视作上传、分享戏剧视频的家园，一些主流演出机构也利用自己的账号将自有资源作线上推送，让曾经只在剧场中才能看到的作品可以在网上呈现。

云上展（yún shàng zhǎn）　指通过互联网和云计算技术，在线上进行的艺术展览或展示活动。

[例]　从陕西省文物局获悉，围绕全面推进提升陕西文物事业建设水平，推动建设文化惠民工程，日前陕西省文物局确定2021年要为群众办好6件事，包括推出陕西革命旧址云上展、做好革命旧址维修开放工作、开放一批新建博物馆等。（中国新闻网2021年5月8日）

本届软博会以"软件赋能 数智转型"为主题，设"线下展"和"云上展"，线下展规模达2.6万平方米，参展企业近500家。（光明网2022年12月26日）

[按]　"云上展"通过虚拟现实技术创建三维交互式虚拟展馆，实现展品的数字化展示和互动，参展商和观众无需亲临现场，即可在线参与展览。

云团圆（yún tuán yuán）　在网络上和亲人团聚。

[例]　视频拜年、微信拜年、电话拜年等，"云拜年""云团圆"将占据主流，以往"年初一开门炮，走亲戚拜大年"等将暂时淡出人们视线。（《广州日报》2022年1月28日）

山东微山湖里，有一座四面环水的南阳岛。虎年春节前后，很多年轻人与岛上的父母"云团圆"，来自天南海北的大批"新鲜好货"不断涌入小岛。（新华网2022年2月19日）

[按]　"云团圆"作为一种新兴的团圆方式，通过科技手段增强了亲情和友情，使得相隔千里的亲人能够感受到彼此的温暖和关怀。

云挖矿（yún wā kuàng）　一种通过云计算技术参与加密货币挖矿的方式。

［例］　云算力是将矿机总算力拆分成独立单位，矿场提供矿机算力租赁服务，投资者不用购买实物矿机，只需购买算力合约，进行"云挖矿"而获得相应的虚拟货币。(《经济日报》2021年3月2日)

新华社记者发现，当前市场上存在部分打着"元宇宙区块链游戏""云挖矿"等高科技幌子诈骗钱财的App。不法分子谎称App科技含量高、赚钱效果好，引人上钩，致使不少用户跌入陷阱、遭受损失。(新华网2021年12月16日)

［按］　"云挖矿"流行于2021年。传统上，加密货币挖矿需要购买专门的挖矿设备，并进行矿机的设置、运行和维护。而云挖矿则提供了一种更加便捷的方式，让用户通过云服务提供矿机算力租赁服务来进行挖矿操作。

云校通（yún xiào tōng）　通过互联网和云计算技术，实现学校教育管理和在线教学的一种方式。

［例］　从梓冉入学的那时，肖女士就开始使用学校的云校通大数据平台，无需下载其他App，在家动动手指打开微信公众号，就可以实时查看小朋友的在校信息。(腾讯网2021年12月16日)

提升服务质量首先要保证与服务对象沟通顺畅，湛江培才学校的校讯通、云校通、校园网、家校双向反馈表形成了四位一体的信息通道，保持了家校交流渠道通畅。(光明网2022年7月6日)

［按］　"云校通"是按照国家教育信息化实行"三通两平台"的建设要求，以家校互动为基础，免费提供给各地教育局、学校和家长使用的智慧教育公共服务云平台。

云招展（yún zhāo zhǎn）　一种利用互联网技术在虚拟平台上举办的商务展览活动。

［例］　本届文博会首次尝试线上线下结合办展，利用互联网、大数据、云计算及人工智能等新技术，实现云展厅、云招商、云签约、云大数据、云招展、云交易、云票证等服务功能建设，为文化企业提供了全新的展示和交易平台。(《人民日报》2021年9月28日)

2022年伊始，第五届进博会"云招展"加速推进。(《光明日报》2022年

2月24日）

[按] "云招展"又被称为虚拟展览会或在线展会。通过在线平台模拟传统的展览环境，使参展商和观众能够在虚拟空间中展示和浏览产品、交流、建立商务联系。

运河号（yùn hé hào） 用于地下隧道施工的盾构机。

[例] 最近，孙旭涛和同事们带着他们的重磅武器"京华号""运河号"盾构机已经"下潜"至地下30米处，大概相当于10层楼高。（《中国青年报》2021年5月11日）

8月10日，中国完全自主研发设计制造的国产最大直径泥水平衡盾构机"运河号"始发，北京东六环入地改造工程全面进入盾构掘进阶段。（央视新闻网2021年8月11日）

[按] "运河号"开工于2021年1月20日，是目前国产的最大直径盾构机，是首发集团联合中交集团为北京东六环改造项目量身打造的一台钻地"神器"。这台盾构机整机总长约145米，总重量约4500吨，开挖直径达16.07米。

增粮科技行动（zēng liáng kē jì xíng dòng） 以支撑粮食生产能力大幅提升为目的的一项行动。

[例] 为了更好保障粮食安全，中国农科院将开展增粮科技行动，对水稻、小麦等五大作物实施增粮科技攻关，推动全国粮食产能不断提升。（新华网2022年5月30日）

据介绍，"智机科技行动"是中国农业科学院继实施"强种科技行动""沃田科技行动""增粮科技行动"等后，开展的又一项重大科技行动。（《人民日报》2022年8月19日）

[按] 中国农业科学院遵循习近平总书记"中国人的饭碗任何时候都要牢牢端在自己手中，饭碗主要装中国粮"的重要指示精神，深入贯彻落实党中央关于"藏粮于技、藏粮于地"的战略举措，于2022年5月26日正式启动"增粮科技行动"。

宅酒店（zhái jiǔ diàn） 指度假时待在酒店不移动，是一种全新的旅行方式。

宅酒店　窄窗口　展卷人

[例]　去哪儿数据显示，中秋旅游更追求氛围感，赏月、星空、温泉等度假酒店受到青睐，宅酒店、微度假是今年中秋的关键词。（中国新闻网 2022 年 9 月 13 日）

不做攻略、不去热门城市扎堆，每天睡到自然醒，慢悠悠出门，吃吃逛逛，累了干脆宅酒店……近来，在年轻人聚集的社交平台、视频网站上，此类现象被称作摆烂式旅游，今年格外流行。（《工人日报》2022 年 12 月 26 日）

[按]　"宅酒店"是 2021 年国庆期间衍生出来的一种全新的旅行方式，它的兴起实质上是旅游消费升级的一种表现。该词为偏正结构，"宅酒店"中的"宅"一词来源于日文。"宅"在日文中本义是指"您家"，也指"您"，后来逐渐演变为对某一领域精通，沉浸在自己世界中的人。传入中国后，"宅"的意义发生了一些改变，多指待在某个地方不移动的行为，如"宅男""宅女"，主要形容不喜社交、足不出户的年轻人。"宅酒店"一词的用法与上述词语类似。

窄窗口（zhǎi chuāng kǒu）　允许火箭发射的时间范围。

[例]　此外，为满足空间站大舱段发射任务要求，长征五号 B 运载火箭突破了 20.5 米国内最大整流罩分离技术等多项关键技术，并将发射窗口由"零窗口"拓展为正负 2.5 分钟的"窄窗口"。（《长江日报》2022 年 11 月 1 日）

"空间站建造历次发射任务，我们都瞄准'窄窗口'，力争'零窗口'。虽然已经圆满完成多次重大发射任务，但对我们而言，这仍是一项艰巨的考验。"西昌卫星发射中心总工程师钟文安说。（《解放军报》2022 年 11 月 24 日）

[按]　"窄窗口"是火箭发射的一个时间范围，为了更好地适应各种应急情况，提高火箭按时发射的能力，型号队伍会采用自动获取起飞时间进行入轨目标参数在线迭代修正技术，最终将精确到秒的"零窗口"拓展为 2 分钟左右的"窄窗口"。相关词语有"零窗口"。

展卷人（zhǎn juàn rén）　《只此青绿》中的重要角色，后引申为中华优秀传统文化的传递者、发扬者。

[例]　舞剧讲述了一位故宫青年研究员"穿越"回北宋，以"展卷人"视角窥见王希孟创作《千里江山图》的故事，全程一抹抹连绵不断的青绿生动再现着传统历史文化，以视听融合的方式让观众感受到了"春风又绿神州岸"的动态化呈现。（《大众日报》2022 年 10 月 30 日）

此外，这部剧的出品模式也富有启发：出品方故宫博物院、中国东方演艺集团、人民网分别是专业的文博单位、文艺院团和权威媒体，三方携手，各展所长，推动作品"美出圈""火出圈"，参与其中的每个人都成为中华优秀传统文化的"展卷人"和"传薪者"。（《人民日报》2022年12月23日）

[按]　"展卷人"原为《只此青绿》中的角色，剧中展卷人的原型参照了故宫博物院书画部研究员王中旭，他也是《千里江山——历代青绿山水画特展》的策展人。该词后引申出"中华优秀传统文化的传递者、发展者"之义。

站位（zhàn wèi）　指停靠交通工具的具体位置。

[例]　新增设的5个站位，让天通苑居民出行缩短了步行距离。（《北京青年报》2022年1月15日）

公交站位的设置要遵循安全、便利的原则，主要考虑站距标准、道路条件、交通管理部门要求、干扰因素几方面。（北京市政府门户网2022年10月25日）

[按]　"站位"是停靠交通工具的具体位置，公交站位作为乘客候车、乘降的场所，是公交线路按固定站点停靠的必需保障条件。

长辈版（zhǎng bèi bǎn）　针对老年人开发的长辈版软件功能。

[例]　实用又贴心的"长辈版"模式字体更大，界面更清爽，操作入口更清晰，城乡居民参保登记、转移接续手续办理等近200项服务还支持添加亲友代办。（新华网2022年6月25日）

数字消费是最主要的一大应用场景。例如，为提升老年人使用体验，某电商平台特别推出针对老年用户的"长辈版"模式，包括老年人买菜、送药等功能；"关爱版"手机银行应用软件在首页减少了图标数量，只保留常用的"账户查询""转账""理财"等业务入口。（中国青年网2022年11月21日）

[按]　"长辈版"对App进行"适老化"改造，为老年人使用智能技术提供辅助。相比于传统模式，长辈版增大了字体和图标，削减广告和促销元素，简化界面，使界面更清爽，操作流程更简明清晰，还提供了简单明了的导航和标记，强调可视化反馈，以及提供简明易懂的说明和指引。

长者大食堂（zhǎng zhě dà shí táng）　指为老年人提供餐饮服务和社交活动的场所或设施。

[例] 除了提供堂食,长者大食堂还可通过电话预约和武陵区养老智慧平台,为辖区内居家老人和养老服务中心提供送餐服务。(新华网2021年11月17日)

"长者大食堂"里不少细节也令人心暖,不仅配备了中央空调、无障碍电梯、无障碍卫生间以及各种适老设施。为确保食品安全,还设有一个留样柜,一日三餐所有菜品都被采样放置在标注了具体日期的餐盒里,并保留48小时。(新浪财经2021年12月20日)

[按] "长者大食堂"是政府为创新基层社会治理,面向社会开放、立足老年人现实需求而推出的一项专为老年人服务的民生项目,利用其专业化的做餐服务及丰富的老年人做餐经验为社会服务。

着巡合影(zhuó xún hé yǐng) 我国首批次火星探测工程发布的其中一张火星车与着陆平台的合影的名称。

[例] 6月11日,国家航天局在京举行天问一号探测器着陆火星首批科学影像图揭幕仪式,公布了由"祝融号"火星车拍摄的着陆点全景、火星地形地貌、"中国印迹"和"着巡合影"等影像图。(《人民日报》2021年6月12日)

"着巡合影"图是火星车行驶至着陆平台南向约10米处,释放安装在车底部的分离相机,之后火星车退至着陆平台附近。(搜狐网2021年6月27日)

[按] 2021年6月11日,国家航天局在北京举行天问一号探测器着陆火星首批科学影像图揭幕仪式,公布了由祝融号火星车拍摄的着陆点全景、"着巡合影"等影像图。

真墩墩(zhēn dūn dūn) 广州动物园的两只大熊猫星一、雅一的合称。

[例] 广州动物园现有两只大熊猫,均出生于2013年8月。一大早,它们就收到了各种"冰冰"的美食和丰富的"玩具",藏在冰块里的南瓜、玉米、竹笋,完全难不倒这两只聪明的"真墩墩"。(搜狐网2022年2月14日)

网友笑称,秦岭"真墩墩"已开始备战2026了。(网易新闻2022年2月23日)

[按] 2022年北京冬奥会的吉祥物是一只熊猫,名为"冰墩墩"。2022年2月,广州动物园举办趣味熊猫冬奥会,两只大熊猫星一、雅一因其可爱的

形象，被人们称作"真墩墩"。

阵型企业（zhèn xíng qǐ yè）　指在核心研发能力、产业带动能力、国际竞争能力等方面具有优势的企业集群。

［例］　各地农业农村部门要把阵型企业作为企业扶优的重点对象，跟踪了解发展情况，及时帮助解决困难问题。要把支持阵型企业与科研单位、金融机构、种业基地对接作为重要抓手，发挥企业整合聚集资源的主导作用，持续提升创新能力水平。（《河北日报》2022年8月12日）

支持科研单位与阵型企业对接，开展科技、资源、技术、人才长期战略合作；鼓励金融机构与阵型企业对接；推动种业基地与阵型企业对接。（《人民日报》2022年9月12日）

［按］　"阵型企业"是指企业根据自身的使命和环境的变化，对事业发展的节奏进行系统的安排。阵型企业特点为按照专业划分事业部，再根据不同工作任务，从各事业部抽调人员形成项目组，由负责工作任务的指挥部统一领导。

整顿职场（zhěng dùn zhí chǎng）　指刚刚进入职场的新员工为了维护自身利益，对企业中的不良风气说"不"的现象。

［例］　最近，那句"80后在加班对领导唯唯诺诺，90后在摸鱼装模作样，00后在重拳出击整顿职场"，则给00后立下另一个鲜明又独特的人设。（中国新闻网2022年07月28日）

00后的身份转变似乎也带来了不少风波——网上都说他们整顿职场、上怼领导下撕同事、一言不合就把公司告倒闭，看得打工人们心潮澎湃，高呼"我们不敢干的事00后都扛下了"。（腾讯网2022年12月15日）

［按］　"整顿职场"是随着第一批"00后"进入职场衍生出来的流行语。2022年，大批"00后"迈入职场，成为求职主力军，"00后"的身份转变也带来了不少风波，"不听说教、不服管"又成为一个贴在"00后"身上的刻板标签。对于"00后"敢于对职场里的不合理行为提出抗议的做法，网友们戏称为"整顿职场"。

政务 App（zhèng wù App）　提供实时的数据信息、公众服务、政府办事指南等功能，以帮助公众更加便捷地完成政府服务的平台。

［例］ "政务App收集的海量个人敏感信息，一旦泄露或被非法使用，将会给个人和社会造成严重损害。"（人民网2020年12月24日）

目前，人脸识别技术被政务App普遍使用，是数字政务简政放权的直观体现。使用过人脸识别系统的人都知道，大多数人脸识别系统不仅要求提供人脸的静态画面，还需要被识别者做各种动作，比如眨眼、点头、摇头等。（《新京报》2022年8月22日）

［按］ "政务App"是顺应移动互联网发展大潮流与拓宽政务信息传播渠道相结合的产物，集中出现于2021年和2022年。

知信链（zhī xìn liàn） 指由中国网安与新华文轩联合打造的区块链版权服务平台，旨在面向社会提供版权登记与交易服务。

［例］ 知信链由可信区块链服务基础设施、可信行业链、网络出版发行平台、区块链数字资产管理器、产权（数字）交易所；及版权审核体系、网络出版服务体系、资产评估体系、资产生成体系，元宇宙跨链使用与合规流转组成。（财经网2022年9月4日）

为响应国家区块链产业发展的"指导意见"，打造一批技术先进、带动效应强的区块链"名品"，成都市人民政府、中国信息通信研究院于近日举办了第二届中国可信区块链安全攻防大赛，新华文轩旗下四川数字出版传媒建设运营的区块链版权综合服务平台"知信链"成功入选。（《人民日报》2022年11月22日）

［按］ "知信链"最早出现于2022年9月，为文化数字化产业区块链新生态规范发展引导者，是国家新闻出版署科技与标准综合重点实验室区块链版权应用中心创新平台。

织线成网（zhī xiàn chéng wǎng） 指中欧班列铺画82条运行线路，通达欧洲24个国家的195个城市，形成的新时代亚欧陆路运输的骨干通道。

［例］ 新华社北京7月7日电《中国证券报》7日刊发文章《拓宽开放路扩大朋友圈 陆海新通道织线成网》。（新华网2022年7月9日）

随着清明节临近，连日来，沪宁城际、沪杭高铁、杭黄高铁、甬台温铁路沿线"扫墓＋踏青"客流明显增加。这背后，是日趋"公交化"的高铁线路，依托"织线成网"的长三角区域高铁线路，高铁"3小时交通圈"内的中短途

线路成为不少旅客的出行首选。(《人民日报》2022年10月17日)

［按］ "织线成网"是新时代亚欧陆路运输的骨干通道，包括我国在内的共计82条运行线路，通达欧洲24个国家的195个城市。

直播带人（zhí bō dài rén） 指学校组织网上招聘会，在用人单位和高校毕业生"双向选择"中，给求职的毕业生进一步面试的机会。

［例］ "直播带人"背后最大的价值在于，它可以被视为一种责任与权利关系的范本。当老师手持用硬纸卡制成的学生简历，面对镜头介绍、推荐某个学生时，他与这个学生就形成了"一对一"的关系。(新浪新闻2022年3月2日)

前有"直播带货"，现有"直播带人"，把这种带着互联网营销基因的模式，转化成为帮助毕业生求职的平台，让人在耳目一新的同时，也看到了高校老师帮助学生找工作的拳拳之心。(《光明日报》2022年3月3日)

［按］ 该词由"直播带货"发展而来，直播的范围扩大，直播对象不只是物品，也可以是人才。"直播带人"指在用人单位和高校毕业生"双向选择"中，增加学校老师的加持推荐、针对具体学生的个性化推介。

直播休眠（zhí bō xiū mián） 指网络虚拟主播终止日常直播和大部分偶像活动。

［例］ 珈乐"直播休眠"声明发出后，粉丝反应激烈，矛头多指向乐华娱乐和字节跳动，称A-SOUL制作委员会运营策划不当致使成员出现健康问题，并以不续约不涨薪的方式逼成员续约等。(搜狐网2022年5月11日)

今年5月，A-SOUL官方账号突然宣布，因学业及身体原因，旗下成员"珈乐"将进入"直播休眠"，终止日常直播和绝大部分偶像活动。(《中国青年报》2022年7月5日)

［按］ 2022年5月10日，字节跳动旗下的虚拟偶像女团A-SOUL在哔哩哔哩网站官方账号发布公告称，成员珈乐因身体及学业的原因，将从本周开始终止日常直播（包括单播和团播）和大部分偶像活动，进入"直播休眠"状态。

只此青绿（zhǐ cǐ qīng lǜ） 由周莉亚、韩真共同执导的舞蹈诗剧。

[例]　海外社交媒体账号的网友评价《只此青绿》为"顶级的演出"，并向参演人员致谢："谢谢你们呈现了伟大的历史。"从线下到线上，《只此青绿》的人气和口碑都"赢麻了"！(人民网 2021 年 8 月 19 日)

中国冰舞组合王诗玥、柳鑫宇身着"青山绿水"比赛服在首都体育馆再度惊艳众人。男伴的衣衫绘有"青峰叠嶂"，女伴的一袭水蓝色裙宛如"浮云绿水"，上演冬奥花滑版只此青绿。(环球网 2022 年 2 月 7 日)

[按]　自 2021 年 8 月国家大剧院首次"展卷"以来，《只此青绿》在上海、苏州等 16 个城市相继演出，获得人气口碑双丰收。

纸面合规（zhǐ miàn hé guī）　企业合规建设仅停留于书面而未落实于行动。

[例]　推进企业合规改革，检察机关需要明确"规"，做到"真合身""真管用"，确保涉案企业"真整改""真合规"，坚决防止以"纸面合规"逃避刑事追责。(《南方日报》2022 年 1 月 26 日)

江苏检察引入第三方监督评估严防"纸面合规"，现实中，企业千差万别，合规怎样做到"真合身"，又如何确保"真整改"，防止和避免"纸面合规"等问题，也是社会关注的焦点。(搜狐网 2022 年 8 月 18 日)

[按]　"纸面合规"是与企业文件真正符合规定相悖的建设行为，主要原因是缺乏有效评价、验收标准不统一。因此，制定合规标准不能简单地生搬硬套标准文件，而应结合企业战略发展需要、自身特点以及合规监管要求为企业"量身定制"合规指标，合规官制定合规指标的精确度对企业能否实现有效合规至关重要。

志愿规划师（zhì yuàn guī huà shī）　培训机构为高考志愿填报服务专门设置的岗位。

[例]　近两年，专门指导考生填报志愿的所谓高考"志愿规划师"开始出现，这真的是一项新职业吗？又是否真能为考生提供专业有效的服务？(环球网 2022 年 7 月 8 日)

不少机构瞅准商机，声称拥有经验丰富的高考"志愿规划师"，可以利用大数据提供一对一"精准"填报志愿服务，收费从几千元至数万元不等。(《人民日报》2022 年 8 月 2 日)

［按］ "志愿规划师"大规模流行于 2022 年。近两年，专门指导考生填报志愿的所谓高考"志愿规划师"开始出现，一般较多出现在高考竞争激烈的省份，如内蒙古、河北等。主要职能是为高考生填报大学志愿做方案计划。

制刀者（zhì dāo zhě）　电信网络诈骗案背后的群体，其从接单、开发，到封装、分发、售后"一条龙"对黑色产业链进行技术开发。

［例］ 一些大中专院校甚至名牌高校毕业的 IT 青年，却成为涉诈 App 的"制刀者"，由他们制作的"刀"，从成千上万的群众钱包中"收割"了上亿元。(《法治日报》2022 年 3 月 22 日)

CCF YOCSEF 武汉分论坛、武汉计算机软件工程学会携手 IT 专业百名教授千名学生向全国发出倡议：坚决不做技术"制刀者"，力争将每一名师生打造成为反诈的"宣传员、服务员、战斗员"。(《中国青年报》2022 年 4 月 21 日)

［按］ "制刀者"是专门利用 App 进行诈骗的犯罪团伙。他们以"90 后"、IT 男为主，大部分人具有大学以上学历，甚至拥有硕士、博士学历，他们多以"技术中立"为挡箭牌，长期游走在法律边缘。最开始利用技术私下"接单"、参与关键环节，逐渐发展成从接单到售后"一条龙"技术开发黑色产业链。这些"制刀者"法治意识淡薄、急于"挣快钱"，因此有此产业出现。

智源指数（zhì yuán zhǐ shù）　北京智源人工智能研究院发布的中文语言理解和生成评测基准。

［例］ "智源指数"首次提出了基于"能力—任务—数据集"层次结构的机器语言评测体系及评测方案，包含 6 种主要语言能力，30 余项主流任务与相关数据集。(人民网 2021 年 6 月 3 日)

活动中重磅发布了大模型评测的"命题"新方案——智源指数，更有 OpenHowNet 前沿技术研讨。(东方网 2021 年 12 月 31 日)。

［按］ "智源指数"由智源研究发布。2021 年 12 月 30 日，北京智源人工智能研究院自然语言处理（简称 NLP）重大研究方向沿技术开放日活动发布了大模型评测的"命题"新方案——智源指数。

中国复眼（zhōng guó fù yǎn）　一种深空探测雷达。

[例] 据介绍，"中国复眼"由很多小天线合成一个大天线，对于电磁波自发自收，能观测到小行星。(《北京晚报》2022年7月10日)

"中国复眼"项目二期工程将在重庆市云阳县建设25部30米口径的高分辨率分布式雷达，实现千万公里外的小行星探测，为我国近地小行星撞击防御和行星科学研究提供重要支撑。(《华西都市报》2022年12月5日)

[按] "中国复眼"学名为超大分布孔径雷达高分辨率深空域主动观测设施。因其是由很多小天线合成一个大天线，就像昆虫的复眼，故称。作为目前世界上计划构建的探测距离最远的雷达，"中国复眼"预期作用距离达到1.5亿千米，是名副其实的"千里眼"。

中国荔枝博览馆（zhōng guó lì zhī bó lǎn guǎn） 广东省茂名市境内的荔枝博览馆。

[例] 位于广东茂名高州市根子镇的中国荔枝博览馆正式开馆，占地面积33亩，主体为仿唐建筑，外观呈白灰色调，斗拱雄大，出檐深远，与两旁的荔枝林相映成趣。(搜狐网2022年5月30日)

中国荔枝博览馆，茂名又一高大上展馆来了！(网易新闻2022年6月10日)

[按] 2022年5月，中国荔枝博览馆试行开馆，5月29日正式开馆。它集研学、历史文化、科普知识、产品展示、网络互动及休闲旅游于一身，是全国唯一的国字号荔枝博览馆，以"荔史""荔事""荔知""荔人""荔业""荔韵""荔梦"为布展脉络，展示我国荔枝产业的发展历程及成就，深度挖掘荔枝产业的经济价值、社会价值、生态价值和文化价值。

中国式浪漫（zhōng guó shì làng màn） 指的是一些活动行为具有中国人特有的浪漫。

[例] 文化是一个国家、一个民族的灵魂。一切本源于中国传统文化的智慧和美，都不该被遗忘，应该被唤醒，是时候跳出西方文化对花语的解读，重新认识这份中国式浪漫了！(《北京日报》2022年3月23日)

从苏轼诗云"年来转觉此生浮，又作三吴浪漫游"，到今天"中国式浪漫"风行全网，我们说起浪漫，传递或抒发的究竟是什么？(京报网2022年8月26日)

[按] "中国式浪漫"为"××式"结构的变体，增加了修饰成分"浪

漫"。狭义上的"浪漫"来源于19世纪20年代至19世纪末诞生于西欧的浪漫主义，而这里的浪漫特指对现实世界感到不满，对未来充满期望和追求，理想远大，不甘堕落的个人英雄主义情怀。如今的"中国式浪漫"是中国人民对中国文化、中国传统、中国力量的自信，是中国人民的自豪和骄傲，是民族热情在每一个国人心中的感同身受。相关词语有"中国式教育"。

中国影像节（zhōng guó yǐng xiàng jié）　旅游部与中央广播电视总台合作举办的全球展映活动。

［例］　前秘鲁驻中华人民共和国大使陈路认为，"中国影像节"不仅增进了中秘两国之间的沟通，也更延伸了两国相互了解的桥梁。他说，"纪录片是艺术的表达，是了解一个国家最真实文化的窗口"。（央视新闻2022年6月21日）

百位来自五大洲的全球媒体负责人和受众代表、前政要、机构代表、文化名人等通过在线方式，齐聚云端。他们对"中国影像节"为世界带来反映中国时代印记的精品片目表示赞赏，对"中国影像节"会聚世界人民、促进交流、启迪媒体深度合作的凝聚力表示肯定，对即将在他们的国家或地区展映的影片表示期待。（《光明日报》2022年6月24日）

［按］　"中国影像节"产生于2022年。2022年6月2日，首届由中央广播电视总台与文化和旅游部联合举办的"中国影像节"全球展映活动在北京举行了启动仪式，活动持续到2022年底。

中青就业（zhōng qīng jiù yè）　中国青年报社推出的找工作平台。

［例］　"中青就业"可视化直播活动后续将推出"央企专场""高职专场"等多场招聘及"云上面试"活动。（《中国青年报》2022年7月01日）

北京，"中青就业·职想见你"秋招季公益直播带岗活动现场，工作人员检查招聘企业代表与现场高校嘉宾连线效果。（中国青年网2022年10月12日）

［按］　"中青就业"产生于2022年中国青年报社推出的一场直播活动。为切实服务青年成长，促进就业供需精准对接，中国青年报社于2022年6月30日推出首场"中青就业"可视化直播活动。

中之人（zhōng zhī rén） 指操纵虚拟主播进行直播的人，也泛指任何提供配音的工作者。

［例］ 解密虚拟主播背后的"中之人"：我不是工具，是灵魂。（搜狐网 2022 年 5 月 30 日）

做虚拟主播的"中之人"，不仅要"隐身"，还得不断学习。随着元宇宙概念的火热，越来越多的虚拟主播涌入赛道，他们标准不一，有的是二维"纸片人"（光明网 2022 年 11 月 2 日）

［按］ "中之人"源于日语"中の人"，类似于歌声合成引擎所使用的声库或音源的声音提供者、为动画或游戏等配音的声优等。给一个角色配音却不以真面目示人，在日本便被形象地称为"中之人"。近些年，以动作捕捉和面部捕捉技术为基础的职业"虚拟主播"，其幕后的演员也被称为"中之人"。不过虚拟主播的表演与传统声优不太相同，除了演出"声音"，还要在动作表情上进行表演。因此在国内，"中之人"多是为了与一般的声优或配音演员相区别而使用的词汇。"中之人"多用作名词。

种草机（zhòng cǎo jī） 网络用语，指推荐商品、分享好物的人。

［例］ 曾黎真的是行走的种草机，姐姐的耳钉竟然是个叉子，好有设计感的饰品，谁能不想拥有同款？（新浪新闻 2022 年 9 月 1 日）

"行走的种草机"，表示这个人穿搭都很种草，他的穿戴让你怦然动心，对这些物品的占有欲如种草般蓬勃生长。（环球网 2022 年 9 月 30 日）

［按］ 该词也写作"种草姬"，其中"姬"与"机"谐音。"种草"行为主要表现为"把一样事物分享推荐给另一个人，让另一个人喜欢这样事物"，类似于网络用语"安利"，还可以表示某个事物让自己由衷地喜欢。"种草"最初来源于化妆品行业，形容购买欲像"草"一样飞速生长。后来，这个词的适用范围不断扩大，衍生出"拔草""长草"等词语。相关词语有"种草""种草帖"。

种草帖（zhòng cǎo tiě） 指一种在社交媒体或论坛中分享好物的流行的帖文形式。

［例］ 此前曝光了医美"种草帖"的代写代发灰产。在某医美机构投放的广告中，素人博主先以第一人称吐露心声，用"一处毁所有"等说辞引发共

209

鸣，紧接着就是发美图晒靓照，重点突出整容后"人变精致了"的疗效。(《中国青年报》2021年11月18日)

起底小红书种草帖产业链：有品牌方定制"种草帖"。(新浪网2022年1月23日)

[按] "种草帖"是通常由用户分享一款产品或物品，并通过文字、图片或视频等方式展示产品的特点和使用经验，以激发其他人对该产品的兴趣和购买欲望。相关词语有"种草""种草机"。

仲裁侠（zhòng cái xiá） 指那些不屈服于职场潜规则，将自己的不满诉诸法律的职场新人。

[例] 这段很有"节目效果"的表述，就将"00后整顿职场"这一话题送上热搜，"仲裁侠"的称号也应运而生。(《中国青年报》2022年7月1日)

在主观层面上，"仲裁侠"的主要动机自然不是"行侠仗义"，而是维护自己应得的权利。但在客观层面上，这种以劳动法为准绳，在职场上坚定维护劳方权益的个体行为，也在潜移默化、"日拱一卒"的过程中，推进着法治进程与社会公益。(《中国青年报》2022年7月1日)

[按] "仲裁侠"一词属于"××侠"词群，多形容某种具有相同特征的群体。该词往往与"00后"联系在一起，反映了一种独特的社会现象。初入职场的"00后"敢于拒绝不合理行为，甚至同公司"撕破脸"，采取法律途径对公司进行仲裁。

众筹家教（zhòng chóu jiā jiào） 指一些家长众筹高价聘请教师给孩子补课的行为。

[例] 近日，天津各区开展行动，查处变相违规开展学科类校外培训问题，一批"众筹家教""地下培训""无证办学"等违规办学行为被查处。(北方网2021年12月7日)

家教网禁止发布"一对一""众筹私教""家庭教师"等校外培训招聘需求信息。(《北京商报》2022年12月14日)

[按] "众筹家教"一词的产生与"众筹"的爆火有关，且受"双减"政策影响而产生。2021年，国家为减轻义务教育阶段学生过重的负担，颁布了"双减"政策，与此同时新时代家庭的"拼娃"焦虑难以消除，双重因素下，"众筹家教"出现。

住村（zhù cūn）　社区民警把值班地点挪到村子，与群众同吃同住。

［例］　为颜老太补办身份证，就是他"住村"期间的工作内容之一。（《人民日报》2022年2月23日）

开展防诈骗宣传，防范化解纠纷，进行人口管理……对于吕清培这样的"住村"民警而言，"住村"期间除了完成好分内工作，还有一项重要内容——加强与村民的沟通联系。（晋江公安2022年2月24日）

［按］　"住村"源于福建省晋江市公安局推出的一种社区民警工作模式。在公共服务保障领域，基层警务服务，是最贴近群众和企业的重要内容。与传统的"驻村"不同，"住村"要求社区民警把值班地点挪到村子中，与群众同吃同住，在及时化解矛盾纠纷、防范各类案件发生的同时密切警民关系。

住企（zhù qǐ）　指社区民警把值班地点挪到企业，与企业员工同吃同住的一种工作模式。

［例］　位于晋江市经济开发区内的361°警务室，就是一家"五星警务室"，也是"住企"民警陈辉阳的工作点。（《人民日报》2022年2月23日）

在361°集团行政总监汤琴华看来，民警"住企"后，不仅能及时有效化解安全隐患、生产安全、矛盾纠纷等各类风险，还能为企业员工近距离提供相关证件办理等便民服务，对企业留住员工也有很大帮助。（晋江公安2022年2月24日）

［按］　"住企"是福建省晋江市公安局推出的一种社区民警工作模式。为防范和化解社区治安风险，服务群众"最后一米"。社区民警把值班地点挪到企业，与员工同吃同住，在及时化解矛盾纠纷、防范各类案件发生的同时密切警民关系。

祝融号（zhù róng hào）　中国首辆火星车，首次成功发射的火星探测器。

［例］　2021年，天问一号火星探测器搭载的祝融号火星车在火星成功着陆。（《解放军报》2022年4月18日）

22日，祝融号火星车驶抵火星表面并开展科学巡测，标志着首次火星探测任务取得圆满成功。（《中国青年报》2022年10月14日）

［按］　"祝融号"是中国国家航天局的一个探测器项目，其正式名称为

"火星车—2020"。火星车是计划中的一个火星探测器,命名为"祝融号",以纪念中国古代神话中的火神祝融。该探测器于 2020 年 7 月 23 日成功发射,并于 2021 年 5 月 15 日成功着陆在火星上的乌托邦平原。

筑巢青年(zhù cháo qīng nián)　愿意以自身行动和思想改造生存空间,扎根大城市的独居青年。

　　[例]　"我觉得脱单是让'空巢青年'变成'筑巢青年'最有效的方式,所以应该多组织一些婚恋咨询、线下相亲、让我们找到心灵上的归属。"(《济南日报》2021 年 3 月 9 日)

　　针对"筑巢青年",山东省青年发展始终拿出最大诚意吸引青年,努力创造最优环境留住青年,坚持用最佳服务扶助青年,持续以更大力度推进落实青年发展友好型城市建设,让城市"年轻态",让青年更出彩。(大众网 2022 年 6 月 21 日)

　　[按]　"筑巢青年"是与另一流行词"空巢青年"相对的词语。该词为偏正式结构,以"青年"为中心语,"筑巢"为定语,表明具有"筑巢"这一特征的青年。相似的词语还有"下田青年""两栖青年"等。

追剧式(zhuī jù shì)　一种不刻意为之、感到有趣,能自然投入的工作或学习方式。

　　[例]　节目的拍摄手法、画面质感以及配乐的用心程度都为这档综艺带来了"追剧式"的追综艺体验。(中国日报网 2021 年 4 月 10 日)

　　年轻人"追剧式"关注国家大事,为革命先辈、奥运健儿、航天英雄应援"打 call"。(新华网 2022 年 1 月 3 日)

　　[按]　"追剧式"一词从"××式"构式结构发展而来,指人们根据自己的喜好,自发地、守时地进行某项活动,往往一发不可收。相关词语有"沉浸式"。

自习室+(zì xí shì+)　传统自习室的升级版。

　　[例]　入局容易,但"自习室+"模式难寻。(《中国青年报》2021 年 7 月 21 日)

　　"自习室+"如何破题,还需思考和探索。(中国青年网 2022 年 10 月 18 日)

[**按**] "自习室＋"衍生自"互联网＋"。互联网发展以来,"＋"这一符号逐渐发展出"网络""升级"等意义,这多是相对于传统模式的一种新突破。相关的词语还有"露营＋""互联网＋"。

祖冲之号(zǔ chōng zhī hào)　我国超导量子计算研究团队构建的62比特超导量子计算原型机。

[**例**]　"祖冲之号"量子计算云平台是在中科院量子信息与量子科技创新研究院的指导下,在中科院软件所和中电科十六所的技术支持下,由科大国盾量子技术股份有限公司携手弧光量子等合作伙伴共同发布。(中国新闻网2021年5月8日)

超导量子计算机原型机"祖冲之号"研制成功。(新华网2021年5月10日)

[**按**]　"祖冲之号"是2021年5月发布的,由潘建伟、朱晓波、彭承志等人构建出来的62比特超导量子计算原型机,此举实现了可编程的二维量子行走。2021年10月,中国科学技术大学潘建伟、朱晓波、彭承志等组成的研究团队与中科院上海技术物理研究所合作,成功构建66比特可编程超导量子计算原型机"祖冲之二号"。

嘴替(zuǐ tì)　网络用语。指能够用语言表达出他人内心想法的人。

[**例**]　这是个人人都需要表达的时代,有些人需要别人帮他表达,亚伦十分愿意成为这样的"嘴替"。(《北京青年报》2022年8月22日)

三小只穿着雨鞋、拿着水枪就下水了,可爱的模样惹得幸福观察员们纷纷被"击中",郑希怡更是化身网友们的嘴替:"他们三个长一样,你给我一个吧!"(新浪网2022年12月9日)

[**按**]　"嘴替"也称"互联网嘴替",流行于2022年。当别人把自己的心里话给说出来时,网友便会调侃对方是自己的"嘴替"。当我们无法用恰当的语言去表达自己的态度和想法时,往往词不达意,这个时候如果在网上看到和自己想法一致的人,就会说对方是自己的"嘴替"。而有些人善于捕捉并总结某一群体、某类人共同的想法,且能言简意赅地表述出来,引发大家的共鸣,于是网友们用"嘴替"表达对这些精彩言论的肯定和对敢于发声者的褒扬。

最具获得感（zuì jù huò dé gǎn）　一种以"获得感"为主要指标的评价体系。

[例]　9月17日，广州市举办首批"最具获得感"改革案例成果发布活动。（《广州日报》2022年9月17日）

广州市委改革办开展"最具获得感"改革评估工作，旨在通过践行上述评价标准，以评促改、以评促进。（《南方都市报》2022年9月19日）

[按]　"最具获得感"一词的迅速流行得益于习近平总书记在中央全面深化改革领导小组第十次会议上的讲话。"最具获得感"的使用范围有着固化趋势，多用以指人民群众共享改革成果的幸福感。

最美窗口（zuì měi chuāng kǒu）　指面向社会群众的服务窗口中表现最突出、服务最周到的一批。

[例]　今天，由市委宣传部（市文明办）开展的"最美窗口""最美办事员"争创活动举行颁奖仪式，为20家先进组织和20名先进个人颁奖。（《杭州日报》2022年9月29日）

福州鼓楼：现代化国际城市"最美窗口"这样打造。（海峡网2022年12月23日）

[按]　"最美窗口"属于"最美××"词群，相关的词语还有"最美警官""最美教师""最美医生"等。

最美警队（zuì měi jǐng duì）　警队之中贡献最突出、服务最周到的一批。

[例]　1月8日晚，中共广州市委宣传部、广州市公安局举办广州公安庆祝第二个中国人民警察节暨广州榜样——第四届广州公安"最美警队""最美警察"发布仪式。（《广州日报》2022年1月10日）

在第二个"中国人民警察节"来临之际，浙江省公安厅即将揭晓2021年度"最美警队"名单。（浙江公安2022年1月11日）

[按]　"最美警队"也属于"最美××"词群。这类词群下的词语通常具有褒义性质，用于表达对某类人或群体的赞扬。

【其他】

28123　一种农村宴席标准的数字缩写。

[例]　富县吉子现便民服务中心安子头村多次集体讨论后制定了"28123"村规民约，该规定的落实找准了民俗和面子的平衡点。(《法治日报》2022年8月4日)

不同于聂村的"一三四八"原则，富县安子头村施行的是"28123"模式，其中明确对份子钱提出了要求。(华商网2022年10月26日)

[按]　"28123"标准最初由陕西富县吉子现便民服务中心安子头村红白理事会制定。内容为：宴席标准每桌酒席的烟不超过20元，酒不超过80元，村民随礼不超过100元，酒席不超过20桌，每桌席面饭菜不超过300元。

＋文旅（＋wén lǚ）　文旅行业数字化进程，强调高科技应用与互动的体验方式。

[例]　遇见新黄河！山西芮城：探路"能源科技＋文旅"。(中国小康网2022年10月14日)

魅力区县｜大力实施"文旅＋""＋文旅"战略，千年营山城文旅融合焕新彩。(四川微游2022年11月21日)

[按]　"＋文旅"一词的产生与"互联网＋"一词的使用相关。"＋文旅"是随着国家文化数字化战略的深入实施，文化产业和旅游业数字化转型步伐不断加快，科技与文旅融合发展成为新的行业趋势而产生的词语。

1米高度（1 mǐ gāo dù）　指孩子们观察城市的角度。

[例]　《导则》提出，推进"1米高度"的儿童视角设计，按龄、按需推进儿童友好空间建设，让广大儿童公平享有便捷、舒适、包容的设施、空间和服务。(新京报官微2022年12月6日)

此番明确城市建设和更新要有"1米高度"视角，形象归纳了儿童对城市公共空间的需求，更提醒着相关建设的任重道远。(京报网2022年12月9日)

[按]　"1米高度"旨在引导人民考虑城市中儿童的安全问题。2022年12月，国家发改委、住建部、国务院妇女儿童工作委员会办公室联合印发《城市儿童友好空间建设导则（试行）》，为推进儿童友好空间建设作出具体规定。党的二十大报告提出，优化人口发展战略，建立生育支持政策体系，降低生育、养育、教育成本，创造对儿童更友好的成长环境，成为生育政策调整之下的社会共识。

45度人生（45 dù rén shēng）　网络用语。指既没有奋力向上也没有放心躺下，处于中间尴尬状态的生活状态。

[例]　也因此，现在的年轻人和未来的年轻人都将面临真正的45度人生。(网易新闻2022年4月29日)

45度人生：与其半躺半卷，不如整装待发。(搜狐网2022年12月24日)

[按]　"45度人生"最初多用于自我调侃。一些年轻人把人生比作一个90度的直角，向上是奋力一击的追求，向下是颓废懒散后的妥协，而45度则是卡在中间的状态，让人感到尴尬。

4D+6面（4D + 6 miàn）　由六面低功耗LED巨幕和一面互动平台构建而成的全景影院。

[例]　在党史展览馆项目建设中，北京国资公司所属水晶石数字科技公司承担了"4D+六面"全景影院、北京城市副中心高清数字沙盘、"中华五千年"数字长卷的制作和建设任务。(《北京日报》2021年6月19日)

在展览馆内，"4D+六面"沉浸影院通过搭建6面LED巨幕和1面互动平台，逼真再现长征场景，展现了长征途中血战湘江，强渡乌江，飞夺泸定桥，爬雪山，过草地等过程。(新华社2021年7月15日)

[按]　"4D+6面"在影片中真实还原了红色历史，提高了观众的沉浸感。中国共产党历史展览馆通过多种先进的数字科技，逼真再现红色文化，为观众打造出一种沉浸式体验。构成该全景影院的屏幕具有低蓝光、智能除湿、AI智能芯片管理等功能，同时总像素超亿，给观众带来无与伦比的感受。

520我爱荔（520 wǒ ài lì）　广东市茂名市打造荔枝文化的一个项目。

[例]　我们为荔枝注入文化，打造"520我爱荔"文化IP。(中国日报网2021年1月30日)

"520，我爱荔"，在充满爱意的日子，以"荔"之名大声说出我爱你。一束"荔枝花"饱满殷红的荔枝，有如爱人那颗炽热而甜蜜的心。(澎湃新闻2021年5月20日)

[按]　"520"来自"我爱你"的谐音。而"我爱荔"也是"我爱你"的谐音，来源于茂名市文旅厅的旅游季主题活动。为打造地方文化特色，茂名市文广旅体局发布了"520我爱荔"旅游季十项主题活动。

5G 智慧导办　AB 套路贷　ChatGPT　DNA 动了

5G 智慧导办（5G zhì huì dǎo bàn）　广州市推出的一种企业在线智慧服务体系。

［例］　"5G 智慧导办"目前已为 15 万多家企业解答咨询超过 72 万次，其中 90% 实现机器人智能应答。（《南方都市报》2021 年 10 月 20 日）

广州提出，要优化"5G 智慧导办"，为企业名称登记、信息变更、预约银行开户等事项提供数字化、可视化全程导办服务。（中国经济网 2022 年 2 月 22 日）

［按］　"5G 智慧导办"是由广州市 2021 年推出的一种企业在线智慧服务体系。长期以来，企业办理质量技术事项存在"咨询难""来回跑""多次跑"等问题。为满足网上申办的咨询需求，广州市上线了"5G 智慧导办"网购式智慧服务体系。

AB 套路贷（AB tào lù dài）　指一种诈骗型贷款。

［例］　别人借钱你还款？警惕"AB 套路贷"陷阱（第一财经网 2022 年 9 月 7 日）

谨慎：AB 贷骗局！（贷款界的重大骗局！）（网易新闻 2022 年 9 月 27 日）

［按］　"AB 套路贷"指一种由不良贷款中介主导的新骗局。指初始借款人 A 因资质较差，在不良贷款中介的引导下找来资质较好的 B 作为担保人。在不良贷款中介的操作下，B 成为实际借款人。也称"AB 贷"。

ChatGPT　指由美国 OpenAI 研发的聊天机器人程序。

［例］　因此，ChatGPT 一经问世就迅速引发关注，上线 5 天，其体验用户就突破 100 万。（中国新闻网 2022 年 12 月 26 日）

ChatGPT 火了，在国内连续多日冲上热搜榜，一时与 ChatGPT 相关的各种信息遍布网络。（新华网 2023 年 2 月 13 日）

［按］　"ChatGPT"程序于 2022 年 11 月 30 日发布。ChatGPT 主要指一种人工智能技术驱动的自然语言处理工具，它能够通过与人类自然对话的方式进行交互，还可以用于相对复杂的语言文字工作，包括自动文本生成、自动问答、自动摘要等多种任务。

DNA 动了（DNA dòng le）　指对以前某个事情印象深刻，仿佛其刻进了自己的 DNA 一样，以至于后续再遇到类似的事情时体

DNA 动了　FIRE 生活　GOIP　yyds

内产生强烈的情绪共鸣。

[例]　DNA 动了！海军航空兵版西游记主题曲。(《人民日报》2022 年 1 月 2 日)

当你在弹幕、评论中读到"DNA 动了"的时候，你是否感到疑惑？DNA 真的会动吗？(财经头条 2022 年 11 月 14 日)

[按]　"DNA 动了"最早出现在哔哩哔哩网站。该词常用于形容某些被重复播放的"名场面"，是表示自己固有记忆内容被唤醒的一种调侃性说法。

FIRE 生活（FIRE shēng huó）　一种以"经济独立，提前退休"为目标的生活方式。

[例]　为了实现话语权，我不断赚钱存钱，获得生活更多的自由权，并且给自己制定了一个目标：10 年攒够 300 实现 fire 生活。(豆瓣网 2022 年 2 月 5 日)

和一些人可能产生的误解不同，追求"FIRE 生活"并不等于"躺平"。(中国青年网 2022 年 8 月 3 日)

[按]　此处，"FIRE"并不是"炒鱿鱼"的意思，而是"经济独立，提前退休"(Financial Independence, Retire Early) 的英文缩写。

GOIP　指一种虚拟拨号设备，是诈骗分子普遍使用的一种新型诈骗工具。

[例]　让人奇怪的是，这些诈骗电话明明显示归属地在国内，骗子却人在境外，这就要"归功"于"GOIP"设备。(澎湃新闻 2022 年 4 月 11 日)

北京、四川、湖南等 31 个省区市公安机关同步开展集中收网行动，依法严厉打击为电信网络诈骗提供新型"GOIP"设备 2390 余套。(菏泽网警 2022 年 7 月 5 日)

[按]　"GOIP"设备是网络通信的一种硬件设备，支持手机卡接入，能将传统电话信号转化为网络信号。一台设备可供上百张手机 SIM 卡同时运作，还可以远程控制异地的 SIM 卡和 GOIP 设备拨打电话、收发短信，实现人与 SIM 卡的分离，达到隐藏身份、逃避打击的目的。

yyds　网络流行语"永远的神"的缩写。

[例]　"当同学们拿到这本毕业纪念册看到《寄语关门弟子》时，大家都

告诉郑老师,'您是我们的 yyds(永远的神)。'"(《益阳日报》2021 年 6 月 12 日)

想要抵抗,最简单的办法,莫过于破除网络流行语所刻意制造出来的社交屏障——可是这实在有点难,从"火星文"到"yyds",年轻人制造流行语的水平并没有提高多少,他们只是不愿意与成人世界发生关联而已。(《中国青年报》2021 年 6 月 29 日)

[按] "yyds"也被称作"歪歪滴艾斯",该词起源于一名主播"山泥若"的直播间。2019 年《英雄联盟》世界赛 RNG 战队面对 CG 战队的时候,山泥若在直播时把他喜爱的选手 uzi 称作"永远滴神"。yyds 后来扩展到饭圈,常被粉丝用来赞赏自己的"爱豆",给人带来一种新鲜感,十分流行。在出圈以后,yyds 的应用场景不断扩大,不仅可以用来赞美人物,也可以用来赞美国家、机构、组织,进而扩展到事件、事理、事物等。